今日马克思主义研究丛书

工会理论与实践前沿报告

（2019—2020）

复旦大学、上海工会管理职业学院———编

天津出版传媒集团

天津人民出版社

图书在版编目（CIP）数据

工会理论与实践前沿报告. 2019—2020 / 复旦大学,
上海工会管理职业学院编. -- 天津 : 天津人民出版社,
2021.11

（今日马克思主义研究丛书）

ISBN 978-7-201-17580-5

Ⅰ. ①工… Ⅱ. ①复… ②上… Ⅲ. ①工会工作－研
究报告－中国－2019-2020－文集 Ⅳ. ①D412.6-53

中国版本图书馆 CIP 数据核字(2021)第 172715 号

工会理论与实践前沿报告. 2019—2020
GONGHUI LILUN YU SHIJIAN QIANYAN BAOGAO. 2019—2020

出　　版	天津人民出版社
出版人	刘　庆
地　　址	天津市和平区西康路 35 号康岳大厦
邮政编码	300051
邮购电话	（022）23332469
电子信箱	reader@tjrmcbs.com
责任编辑	王佳欢
特约编辑	佐　拉
封面设计	明轩文化·李晶晶
印　　刷	天津新华印务有限公司
经　　销	新华书店
开　　本	710 毫米×1000 毫米　1/16
印　　张	15.75
插　　页	2
字　　数	200 千字
版次印次	2021 年 11 月第 1 版　2021 年 11 月第 1 次印刷
定　　价	89.00 元

富钟冉　　
厚友　主编
王李李

编辑说明

  《工会理论与实践前沿报告(2019—2020)》是由上海市总工会与复旦大学合作共建的马克思主义工人运动理论研究基地(以下简称"研究基地"),组织复旦大学和上海工会管理职业学院的专门力量选编出版的一本高质量理论读本。研究基地自 2018 年底成立以来,一直密切关注国内学者关于工人运动与工会工作的理论研究进展,并希望将这些研究成果以更多的形式、更多的渠道呈现给广大工会理论工作者与工会实务工作者。致力于更好地服务于工运事业和工会工作的发展,既是研究基地的重要职能之一,也是本书的出版初衷。

  本书一共收录了来自复旦大学和上海工会管理职业学院学者们的十六篇文章。这些作者中,有几位曾是这两家单位培养的优秀学子,在本书出版时他们已任教于其他单位。本书的选编与出版离不开全体作者的共同努力和无私奉献,作者们高质量的文章让本书具备更高的理论水准和更广的研究视野。在此,本书编写组向全体作者表示深深的感谢。

  本书是一本具有综合性和前沿性的理论读本。从研究方向来看,本书涉及三大研究方向,一是马克思主义工人阶级理论与工会学说,二是劳动法、劳动社会学与劳动经济学,三是工会工作与职工队伍。从研究范式来看,本书既有典型的理论研究范式,也有科学规范的实证研究范式。从研究对象来看,无论是理论文章还是实证调研文章,都牢牢把握住了当下的理论热点或实践关切,对宏观、中观和微观各个层面的理论与现实问题都有相应覆盖。需要说明的是,考虑到架构和篇幅限制,本书所选取的文章只是2019—2020年度工会理论与实践领域诸多成果的一小部分。诸多不足,敬请读者海涵指正。

本书编辑组

2021 年 5 月

目　录

下篇 工会工作与职工队伍

上篇

马克思主义工人阶级理论 与工会学说

新时代工运事业的理论指导与行动指南

——习近平总书记关于工人阶级和工会工作的重要论述的深刻内涵与内在逻辑*

习近平总书记关于工人阶级和工会工作的重要论述，主要包括劳动、工人阶级和工会工作三个方面，内容丰富，思想深刻，具有严密的逻辑体系和内在联系。其中，关于劳动的论述是逻辑起点，关于工人阶级的论述是核心要义，关于工会工作的论述是内在要求，这些重要论述体现了理论逻辑、历史逻辑与实践逻辑的统一，劳动情怀、人民情怀与事业情怀的统一，战略思维、系统思维、创新思维与辩证思维的统一，目标导向、问题导向、需求导向、效果导向的统一。

习近平总书记关于工人阶级和工会工作的重要论述，科学回答了新形势下我国工人阶级和工运事业发展的一系列方向性、根本性、战略性问题，是对马克思主义劳动学说和工运学说的传承和升华，是新时代工运事业的理论指导和行动指南。研究阐释习近平总书记的重要论述，关键在于学原著、读原文、悟原理，回归重要论述文本本身，准确把握其主要内容、深刻内涵、内在逻辑与精神实质。从文献梳理来看，习近平总书记关于工人阶级和工会工作的重要论述主要包括劳动、工人阶级和工会工作三个方面，内容丰富，思想深刻，形成了一个严密的逻辑体系。

---

* 本文原载于《工会理论研究》2019 年第 1 期，收入本书时有修改。

一、逻辑起点:关于劳动的重要论述

劳动是马克思主义理论的出发点。在马克思看来,劳动是人类特有的基本的社会实践活动,是人的类本质。"整个所谓世界历史不外是人通过人的劳动而诞生的过程。"①恩格斯指出,劳动是人与动物相区别的根本标志,劳动创造人本身。习近平总书记关于劳动的重要论述,继承了马克思主义经典作家关于劳动的重要论断,并进行了创造性发展,内容涉及劳动功能、劳动精神、劳动形态、劳动教育、劳动平等、尊崇劳动等多个维度,是关于工人阶级和工会工作重要论述的逻辑起点。归纳起来,主要有以下四个方面:

第一,关于劳动的功能、地位与作用。习近平总书记首先强调"人类是劳动创造的,社会是劳动创造的"②,"人民创造历史,劳动开创未来"③,"劳动是推动人类社会进步的根本力量"④,"劳动光荣、创造伟大是对人类文明进步规律的重要诠释"⑤。习近平总书记还提出了劳动创造幸福的观点,指出"幸福不会从天而降,梦想不会自动成真"⑥,"劳动是财富的源泉,也是幸福的源泉"⑦,"人世间的一切幸福都需要靠辛勤的劳动来创造"⑧。习近平总书记强调:"要开展以劳动创造幸福为主题的宣传教育,把劳动教育纳入人才培养全过程,贯通大中小学各学段和家庭、学校、社会各方面。"⑨他还强

---

① 马克思:《1844 年经济学哲学手稿》,人民出版社,2004 年,第 92 页。
② 习近平:《在知识分子、劳动模范、青年代表座谈会上的讲话》,《人民日报》,2016 年 4 月 30 日。
③④ 习近平:《在同全国劳动模范代表座谈时的讲话》,《人民日报》,2013 年 4 月 29 日。
⑤ 习近平:《在庆祝"五一"国际劳动节暨表彰全国劳动模范和先进工作者大会上的讲话》,《人民日报》,2015 年 4 月 29 日。
⑥ 《习近平关于实现中华民族伟大复兴的中国梦论述摘编》,中央文献出版社,2013 年,第 91 页。
⑦ 习近平:《在同全国劳动模范代表座谈时的讲话》,《人民日报》,2013 年 4 月 28 日。
⑧ 习近平:《在十八届中央政治局常委同中外记者见面时讲话》,载《十八大以来重要文献选编》(上),中央文献出版社,2014 年,第 70 页。
⑨ 习近平:《在全国劳动模范和先进工作者表彰大会上的讲话》,《人民日报》,2020 年 11 月 25 日。

调,"劳动是一切成功的必经之路"①,任何一名劳动者,"只要踏实劳动、勤勉劳动,在平凡岗位上也能干出不平凡的业绩"②,"只要勤于学习、善于实践,在工作上兢兢业业、精益求精,就一定能够造就闪光的人生"③。

第二,关于劳动的价值引领。习近平总书记从价值引领角度,创造性地提出了"劳动精神"这一重要概念,并强调要弘扬劳模精神、劳动精神、工匠精神。2014 年 4 月 30 日,习近平总书记在乌鲁木齐接见劳动模范和先进工作者、先进人物代表时首次提出劳动精神④,要求向全社会传播劳动精神和劳动观念;强调"要在学生中弘扬劳动精神"⑤,培养德智体美劳全面发展的社会主义建设者和接班人。习近平总书记强调,"劳动模范是劳动群众的杰出代表,是最美的劳动者"⑥,是一个闪光的群体,"全社会都应该尊敬劳动模范、弘扬劳模精神"⑦;希望广大劳模"用你们的干劲、闯劲、钻劲鼓舞更多的人,激励广大劳动群众争做新时代的奋斗者"⑧。习近平总书记指出,"大国工匠是职工队伍中的高技能人才,工会要协同各个方面为劳动模范、大国工匠发挥作用搭建平台、提供舞台,培养造就更多劳动模范、大国工匠"⑨。习近平总书记还对劳模精神、劳动精神、工匠精神的内涵作了阐述:"在长期实践中,我们培育形成了爱岗敬业、争创一流、艰苦奋斗、勇于创新、淡泊名利、甘于奉献的劳模精神,崇尚劳动、热爱劳动、辛勤劳动、诚实劳动的劳动精神,执着专注、精益求精、一丝不苟、追求卓越的工匠精神。劳模精神、劳动精神、工匠精神是以爱国主义为核心的民族精神和以改革创新为核心的时

---

① 《习近平在乌鲁木齐接见劳动模范和先进工作者、先进人物代表向全国广大劳动者致以"五一"节问候》,《人民日报》,2014 年 5 月 1 日。

②③ 习近平:《在知识分子、劳动模范、青年代表座谈会上的讲话》,《人民日报》,2016 年 4 月 30 日。

④ 参见吕国泉、李羿:《弘扬和践行劳动精神》,《企业文明》,2018 年第 4 期。

⑤ 《习近平在全国教育大会上强调坚持中国特色社会主义教育发展道路 培养德智体美劳全面发展的社会主义建设者和接班人》,《人民日报》,2018 年 9 月 11 日。

⑥ 习近平:《在知识分子、劳动模范、青年代表座谈会上的讲话》,《人民日报》,2016 年 4 月 30 日。

⑦⑧ 习近平:《给中国劳动关系学院劳模本科班学员的回信》,《光明日报》,2018 年 5 月 1 日。

⑨ 习近平:《团结动员亿万职工积极建功新时代 开创我国工运事业和工会工作新局面》,《人民日报》,2018 年 10 月 30 日。

代精神的生动体现，是鼓舞全党全国各族人民风雨无阻、勇敢前进的强大精神动力。"①

第三，关于劳动的实践形态。习近平总书记不仅从理论层面、价值层面论述了劳动，还从劳动的实践形态与要求方面进行了阐释，归纳起来就是辛勤劳动、诚实劳动、科学劳动、创造性劳动。2014 年 4 月 30 日，习近平总书记在乌鲁木齐接见劳动模范和先进工作者、先进人物代表时指出："实现我们确立的奋斗目标，归根到底要靠辛勤劳动、诚实劳动、科学劳动。"2016 年 4 月 26 日，习近平总书记在同知识分子、劳动模范、青年代表座谈时指出，开创我们的美好未来，"必须依靠辛勤劳动、诚实劳动、创造性劳动"。这四种劳动形态及要求，也有一定的内在关联：辛勤劳动是基础，人勤春来早，"一勤天下无难事"，"人生在勤，勤则不匮"；诚实劳动是导向，要老实、踏实、务实，不投机取巧，不好逸恶劳；科学劳动是关键，要把握规律，掌握科学的知识和正确的方法，善于运用先进的生产工具进行劳动；创造性劳动是根本，创新创造是推动人类社会前进的不竭动力，人类发展史就是劳动创造史。

第四，关于劳动平等、尊重劳动者。习近平总书记怀着对普通劳动者的关心关爱，指出"无论时代条件如何变化，我们始终都要崇尚劳动、尊重劳动者"②；强调"一切劳动，无论是体力劳动还是脑力劳动，都值得尊重和鼓励"③；"一切创造，无论是个人创造还是集体创造，也都值得尊重和鼓励"④；"劳动没有高低贵贱之分，任何一份职业都很光荣"⑤；"任何时候任何人都不能看不起普通劳动者，都不能贪图不劳而获的生活"⑥。习近平总书记还强调"要坚持社会公平正义，排除阻碍劳动者参与发展、分享发展成果的障碍，努力让劳动者实现体面劳动、全面发展"⑦。

---

① 习近平：《在全国劳动模范和先进工作者表彰大会上的讲话》，《人民日报》，2020 年 11 月 25 日。

②③④⑥ 习近平：《在庆祝"五一"国际劳动节暨表彰全国劳动模范和先进工作者大会上的讲话》，《人民日报》，2015 年 4 月 29 日。

⑤ 习近平：《在知识分子、劳动模范、青年代表座谈会上的讲话》，《人民日报》，2016 年 4 月 30 日。

⑦ 习近平：《在同全国劳动模范代表座谈时的讲话》，《人民日报》，2013 年 4 月 29 日。

习近平总书记关于劳动的重要论述,继承和发展了马克思主义劳动观及劳动价值论,体现了坚实的理论基础、朴实的劳动情怀和丰富的时代内涵。这些重要论述也有其内在的逻辑:关于劳动的功能、地位与作用的论述,是理论基础;弘扬劳模精神、劳动精神、工匠精神,是价值导向,其中劳动精神是劳模精神、工匠精神的内核与基础,劳模精神、工匠精神是劳动精神的集中体现;辛勤劳动、诚实劳动、科学劳动、创造性劳动,是实践形态;崇尚劳动、尊重劳动者、劳动平等,是内在要求。习近平总书记关于劳动的重要论述,为关于工人阶级、工会工作的重要论述奠定了理论基石。

二、核心要义:关于工人阶级的重要论述

工人阶级是伴随工业革命而产生的,其概念、范围有一个逐步发展的过程。马克思主义经典作家将工人阶级与无产阶级作为相对于资产阶级而言的概念在同一意义上使用。工人阶级是"完全没有财产的阶级……这一阶级叫做无产者阶级或无产阶级"①。早期的工人阶级主要是从事体力劳动的产业工人,后期马克思将从事脑力劳动的雇佣劳动者也纳入工人阶级,即"总体工人"。中国共产党是工人阶级的先锋队,工人阶级是我们党最坚实最可靠的阶级基础,在革命、建设和改革开放的各个时期,工人阶级发挥了先进阶级的伟大历史作用。习近平总书记在继承马克思主义经典作家及我们党对工人阶级论述的基础上,就工人阶级的重要地位、先进性、成长发展、重点队伍等方面,作了进一步的强调和阐释。主要包括以下五方面:

第一,关于全心全意依靠工人阶级的方针。"全心全意依靠工人阶级的方针"最早是由毛泽东在党的七届二中全会上提出的,"我们必须全心全意地依靠工人阶级,团结其他劳动群众,争取知识分子"。1950 年 12 月,邓小平在西南局城市工作会议上的报告中指出,依靠工人阶级必须成为党的指导思想,必须贯彻到各部门中去,"要反对有些同志那种利用工人的错误观点,他们在困难时依靠,顺利时就不依靠;需要时依靠,不需要时不依靠;凵

---

① 《马克思恩格斯全集》(第 4 卷),人民出版社,1958 年,第 359 页。

头上依靠,思想上并不依靠"①。习近平总书记在论述全心全意依靠工人阶级的方针时,首先从"人民是历史的创造者"这一唯物史观的基本原理出发,指出"人民是历史的创造者,是推动我国经济社会发展的基本力量和基本依靠"②,"是决定党和国家前途命运的根本力量"③。其次,明确了这一方针的特点与优势,"坚持全心全意依靠工人阶级,充分发挥工人阶级主力军作用,把广大职工群众紧紧团结在党和政府周围,这是我们党的一个突出政治优势,也是中国特色社会主义的一个鲜明特点"④。再次,强调坚持这个方针的坚定性并将其落到实处,指出"不论时代怎样变迁,不论社会怎样变化,我们党全心全意依靠工人阶级的根本方针都不能忘记、不能淡化,我国工人阶级地位和作用都不容动摇、不容忽视"⑤;"全心全意依靠工人阶级,要解决认识问题,更要解决实践问题"⑥,不能只当口号喊、标签贴,而要"落实到党和国家制定政策、推进工作的全过程,体现到企业生产经营各环节"⑦。

第二,关于工人阶级的先进性。工人阶级的先进性问题至关重要,工人阶级的先进性是党的先进性的源头与基础,党的先进性是工人阶级的先进性的最高表现形式;没有工人阶级的先进性,全心全意依靠工人阶级这一方针就失去了依据,党的先进性也将缺乏基础。马克思主义经典作家和中国共产党领导人多次论及工人阶级的先进性,指出工人阶级大公无私,具有高度的组织性、纪律性和革命的彻底性,富于牺牲精神。习近平总书记一方面肯定了工人阶级的先进性,指出"那种无视我国工人阶级成长进步的观点,那种无视我国工人阶级主力军作用的观点,那种以为科技进步条件下工人阶级越来越无足轻重的观点,都是错误的、有害的"⑧;另一方面,要求发展工人阶级的先进性,实施职工素质建设工程,把提高职工队伍整体素质作为一项战略任务抓紧抓好,推动建设宏大的知识型、技能型、创新型劳动者大军。

---

① 《邓小平文选》(第一卷),人民出版社,1994 年,第 175 ~ 176 页。

②⑤⑥⑦⑧ 习近平:《在庆祝"五一"国际劳动节暨表彰全国劳动模范和先进工作者大会上的讲话》,《人民日报》,2015 年 4 月 29 日。

③ 习近平:《在纪念中国人民抗日战争暨世界反法西斯战争胜利 75 周年座谈会上的讲话》,《人民日报》,2020 年 9 月 4 日。

④ 习近平:《同中华全国总工会新一届领导班子集体谈话》,《人民日报》,2013 年 10 月 24 日。

　　第三,关于产业工人队伍建设。产业工人是工人阶级的主体力量,是实施创新驱动发展和制造强国战略的重要依靠。习近平总书记高度关注产业工人队伍建设,多次赴厂矿车间、港口码头看望慰问产业工人。2016 年 3 月 5 日,习近平总书记在参加十二届全国人大四次会议上海代表团审议时指出:"工人阶级的地位在新形势下怎么体现? 需要好好研究。"2017 年 2 月 6 日,中央全面深化改革领导小组第 32 次会议审议通过了《新时期产业工人队伍建设改革方案》,强调要从巩固党的执政基础的高度,从促进我国经济社会持续健康发展的高度,加快产业工人队伍建设改革,按照"政治上保证、制度上落实、素质上提高、权益上维护"的总体思路,造就一支有理想守信念、懂技术会创新、敢担当讲奉献的宏大的产业工人队伍。2018 年 10 月 29 日,习近平总书记在同全国总工会新一届领导班子成员集体谈话时再次强调,党中央、国务院出台《新时期产业工人队伍建设改革方案》是党和国家一项具有战略性、全局性的重大决策部署,工会要牵头抓好贯彻落实。

　　第四,关于知识分子工作。1956 年 1 月,周恩来在中央知识分子问题会议上所作的《关于知识分子问题的报告》中指出,知识分子中间的绝大部分已经是工人阶级的一部分。1978 年 3 月 18 日,邓小平在全国科学大会开幕式上进一步阐述了知识分子是工人阶级的一部分的重要观点。习近平总书记在 2016 年 4 月 26 日同知识分子、劳动模范、青年代表座谈时,就知识分子工作进行了集中阐述;强调"知识分子是工人阶级的一部分",要求"各级党委和政府要切实尊重知识、尊重人才,充分信任知识分子","要遵循知识分子工作特点和规律,减少对知识分子创造性劳动的干扰","善于运用沟通、协商、谈心等方式做好知识分子思想工作",正确对待知识分子的意见和批评,"善于同知识分子打交道,做知识分子的挚友、诤友";勉励知识分子"唯有秉持求真务实精神,才能探究更多未知,才能获得更多真理,也才能为社会作出更大贡献"[1]。

---

　　[1]　习近平:《在知识分子、劳动模范、青年代表座谈会上的讲话》,《人民日报》,2016 年 4 月 30 日。

第五,关于农民工工作。习近平总书记高度重视农民工工作,早在2005年担任浙江省委书记时就撰写过关于浙江省农民工问题的调查报告,提出了"农者有其地、来者有其尊、劳者有其得、工者有其居、孤者有其养、优者有其荣、力者有其乐、外者有其归"①的"八有"理念。关于农民工工作,习近平总书记首先充分肯定了农民工的重要作用,指出"农民工是改革开放以来涌现出的一支新型劳动大军,是建设国家的重要力量"②,"已经成为产业工人的重要组成部分"③。其次,指出了农民工面临的主要问题,"二亿多进城农民工和其他常住人口还没有完全融入城市,没有享受同城市居民完全平等的公共服务和市民权利,'玻璃门'现象较为普遍。……他们处于'半市民化'状态、'两栖'状态"④。再次,强调做好农民工的组织、关心关爱及教育引导工作,把涉及农民工的政策落实好;"最大限度把农民工吸收到工会组织中来,使他们成为工人阶级坚定可靠的新生力量"⑤;努力提高农民工融入城镇的素质和能力,真正使农民变为市民并不断提高素质。

从上面的梳理可以看出,习近平总书记关于工人阶级的重要论述内容十分丰富,也有内在逻辑关联:人民创造历史,而工人阶级和其他劳动群众是人民的主体,因此依靠人民就要坚持全心全意依靠工人阶级的方针;之所以能坚持这个方针,就在于工人阶级具有且不断发展的先进性;在此基础上,重点对工人阶级中的三大重点群体——产业工人、知识分子、农民工进行了论述。这些重要论述既有理论阐释,又有政策推进和实践要求,对做好新时期工人阶级工作具有重要的指导意义。

三、内在要求:关于工会工作的论述

工会是劳动关系矛盾的产物。马克思和恩格斯指出了工人联盟维护经

---

① 习近平:《以建设和谐社会的理念有效解决好农民工问题——对浙江省农民工问题的调查与思考》,《学习时报》,2005年9月19日。

② 《习近平看望慰问坚守岗位的一线劳动者》,《人民日报》,2013年2月10日。

③⑤ 《习近平在中央党的群团工作会议上强调 切实保持和增强政治性先进性群众性 开创新形势下党的群团工作新局面》,《人民日报》,2015年7月8日。

④ 习近平:《在中央城镇化工作会议上的讲话》,载《十八大以来重要文献选编》(上),中央文献出版社,2014年,第590~594页。

济利益与争取工人阶级彻底解放的双重任务①；列宁形象地把工会比作党和职工群众间的传动装置，提出工会是共产主义学校的论断②。中国共产党高度重视工会工作，毛泽东、刘少奇、周恩来等领导人都曾从事过工会工作。习近平总书记继承和发扬了马克思主义工会观，对工会及工会工作作出了一系列重要论述，内容丰富，思想深刻，是新时期工会工作的行动指南。

（一）关于工会的地位与作用

我们党一直以来高度肯定工会工作的重要性。邓小平指出："忽视工会工作，就谈不上依靠工人阶级。"③习近平总书记对工会工作的地位和作用又作了新的强调，包括以下内容：

一是提出了一个十分重要的论断——工会工作是党治国理政的一项经常性、基础性工作。这一论断最早是 2015 年 4 月 28 日习近平总书记在庆祝"五一"国际劳动节暨表彰全国劳动模范和先进工作者大会上提出的，此后他又在多个场合进行了强调。在党的群团工作会议上，习近平总书记指出，"我们必须从巩固党执政的阶级基础和群众基础的政治高度，抓好党的群团工作，保证党始终同广大人民群众同呼吸、共命运、心连心。我们必须把群团组织建设得更加充满活力、更加坚强有力，使之成为推进国家治理体系和治理能力现代化的重要力量"④。习近平总书记从党治国理政和国家治理现代化的高度来看待工会与工会工作，这是党的工会理论的重大突破与创新，使我们党对工会及工会工作的认识又达到了新的高度，必须高度重视这一论断的理论价值与实践价值。基于此，习近平总书记指出，"群团事业是党的事业的重要组成部分，党的群团工作是党通过群团组织开展的群众工作，是党组织动员广大人民群众为完成党的中心任务而奋斗的重要工作。这是我们党的一大创举，也是我们党的一大优势。新形势下，党的群团工作只能

---

① 参见《马克思恩格斯全集》（第 16 卷），人民出版社，2007 年，第 221 页。
② 参见《列宁全集》（第 35 卷），人民出版社，1995 年，第 294 页。
③ 《毛泽东邓小平江泽民论工人阶级和工会工作》，中央文献出版社，2002 年，第 83 页。
④ 《习近平在中央党的群团工作会议上强调 切实保持和增强政治性先进性群众性 开创新形势下党的群团工作新局面》，《人民日报》，2015 年 7 月 8 日。

加强、不能削弱;只能改进提高、不能停滞不前"①。

二是将群团工作体系纳入党和国家的机构职能体系。党的第十九届三中全会审议通过的《中共中央关于深化党和国家机构改革的决定》,将"群团工作体系"作为"党和国家的机构职能体系"的四大体系之一,将群众团体作为党领导下的协调行动的重要主体,从制度上对工会等群团组织在国家治理体系中的地位与作用予以了保证。

三是强调了工会在民主政治建设中的作用。强调要坚持和完善人民代表大会制度,促进人民依法、有序、广泛参与管理国家事务和社会事务、管理经济和文化事业;强调要拓展协商民主形式,更加活跃有序地组织专题协商、对口协商、界别协商、提案办理协商;强调要健全以职工代表大会为基本形式的企事业单位民主管理制度,更加有效地落实职工群众的知情权、参与权、表达权、监督权。《中共中央关于加强社会主义协商民主建设的实施意见》将人民团体协商与政党协商、人大协商、政府协商、政协协商、基层协商一起构成六大类协商类别;《新时期产业工人队伍建设改革方案》明确提高一线工人、专业技术人员在人大代表、政协委员中的比例,这些都为工会和工人阶级参与民主政治建设提供了制度保障。

四是强调推进工会参与创新社会治理。指出劳动关系是最基本的社会关系之一,要完善政府、工会、企业共同参与的协商协调机制,构建和发展和谐劳动关系;要接长手臂、形成链条,使群团组织成为党联系社会组织的一个重要渠道;发挥群团组织对其成员的行为导引、规则约束、权益维护作用,培育自尊自信、理性平和、积极向上的社会心态;打造共建共治共享的社会治理格局。

(二)关于工会发展方向与工会道路

方向与道路问题至关重要。习近平总书记对工会工作坚持正确的方向特别重视,2013 年 10 月 23 日同全国总工会领导班子成员集体谈话时指出,

---

① 《习近平在中央党的群团工作会议上强调 切实保持和增强政治性先进性群众性 开创新形势下党的群团工作新局面》,《人民日报》,2015 年 7 月 8 日。

工会工作做得好不好、有没有取得明显成效,关键看有没有坚持正确政治方向,坚持正确政治方向,就是要坚持中国共产党领导和社会主义制度。2018年10月29日同全国总工会新一届领导班子集体谈话时他又指出,工会要忠诚党的事业,通过扎实有效的工作,把坚持党的领导和我国社会主义制度落实到广大职工群众中去。可见,对于方向问题,习近平总书记主要强调了两个方面:党的领导和社会主义制度。

对于工会发展道路,习近平总书记强调,要坚持和拓展中国特色社会主义工会发展道路,指出"中国特色社会主义工会发展道路是中国特色社会主义道路的重要组成部分,深刻反映了中国工会的性质和特点,是工会组织和工会工作始终沿着正确方向前进的重要保证"[1];要"坚持中国特色社会主义工会发展道路,勇于实践、勇于创新,努力使这条道路越走越宽广"[2]。习近平总书记在中央党的群团工作会议上,就中国特色社会主义工会发展道路强调了"六坚持"的基本要求与"三统一"的基本特征[3],对中国特色社会主义工会发展道路的内涵又进行了丰富和发展。

(三)关于工会与党的关系

自党成立以来,工会与党的关系问题就一直存在。列宁指出:"工会要紧紧地靠近党——这是唯一正确的原则。"[4]习近平总书记关于工会与党的关系的论述,主要有以下内容:

一是强调工会要自觉接受党的领导。指出坚持党的领导,是做好党的群团工作的根本保证,也是党的群团工作的优良传统;群团组织要始终把自己置于党的领导之下,永远保持自觉接受党的领导这一优良传统,在思想上政治上行动上始终同党中央保持高度一致。

二是强调加强和改进党对工会的领导。习近平总书记指出,党的群团

---

① 《习近平关于社会主义政治建设论述摘编》,中央文献出版社,2017年,第187页。

② 《习近平同中华全国总工会新一届领导班子集体谈话》,《人民日报》,2013年10月24日。

③ "六坚持"与"三统一"是指:坚持党对群团工作的统一领导,坚持发挥桥梁和纽带作用,坚持围绕中心、服务大局,坚持服务群众的工作生命线,坚持与时俱进、改革创新,坚持依法依章程独立自主开展工作;做到自觉接受党的领导、团结服务所联系群众、依法依章程开展工作相统一。

④ 《列宁选集》(第一卷),人民出版社,2012年,第763页。

工作做得好不好,关键在党的领导;领导群团组织肩负各级党委的重要政治责任,也是实现和坚持党的领导的重要制度;加强和改进党的群团工作,既要得力,又要得法,要转变不合适的工作方式和领导方式;要深入把握党的群团工作规律,提高党的群团工作科学化水平。

三是强调工会依法依章程独立自主开展工作。习近平总书记明确中国特色社会主义群团发展道路的基本特征就是,各群团自觉接受党的领导、团结服务所联系的群众、依法依章程开展工作相统一;强调不能直接用管理党政机关的办法来管理群团组织,要给群团组织留出创造性开展工作的空间。

四是强调要选优配强工会领导班子和工会干部,指出群团机关不能成为安排养老的场所,不能成为养尊处优、混天度日的地方,更不能成为投机取巧、升官晋爵的跳板;群团干部要由知群众、懂群众、爱群众的人来当;要热情关心、严格要求、重视培养工会干部,推动建设一支高素质、专业化的工会干部队伍。

五是强调要加强工会系统党的建设。要求认真落实新时代党的建设总要求,增强"四个意识",坚定"四个自信",坚决维护党中央权威和集中统一领导,始终在政治立场、政治方向、政治原则、政治道路上同党中央保持高度一致,把执行党的意志的坚定性和为职工服务的实效性统一起来。

(四)关于工运的时代主题

党是工人阶级的先锋队,我国工人阶级始终将党在不同历史时期确立的目标任务作为自身的历史使命和时代主题。2012 年 11 月 29 日,习近平总书记在参观《复兴之路》展览时首次提出中国梦,指出实现中华民族伟大复兴,就是中华民族近代以来最伟大的梦想。中国工会十六大提出,为实现中华民族伟大复兴的中国梦而奋斗,是我国工人运动的时代主题。习近平总书记在 2013 年 10 月 23 日同全国总工会领导班子成员集体谈话时,充分肯定了这一提法,强调工会"要牢牢抓住为实现中国梦而奋斗的时代主题,把推动科学发展、实现稳中求进作为发挥作用的主战场,把做好新形势下职工群众工作、调动职工群众积极性和创造性作为中心任务,把巩固党执政的阶级基础和群众基础作为政治责任"①。习近平总书记在 2018 年 10 月 29 日同全国总工会新一届领导班子成员集体谈话时再次强调，"我国广大职工要牢牢把握为实现中国梦而奋斗的时代主题，把自身前途命运同国家和民族前途命运紧紧联系在一起，把个人梦同中国梦紧密联系在一起，把实现党和国家确立的发展目标变成自己的自觉行动"②。

（五）关于工会的职责、任务

工会自成立之日起，就存在职责、任务问题，中国工会的职责、任务也有一个发展过程。第二次全国劳动大会通过的《中华全国总工会总章》明确："本会以团结全国工人，图谋工人福利为宗旨。"《中国工会章程》1993 年明确了工会的主要社会职责是维护、建设、参与、教育，2003 年明确"维护职工合法权益是工会的基本职责"，2018 年再将工会基本职责扩展为"维护职工合法权益、竭诚服务职工群众"。

习近平总书记对工会职责、任务的论述也十分丰富，首先强调要将服务群众、维护职工权益的大旗牢牢掌握在自己手中。他在 2015 年 7 月中央群团工作会议上已明确这一提法，2018 年 10 月同全国总工会新一届领导班子成员集体谈话时再次强调，并要求工会认真履行维护职工合法权益、竭诚服务职工群众的基本职责。关于维护权益，习近平总书记强调，工会要赢得职工群众的信赖和支持，必须做好维护职工群众切身利益工作；"哪里的群众合法权益受到侵害，哪里的群团组织就要站出来说话"③；他特别指出做维护权益工作"不能站在纯服务、纯业务的角度，必须同群团组织履行政治职责紧密联系起来，高举旗帜，巩固阵地，争取人心，而不能让那些别有用心的组织和人与我们争夺群众"④；要增强政治敏锐性和政治鉴别力，高度重视和防范敌对势力在劳工领域的渗透破坏活动，维护职工队伍和谐稳定；要建立健全党和政府主导的维护群众权益机制；强调工会维权要讲全面，也要讲重点。

---

①　《习近平关于社会主义政治建设论述摘编》，中央文献出版社，2017 年，第 190 页。

②　习近平：《团结动员亿万职工积极建功新时代　开创我国工运事业和工会工作新局面》，《人民日报》，2018 年 10 月 30 日。

③④　《习近平关于社会主义政治建设论述摘编》，中央文献出版社，2017 年，第 205 页。

关于服务职工工作,习近平总书记强调,群众路线应该成为工会工作的生命线和根本工作路线,"要强化服务意识,提升服务能力,挖掘服务资源"①,建立服务群众满意度评价制度,为广大职工提供具有工会特点的普惠性、常态性、精准性服务。习近平总书记在谈到工会服务职能时,还特别强调服务工作的两重性,指出"既要服务党和国家工作大局,也要服务群众";"服务党和国家工作大局是党的群团工作的主线,服务群众是群团组织的职责";"既要围绕服务党和国家工作大局搞好'公转',又要聚焦服务群众搞好'自转',做到'顶天立地'"②。

除了维护服务职责外,习近平总书记强调还要加强职工教育引领,这在其2018年10月同全国总工会新一届领导班子成员集体谈话时有集中的阐述。习近平总书记指出,引导职工群众听党话、跟党走,巩固党执政的阶级基础和群众基础,是工会组织的政治责任;把职工群众团结引导好,没有什么捷径妙招,关键是深入细致做好思想政治工作,这也是工会工作的优良传统;要加强和改进职工思想政治工作,采取职工喜闻乐见、寓教于乐的形式和对路管用的方法,提高思想政治引领的针对性和实效性;多做组织群众、宣传群众、教育群众、引导群众的工作,多做统一思想、凝聚人心、化解矛盾、增进感情、激发动力的工作,更好地强信心、聚民心、暖人心,使广大职工在理想信念、价值理念、道德观念上紧紧团结在一起;要丰富内容形式,进行有特色、接地气的宣讲,把"大学习"课堂搬到工厂车间、生产一线、发展前沿;要坚持以社会主义核心价值观引领职工,深化"中国梦·劳动美"主题教育,打造健康文明、昂扬向上、全员参与的职工文化。党的十九届三中全会提出,要增强群团组织团结教育、维护权益、服务职工功能,这与习近平总书记的重要讲话高度契合。

(六)关于工会改革与自身建设

新时代的一个鲜明特征就是全面深化改革,习近平总书记就工会改革

---

① 《习近平关于社会主义政治建设论述摘编》,中央文献出版社,2017年,第214页。
② 同上,第213页。

及自身建设作了大量重要的论述,主要包括以下内容:

一是明确工会改革的定位。强调工会改革是全面深化改革的重要组成部分,要求认真贯彻落实党的十九届三中全会对群团组织改革提出的新的要求,构建联系广泛、服务职工的工会工作体系。

二是明确增强"政治性、先进性、群众性"的改革方向。强调政治性是群团组织的灵魂,是第一位的,我国工会不能成为西方那种"独立工会",敌对势力是在同我们打群众争夺战、攻心战,同我们争夺阵地、争夺人心、争夺群众;指出工会工作做的是群众工作,实质上就是政治工作;强调讲政治不是抽象的,不能空喊口号、流于形式,要落实到具体行动上、体现到实际效果上。他强调先进性是群团工作的重要着力点,群团组织作为一个整体,必须保持和增强先进性,自觉成为凝聚人心、坚守前哨、冲锋陷阵的战斗队、工作队,要有强大凝聚力和强大战斗力,能够打硬仗、打难仗、打苦仗。强调群众性是群团组织的根本特点,离开了群众性,工会组织就容易走向官僚化、空壳化;要以群众为中心,让群众当主角,而不能让群众当配角、当观众;必须克服重精英轻草根的倾向,克服自弹自唱、自娱自乐、隔空喊话、封闭运行的倾向,克服以主观想象代替群众真实需求的倾向,克服以点代面、以服务和维权的个别成功案例来包装整个工作的倾向,建立健全联系群众的长效机制,密切联系群众是群团组织建设的永恒主题。

三是明确去"四化"的改革要求。习近平总书记指出,"机关化",就是自闭于高楼大院,离基层远,离群众远,自觉不自觉形成了衙门作风;"行政化",就是机构运行、工作方式、人员录用、干部管理等没有群团组织自身的特点;"贵族化",就是有的群团组织在代表谁、联系谁、服务谁的问题上没有把握好;"娱乐化",就是有的群团组织开展工作过分依赖娱乐活动,缺乏思想性、教育性,形式主义突出。因此,要进行去"四化"的改革。

四是强调要增强改革实效,指出要自觉运用改革精神谋划推进工会工作,创新组织体制、运行机制、活动方式、工作方法,在建机制、强功能、增实效上下功夫。

五是强调加强基层工会建设,指出基层工会离职工最近,联系职工最直接,服务职工最具体,是工会工作的基础和关键;必须坚持眼睛向下、面向基层,坚持力量配备、服务资源向基层倾斜;要着力扩大覆盖面、增强代表性,着力强化服务意识、提高维权能力,着力加强队伍建设、提升保障水平。

六是强调加强网上工会建设,指出职工群众在哪里,工会工作就要做到哪里,要把网上工作作为工会联系职工、服务职工的重要平台,增强传播力、引导力、影响力。

综上可以看出,习近平总书记关于工会及工会工作的论述内容十分丰富,形成了内在关联、层次清楚的思想体系。工会的地位与作用阐述了工会的主体价值,工会发展方向与道路明确了工会的基本遵循,处理好工会与党的关系是做好工会工作的关键所在,工运时代主题是工会的历史使命,工会的职责和任务是工会存在的内在依据,工会改革与自身建设则是做好工会工作的保障支撑。

四、习近平总书记关于工人阶级和工会工作的重要论述的内在逻辑与主要特征

(一)理论逻辑、历史逻辑与实践逻辑的统一

从理论逻辑看,习近平总书记关于工人阶级和工会工作的重要论述,是对马克思主义劳动学说和群众学说的传承与深化,是对党的群众工作理论和工运理论的丰富与发展。比如,关于劳动的论述,提出劳动创造幸福、弘扬劳动精神、崇尚劳动与尊崇劳动者等观点,就是对马克思关于劳动是人的类本质、恩格斯关于劳动创造人类重要思想的发展。关于工人阶级的论述,则从人民是历史的创造者这一唯物史观的基本原理出发,论述必须坚持全心全意依靠工人阶级的方针。关于工会工作的重要论述,则从工会在党治国理政的大格局中来思考与定位,把工会工作提到了新的高度。理论逻辑除了理论渊源外,还有理论本身的内在逻辑及其自洽。习近平总书记关于劳动的论述是最本原的论述;而劳动是人的劳动,这就与工人阶级的有关论述有效衔接;而要做好工人阶级工作,则必须加强和改进工会工作,从而形成关于工会及工会工作的一系列重要论述。可见,关于劳动的论述是逻辑

起点,关于工人阶级的论述是核心要义,关于工会工作的论述是内在要求。

从历史逻辑看,习近平总书记关于工人阶级和工会工作的重要论述,始终从历史的长河中来考量,是在深入考察我国工人运动史、党的历史的基础上,总结了党领导工人运动和群团工作的成功经验及挫折不足,也汲取了国际工运史的教训启示,体现出历史纵深感。正如马克思说的:"人们自己创造自己的历史,但是他们并不是随心所欲地创造,并不是在他们自己选定的条件下创造,而是在直接碰到的、既定的、从过去承继下来的条件下创造。"①

从实践逻辑看,习近平总书记的重要论述,来源于实践,又指导实践,并通过实践来检验。坚持和发展中国特色社会主义,是当下中国的伟大实践。推进这一实践,习近平总书记多次强调,必须坚持全心全意依靠工人阶级的方针,发挥工人阶级主力军作用,发挥工会等群团组织的积极作用,并将各项方针、政策在实践中进行运用与检验。

(二)劳动情怀、人民情怀与事业情怀的统一

从劳动情怀来看,习近平总书记始终怀着对劳动的崇尚、对劳动者的尊崇,多次深入一线看望普通劳动者,关心劳动群众的生产生活,并将劳动作为共产党人保持政治本色的重要途径、保持政治肌体健康的重要手段、发扬优良作风与自觉抵御"四风"的重要保障。习近平总书记的劳动情怀,根植于他对马克思主义劳动观的深刻理解与洞察,也根植于他自己长期的劳动实践。

从人民情怀来看,习近平总书记多次强调人民是历史的创造者,是真正的英雄,始终把人民放在心中最高位置。工人阶级及其他劳动群众是人民的主体,习近平总书记对工人阶级的关心,对产业工人队伍的重视,对职工群众合法权益的维护,对普通劳动者的关爱,都体现出他深深的人民情怀。

从事业情怀来看,习近平总书记总是把党和国家的事业摆在最高位置,把实现中华民族伟大复兴的中国梦作为党的历史使命。他在十八届中央政治局常委同中外记者见面时就表态,要夙夜在公,勤勉工作,努力向历史、向

---

① 《马克思恩格斯全集》(第 8 卷),人民出版社,1961 年,第 121 页。

人民交出一份合格的答卷。他多次强调,要发挥工人阶级的主力军作用,凝聚起广大职工群众的磅礴伟力,为实现"两个一百年"的奋斗目标不懈努力。

(三)战略思维、系统思维、创新思维与辩证思维的统一

从战略思维来看,习近平总书记从党治国理政、推进国家治理体系和治理能力现代化的高度,来看待工人阶级和工会工作,论证全心全意依靠工人阶级的方针不能变,论证工会工作只能加强、不能削弱,让人醍醐灌顶、豁然开朗,显示出论述的彻底与真理的力量。马克思说过:"理论一经掌握群众,也会变成物质力量。理论只要说服人,就能掌握群众;而理论只要彻底,就能说服人。所谓彻底,就是抓住事物的根本。"①习近平总书记的重要论述,往往入木三分、一语中的,确实抓住了事物的本质。

从系统思维来看,习近平总书记将工会工作作为党的群众工作的重要组成部分来看待,将群团组织放在国家治理系统中来布局;在解决工会等群团组织存在的问题时,也是着眼于系统来思考,从机构设置、职能定位、运行机制、队伍建设、制度保障等全方位着手,切实破解"四化"问题,而不是头痛医头、脚痛医脚,体现出整体性、系统性。

从创新思维来看,习近平总书记的重要论述,在继承马克思主义的基础上,提出了很多新思想新论断新要求,比如劳动创造幸福,弘扬劳动精神,推进产业工人队伍改革,工会工作与党治国理政的关系,工会服务大局与服务职工的统一,增"三性"、去"四化"推进工会改革,加强工会基层基础建设等,这些论述是我们党工运理论创新的重要成果。

从辩证思维来看,习近平总书记的重要论述时时闪现出辩证的思想光芒,比如,关于服务大局"公转"与服务职工"自转"的论述,关于坚持党的领导与支持群团组织依法依章程独立自主开展工作的论述,关于维护职工合法权益与正确引导职工不合理诉求的论述,关于既不能忽视甚至压制群众意见和呼声,又不能迎合群众中不良情绪的论述,都为做好工会工作指明了正确方向。

---

① 《马克思恩格斯文集》(第一卷),人民出版社,2009 年,第 11 页。

（四）目标导向、问题导向、需求导向、效果导向的统一

从目标导向看，习近平总书记坚持以目标为引领，凝聚起广大职工群众的共识。比如，从国家层面提出实现"两个一百年"的奋斗目标、实现国家治理体系和治理能力现代化、实现中华民族伟大复兴的中国梦等，从工会层面提出要把工会真正建成"职工之家"、让工会干部成为最可信赖的"娘家人"等，以目标引领行动，以目标激发力量。

从问题导向看，习近平总书记着眼于长期困扰工会发展的问题，高屋建瓴、提纲挈领，作出了深刻的论述。比如，关于群团组织脱离群众的问题，群团组织机关化、行政化、贵族化、娱乐化问题，党与工会关系问题，工会基层基础及有效覆盖问题，工会维权阵地问题，工会干部能力与作风问题，等等。这些论述一针见血、入木三分，直指要害、予人警醒。

从需求导向看，习近平总书记多次强调，要坚持从群众需要出发开展工作，把群众意愿和呼声、困难和问题了解掌握起来，把准群众需求的脉搏，不能以主观感受代替职工的真实需求，实实在在搞好服务，服务群众做得怎么样要让群众说了算。

从效果导向看，习近平总书记一向崇尚实干，不尚空谈，强调工作的落实落地。比如，强调全心全意依靠工人阶级的方针，要解决认识问题，更要解决实际问题，不能只当口号喊、标签贴，强调群团组织不能只喊口号而不做有声有色的工作。

李友钟

（上海工会管理职业学院党委副书记、院长）

从概念到行动：
中国特色社会主义工会发展道路的理论表达[*]

中国特色社会主义工会发展道路是中国特色社会主义道路的重要组成部分，是马克思主义工会学说中国化的理论表达。理解这一概念的核心要义，要遵循从"语义"到"历史"再到"制度"的认识路径。语义是概念的外化，历史是概念的根蒂，制度反映概念的行动逻辑。只有在回归历史逻辑和结构化的制度分析中，才能避免"外部反思"，准确把握中国特色社会主义工会发展道路的实体性内容。中国特色社会主义工会发展道路，是语义形态、历史形态和制度形态的辩证统一，是当代中国马克思主义工会学说发展的三个基本维度。

中国特色社会主义工会发展道路是中国共产党对中国工人运动历史经验的术语提炼，关联中国工会改革与制度创新，是马克思主义工会学说中国化最基本、最重要的问题。习近平总书记指出："中国特色社会主义工会发展道路是中国特色社会主义道路的重要组成部分，深刻反映了中国工会的性质和特点，是工会组织和工会工作始终沿着正确方向前进的重要保证。"[①] 习近平总书记在同十六届、十七届全国总工会领导班子集体谈话时都重申了这一观点。检视中国特色社会主义工会发展道路研究，存在一个隐而不

---

* 本文原载于《理论月刊》2019 年第 10 期。

① 习近平：《在同全国劳动模范代表座谈时的讲话》，《人民日报》，2013 年 4 月 29 日。

显的问题,即注重对政治文献中的"工会文本"进行演绎和延伸,以充实中国特色社会主义工会发展道路的佐证材料和话语素材。这种研究范式,对于新概念刚刚"出场",亟待进行大众化普及、推进概念范畴的社会认同是十分必要的。党的十八大以来,中国工会在政治形态、社会治理、劳资关系中的结构和功能发生整体性重塑,这种解释路径恐怕难以适应工会改革的"加速度"。因此,很有必要从语义、历史和制度的整体性维度来展现中国特色社会主义工会发展道路的学理内涵。这对于理解现代国家建构进程中的工人与工会,具有重要意义。

一、中国特色社会主义工会发展道路的语义认知

语义是概念的外化。研究中国特色社会主义工会发展道路,基本前提就是了解这个政治术语的语义内涵。任何一个政治术语的提出,都不是凭空想象的,而是有着充分的历史、事实和学理依据。中国特色社会主义工会发展道路,是中国共产党对中国工会在历史、实践、制度层面的高度概括,是马克思主义工会学说中国化的理论集成。我们要在以中国特色社会主义为"横坐标",以中国工人运动史为"纵坐标"的理论象限中,对中国特色社会主义工会发展道路进行语义素描。

第一个关键词是"道路"。道路,在现代意义上是指专供行人和车辆行走、行驶的基础设施,能行人过车的通道,都可以称为道路。它的引申义就是达到某种目的、实现一定目标的过程和手段。因此"道路"的概念化就是"路径","路径依赖"可以理解为对方式与手段的依赖。首先,道路具有区间性。区间就是对距离长短的描述。道路的区间性表现为,它是由起点和终点共同规定的。起点是指道路的历史起点,即在历史和时间意义上道路是何时开始形成的。终点是指道路的目标,这个目标可以是理念层面的,也可以是现实层面的;可以是实体性的,也可以是虚拟性的。目标总是存在的,道路的终点一定是为了实现某种目的,达成某种夙愿。形象地说,道路是一条线段,并非一条射线。其次,道路具有可测量性,正因为道路是一条线段,这就具备了可测量性。测量主要是指对道路作出评价,这既可以是实然评

价,也可以是应然评价。前者是对道路历史和现实的客观评价,后者是对道路理念和未来的设想和憧憬。人民群众是道路的开辟者,也是评价者,具有道路"测量"的最高权威。最后,道路具有形态性。有的道路蜿蜒曲折,有的道路笔直坦荡;有的道路敞亮宽阔,有的道路黑暗狭窄。道路的形态是由开辟和建构道路各方力量的综合较量和利益博弈共同决定的。

第二个关键词是"工会"。马克思主义政治经济学认为,工会是大工业发展进程中劳资关系矛盾的产物,位于资本的对立面。工会最基本的面向是作为工人阶级集体行动的组织机制。在"劳资关系"中,作为生产资料占有一方的资本家阶级处在社会权力的制高点,对只靠出卖自己劳动能力为计的工人阶级实行全方位的剥削和压迫,通过吸吮工人阶级剩余劳动实现资本增殖和资本循环运动,这就决定了工人阶级处于社会权力的最底端和社会结构中的最底层。"劳资关系"本质上是由资本权力主导的非对称性霸权关系。工人阶级要想颠覆非对称性霸权关系,就必须组织起来,实现本阶级的团结统一和集体行动,"工会的直接任务仅仅是适应日常的需要,力图阻止资本的不断进攻,一句话,仅仅是解决工资和劳动时间的问题"①。以此为基点,在工会运动中形成第二个面向,即工会制度,它是工人阶级把工会作为集体行动形式而采取社会行动的制度形态,以及关于工会组织自身建设、运行的原则与规定。工会的第三个面向可以概括为关于工会组织及其制度形态的价值抽象,如工会文化、工会理念、工会理论等。因此,"工会发展"就对应地涵盖工会组织发展、工会制度发展、工会价值发展三个方面。

第三个关键词是"中国特色社会主义"。它规定了中国共产党与国家建设的基本关系,即中国共产党领导是中国特色社会主义最本质特征和最大制度优势,中国共产党是最高政治领导力量;也体现了现代化运动的"中国特色"和"中国逻辑",解决了科学社会主义的科学性和时代性、普遍性和民族性何以统一的问题。把"中国特色社会主义"作为"工会发展道路"的定语,基于以下考虑:其一,凸显工会发展道路的差异性和民族性。在马克思

---

① 《马克思恩格斯论工会》,工人出版社,1980 年,第 128 ~ 129 页。

的分析中,工人没有祖国,全世界工人阶级最终会走向大团结、大联合。但历史经验表明,由于不同国家工业化发展水平不同,历史、文化和意识形态迥异,政治体制和社会自主性的异质,致使不同国家工人运动在规模、组织化程度、斗争领域和利益诉求等方面千差万别,泽尔博格(Zolberg)将此称为"例外主义"①。中国工会运动同样如此,既体现出世界工人运动发展的一般性规律和特质,也具有明显的本土性和民族性。其二,对中国工会研究起提示作用。正是由于本土性和民族性的存在,研究中国工会要最大限度地避免"外部反思",即防止"把一般原则运用到任何内容之上"②,不触及中国工会历史与实践的实体性内容,从而陷入西方工会理论的假说和论证中,导致工会实践中的"偏航"与"变色"。其三,这体现道理自信、理论自信、制度自信、文化自信,是对中国工会发展道路自主性、本土性、民族性、时代性的有力维护。

这样一来,我们就从"道路""工会""中国特色社会主义"三个核心概念入手,对中国特色社会主义工会发展道路的政治语义轮廓作了素描,并得出以下基本判断:第一,中国特色社会主义工会发展道路与中国特色社会主义存在紧密联系,两者在学理层面上可以相互解释和论证;第二,中国特色社会主义工会发展道路在实践上可以把握,在制度上可以建构,在价值上可以阐发;第三,中国特色社会主义道路有其术语规定性、历史规定性、制度规定性。如果说上述分析较为粗略,对核心要义的把握还不是那么深刻,那么接下来,我们就要深入到中国特色社会主义工会发展道路的历史运动中,透过中国工会运动的实体性内容,分析这一概念提出和建构的必然性。

二、中国特色社会主义工会发展道路的历史根蒂

政治主体建构政治术语不是随心所欲的,它必须以政治实践为前提,以社会历史条件为规定性。"语言是一种实践的、既为别人存在因而也为我自

---

①　吴清军:《西方工人阶级形成理论评述——立足中国转型时期的思考》,《社会学研究》,2006年第 2 期。

②　吴晓明:《中国学术如何走出"学徒状态"》,《文汇报》,2014 年 12 月 12 日。

身而存在的、现实的意识。"①任何政治术语都有其深厚的历史根蒂,展现中国特色社会主义工会发展道路的理论内涵,要在术语描述的基础上,进一步深入到其历史性内容之中。

(一)帝制国家解体与工人阶级组织化兴起

从1840年鸦片战争到1925年中华全国总工会成立,是中国工人阶级成长为政治阶级的准备期。此时中国工人运动的特点有:

第一,近代工人阶级呈现二元性特征。在西方商品－资本输出和军事干预中,中国被纳入资本主义政治经济体制,封建帝国政体瓦解,半殖民地半封建社会形成。在资本主导的现代化运动席卷下,中国近代民族工业、外资企业、官办工业开始出现,近代工业孕育形成了近代产业工人。中国近代产业工人与工厂机器化大生产联系紧密,同时也被土地紧紧捆绑在一起,不少工人是由农民直接转化而来,因此在意识形态和生产方式上还保留小农传统。这就决定中国近代产业工人阶级在政治观念和阶级意识上兼具进步性和保守性、先进性和愚昧性、开放性与封闭性的二元性特征。

第二,中国工人运动组织化趋向明显。受中国古代社会传统和民间习俗影响,近代产业工人以空间、职业、性别作为结社中介,组建工人共同体。特别是中国现代政党加速了工人阶级组织化进程,国民党、共产党等效仿俄国布尔什维克的建党实践,建立外围性工人组织——工会。工会是政党与群众之间的"传动装置"②,与政党互构为结构性联动体系,以政党"外围组织"的名义进行社会整合与动员。

第三,近代中国工人组织形态复杂,充斥着分裂与斗争、矛盾与冲突。因此,破解工人组织分化僵局,实现中国工人运动及其组织形态的全国性大联合,迫在眉睫。1925年中华全国总工会就是在此背景下成立的。

(二)工人阶级从"自在阶级"转化为"自为阶级"

马克思在《哲学的贫困》中,提出了工人阶级从"自在"向"自为"转变的

---

① 《马克思恩格斯文集》(第一卷),人民出版社,2009年,第533页。
② 《列宁专题文集》(论社会主义),人民出版社,2009年,第304页。

重要论断。毛泽东同样认为,中国无产阶级存在一个由"自在阶级"变为"自为阶级"的过程,"由于实践,由于长期斗争的经验,经过马克思、恩格斯用科学的方法把这种种经验总结起来,产生了马克思主义的理论,用以教育无产阶级,这样就使无产阶级理解了资本主义社会的本质,理解了社会阶级的剥削关系,理解了无产阶级的历史任务,这时他们就变成了一个'自为的阶级'"①。中国共产党和中华全国总工会担负实现上述转变的重任,时间跨度可以从 1925 年全国总工会成立延伸到 1956 年"三大改造"完成。这一时期中国工会运动主要表现为以下三个特点:

第一,中国工人运动从经济领域拓展到政治领域,具有民族解放和世界历史意义。中国工会运动不仅是满足工人阶级的眼前利益和局部利益,更关注工人阶级的长远利益和根本利益,前者是经济利益,后者是政治利益,经济解放必须以政治解放为前提。在中国共产党的领导下,中国工会运动超越狭隘的经济主义,更加关注工人阶级的政治权利——工人阶级要成为国家的主人,成为自己的主人,政治革命目标就是建立工人阶级当家做主的新型国家政权。

第二,中国工会运动注重与农民运动、妇女运动、青年学生运动的相互配合、支援和协作,这是中国工人运动历经若干次"试错"后得出的宝贵经验。中国共产党领导的新民主主义革命从本质上讲是一场人民战争,因此必须建立最广泛的革命统一战线,实现全国人民的团结一致。这意味着,中国工会运动必须是一个开放的社会动员系统,既要充分吸纳黄色工会、招牌工会、民间行会等工人组织,也要与农民、妇女、知识分子、商人等社会各阶层相互配合。政治革命取得最终胜利,"将是在工、农、兵、学、商的统一战线大大巩固和发展的时候"②。

第三,中国工会运动最重要的政治成果是,缔造中华人民共和国,实现工人阶级专政,建立社会主义制度。工人阶级上升为国家领导阶级,实现了

---

① 中华全国总工会、中共中央文献研究室:《毛泽东 邓小平 江泽民 论工人阶级和工会工作》,中央文献出版社,2002 年,第 17 页。

② 同上,第 18 页。

中国工人阶级的政治解放和当家做主,工会由此也被赋予了"国家政权社会支柱""人民政协重要参与方"的政治功能。

(三)党制国家下的中国工会

从1956年"三大改造"完成到1978年党的十一届三中全会,中国工会在"党制国家"的政治形态中明确组织性质,强化政治能力,发展社会功能。现代国家建构逻辑、社会革命逻辑、后发国家工业化逻辑、中国大一统的文化逻辑共同塑造了党制国家[①],在党制国家体系下,政党通过国家政权兑现政治承诺,社会团体和企业生产被纳入国家体系中从而成为国家政权的组成部分。此时中国工会具有下列特征:

其一,中国工会进入党制国家体系。工会在国家政治形态和权力结构中历经曲折,有时被强化,有时被边缘化,甚至在"文革"中一度被取消。但总体来说,中国共产党对工会的态度是积极和接纳性的,并没有因为革命任务的完成而"取消"工会。只不过受到当时极左思想的影响,工会与党和国家的关系曾出现严重扭曲和非正常化。

其二,在工会理论问题探讨上,存在明显争议,即工会应坚持政治主义至上还是应坚持经济主义优先。工会理论问题的争议,与当时党内关于社会主义建设模式和党与社会主义国家关系的模糊认识不无关系,与当时党内政治运动存在因果关联。

其三,工会被定格在政治国家结构中,成为计划体制下"单位政治"的一个组成要素。"工会绝不是纯粹的社会团体,而是国家政权的一部分,工会的此种性质既赋予工会行使权力的基础又限制了工会活动的空间。"[②]

(四)现代国家建构与中国特色社会主义工会发展道路的形成

1978年党的十一届三中全会以后,在党政分开的政治改革、鼓励商品经济的经济改制、弘扬效率优先的价值转型共同作用下,中国工会从政党体系、国家体系逐步进入到社会体系、市场体系中,作为政治术语的"中国特色

---

① 参见陈明明:《当代中国政治史研究的学科视野与问题意识》,《浙江社会科学》,2017年第9期。

② 江仕凯:《工人政治的逻辑及其变革:职工代表大会制度研究》,复旦大学博士论文,2011年。

社会主义工会发展道路"在现代国家建构进程中呼之欲出。2005年7月,中华全国总工会第十四届执委会主席团第六次全会制定《关于坚持走中国特色社会主义工会发展道路的决议》,首次以全总文件形式,正式提出"中国特色社会主义工会发展道路"这一政治术语,其要点是:①坚持以邓小平理论和"三个代表"重要思想为指导,②坚持自觉接受中国共产党对工会的领导,③坚持服务于党和国家工作大局,④坚持切实表达和维护职工的合法权益,⑤坚持工人阶级队伍和工会组织的团结统一,⑥坚持独立自主地开展工会对外交往,⑦坚持推进工会理论创新、体制创新和工作创新。其中第一条是政治原则和指导思想,第二、三条规定了工会与政党和国家的基本关系,第四至第七条分别从维权、组织、外事、能力等方面规定了中国工会的职责和功能。

全国总工会之所以在此时提出"坚持走中国特色社会主义工会发展道路",与进入21世纪后,党对于加强先进性、纯洁性和执政能力建设紧迫性的战略判断密不可分。此前召开的党的十六届四中全会认为,"我国改革发展处在关键时期,社会利益关系更为复杂,新情况新问题层出不穷",如何保持党在政治上的先进性、纯洁性,巩固党执政的阶级基础和社会基础,增强党长期执政的专业化能力,关乎国家前途命运和党的生死存亡。特别是"三个代表"重要思想在理论上科学回答了"建设一个什么样的党,怎样建设党"的问题后,如何根据时代和实践发展要求,在理论上进一步回答"建设一个什么样的工会,怎样建设工会"就成为一项摆在全国总工会面前的历史性课题。因此,中国特色社会主义工会发展道路,作为马克思主义工会学说中国化的一项重大理论命题,作为中国工会建设的基本政治准则被正式提出了。在2008年中国工会十五大上,习近平在代表党中央的祝词中把工会发展与中国特色社会主义"联结"为一体,指出中国特色社会主义工会道路是中国特色社会主义道路的组成部分,体现了"共产主义远大理想同中国特色社会主义共同理想的统一,体现了时代要求与中国国情的统一,体现了工人阶级长远利益与当前利益的统一"①。

(五)拓展中国特色社会主义工会发展道路的理论内涵

党的十八大以来,中国特色社会主义工会发展道路进入新时代,其理论内涵也在实践中丰富和发展。首先是"主义"视野下的道路。中国特色社会主义工会发展道路,与中国特色社会主义青年运动方向、中国特色社会主义妇女发展道路,共同构成中国特色社会主义群团发展道路的支撑主干,是中国特色社会主义道路的重要组成部分,"符合我国国情和历史发展趋势"②。如果把中国特色社会主义道路比喻为"大路",那么中国特色社会主义工会发展道路就是这条"大路"中的一列"车道",两者的历史根蒂、政治属性、发展方向高度一致。

其次是"治理"视野下的道路。习近平指出:"国家治理体系是由众多子系统构成的复杂系统。……工会、共青团、妇联等群团组织,既各负其责,又相互配合,一个都不能少。"③现代国家治理涉及方方面面,主体多元,对象复杂,操作难度大。对于某些社会问题的解决,不同利益相关方给出的方案和路径是截然不同的,甚至还可能存在紧张和对立。面对众口难调、充满利益纠葛的复杂性社会治理难题,我们为此划定一道"治理边界",也就是通常所说的"底线"和"外框"。越出这个底线,跳出这个外框,治理的性质可能就会发生改变。坚持中国特色社会主义工会发展道路,就是我们在当下推进工会改革创新、大力推进产业工人队伍建设、构建和谐劳动关系、完善企业职工代表大会制度、推进中国工人阶级和工会理论研究的"底线"和"外框"。

最后是"理论"视野下的道路。王沪宁代表党中央在中国工会十七大的致词中指出,习近平总书记关于工人阶级和工会工作的重要论述,"科学回答了工人阶级和工会工作的一系列方向性、根本性、战略性重大问题,贯穿

---

① 习近平:《在夺取全面建设小康社会新胜利中充分发挥工人阶级主力军作用》,《中国工运》,2008 年第 11 期。

② 《切实保持和增强政治性先进性群众性 开创新形势下党的群团工作新局面》,《人民日报》,2015 年 7 月 7 日。

③ 《习近平关于社会主义政治建设论述摘编》,中央文献出版社,2017 年,第 188~189 页。

了党的全心全意依靠工人阶级的方针,丰富了马克思主义工人阶级和工运学说,为新时代工运事业和工会工作创新发展指明了前进方向、提供了根本遵循"①。中国特色社会主义工会发展道路是马克思主义工会学说中国化的理论集成,体现了中国共产党在坚持和发展中国特色社会主义制度的基础上,对中国工会建设和发展规律的深刻思考和科学把握,与革命和建设时期党领导中国工会运动的理论和实践一脉相承又与时俱进。

三、中国特色社会主义工会发展道路的制度结构及其现实展开

为了实现工人阶级集体行动组织化,即把工人阶级对共同利益的理性认知转化为规范性的政治力量,就必须形成一套与此相适应的制度结构。工人阶级集体行动蕴含着十分深刻的制度逻辑,这是贯串于工人运动之中的制度学原理。

第一,制度体现社会对资源配置的理性主义原则。人要生存,就必须依赖资源,人在同资源交换中实现个人与社会再生产。但资源总是有限的,因此必须根据一定原则,比如经济主义原则、实用性原则、公益性原则、利益最大化原则等,对资源的开发利用作出某种限定,这种限定就是制度。

第二,制度体现政治权威。制度的生命力在于执行,即以强制性力量促使社会成员共同遵守制度规范,否则就成为一纸空文。因此,制度就是一种政治权威,而政治权威的实现必须以国家强制为后盾。

第三,制度是社会秩序和个体行动规范的总和。总体制度由一整套首尾衔接、互为补充、彼此支撑的具体制度构成,具有明显的结构化特征。从形式上看,制度就是制度体系。工人阶级集体行动的制度逻辑,旨在解释如何通过制度设计和制度生产,把工人阶级分散化的个体行动整合为目标一致、整齐划一、组织有序的社会行动和阶级行动,从而掌握社会总体制度的制定权和话语权。从这个意义上讲,工人阶级政治革命、社会革命也是一场制度革命,工人阶级集体行动是推动人类文明形态跃进的推动力。

---

① 《中国工会第十七次全国代表大会在京开幕》,《人民日报》,2018 年 10 月 23 日。

在市场化条件下,制度对于工会的意义在于,"工会不仅因为改善了工人待遇而成为提高工人人力资本产权实现程度的制度装置,而且扩展了劳资合作秩序,提高了社会公平程度,维护了市场经济制度的可持续性和正常运行"①。更为重要的是,中国工人运动存在不可忽视的刚性制度边界,即受到中国共产党的政治领导制度、工人阶级领导的人民民主专政的国家政治制度、中国特色社会主义制度的限定,这从根本上规定了中国特色社会主义工会发展道路的制度特征。中国特色社会主义工会发展道路的制度形态可称作"中国工会制度",是指中国工会组织在国家政治 – 社会制度体系中的纵向结构位置、在企业生产空间中的横向结构位置,以及工会组织制度的结构化制度体系。作为结构化的中国工会制度,由外部制度、内部制度和工会组织制度三方面构成。外部制度主要是指国家政治 – 社会领域的制度结构,包括国家与工会的制度结构、政党与工会的制度结构;内部制度主要是指企业资本 – 劳动领域中的制度结构,包括企业与工会的制度结构、职工与工会的制度结构;工会组织制度主要是指维系工会组织内部机构稳定有序运转的制度结构,包括工会组织系统内的权力运行机制、资源配置机制、干部人事制度等。

(一)中国工会制度的外部性结构

中国工会与西方工会不同,不是在社会空间自主生成的与国家权力相抗衡、与政治团体相竞争的压力集团,而是由中国共产党缔造建立的"外围性"组织,接受中国共产党在政治方向、干部人事、资源配置、功能定位、工作空间等方面的全面领导和塑造。1949年新中国成立后,中国工会从政党体系进入国家体系,称为国家政权的重要社会支柱、人民政协的重要参与界别。这样一来,工会的"传动带"也延伸至国家权力体系中,工会以其延展到社会基层的组织网络、以维权为重点的社会功能、与党政系统稳定的伙伴关系等制度优势,在保持国家宏观政治稳定的前提下最大限度地整合工人阶

----

① 于桂兰、于楠:《工会制度与工人权利:基于产权经济学的分析》,《吉林大学社会科学学报》,2008 年第 11 期。

级人力资本,实现人力资本在现代国家建设中的高效利用。对工会与国家的关系在理论上存在一些争论,一种观点认为中国工会与国家的关系是典型的法团主义结构,另一种观点认为,"中国工会主要是在国家、企业和工人之间扮演着一个中介性的角色,以协调三方利益,辅助国家治理,这种中介性角色并不具有法团主义的性质"①。但有一点毋庸置疑,在制度层面上,中国工会不同于美国工会谈判型组织,它不可能像美国工会那样以对抗姿态同雇主集体谈判。② 这为转型社会理论关于"现代化必然导致社会断裂,经济发展必然被要付出巨大社会成本"的判断提供了一个"经验反例"。

(二)中国工会制度的内部性结构

追根溯源,工会是资本运动的产物,是由资本力量塑造形成的工人组织形式。根据马克思政治经济学原理,资本与劳动构成一种矛盾关系:一是相互依存,资本吸吮剩余价值的运动必须借助工人"活劳动"的力量,否则资本就只能是"死劳动";同样,作为除了自身劳动能力可以自由出卖以外一无所有的工人阶级,必须把自己的"活劳动"与资本的"死劳动"相结合,"活劳动"才能转化为商品出卖给资本家,以换取维系自我生存的生活资料。二是相互排斥,资本追求剩余价值最大化,因此必须把工人的"活劳动"压缩到最小限度,改进生产技术和工艺,加强生产组织和管理是资本削减"活劳动"的主要途径;同样,工人为了维护自己的劳动权益,获得更多生活资料,就必须与资本的社会权力进行抗争。西方工会的主要功能是,将资本与劳动既相互依存又相互对立的矛盾关系控制在合理限度内,使劳资双方达成妥协,避免发生激进运动。这也是马克思和恩格斯生前曾极力批判的"拉萨尔主义"的论调,"在一个健全的国家体系中呼吁工人的福利和权利,以至于将工人身份局限于拥有自身'合法权益的'职业群体,这正是拉萨尔理论的核心"③。

---

① 吴建平:《转型时期中国工会研究——以国家治理参与为视角》,光明日报出版社,2012年,第56~57页。

② 参见游正林:《想象中的工会作用——评几篇定量研究中国工会作用的文章》,《东南大学学报》(哲学社会科学版),2017年第5期。

③ 陈周旺:《一个世纪的悲歌:图绘中国工人政治史》,《复旦政治学评论第十六辑》,复旦大学出版社,2016年,第112页。

中国工会截然不同。在社会主义初级阶段的历史限度下,资本与劳动在政治层面上的阶级对立和意识形态冲突,随着社会主义制度的建立和完善已经不复存在,计划与市场只是发展经济的两种手段,公有制企业和非公有制企业都是社会主义市场经济的重要组成部分。尽管在一定时期和一定范围内,资本与劳动的冲突和摩擦仍然存在,但这是在现代国家建构和公民身份强化的历史背景下发生的以职工社会经济权利的实现和满足为内容的纠纷。企业工会的功能就在于,在国家民主化、法治化的框架中代表职工利益,维护职工权益,妥善解决劳资关系纠纷。企业工会发挥上述功能的法理条件和制度平台,就是企业职工代表大会制度。

(三)中国工会组织制度结构

中国工会制度结构关涉工会组织自运行的状态及其权力关系。中国工会制度位于国家政治制度和企业生产制度中,由于受到这两方面的限制,因此中国工会不存在学术意义上的组织"自运行"状态。学术意义上的组织"自运行"状态是不受到任何外部压力和限制的绝对性、自主化的理想运动状态,这在现代民主政治条件下几乎是不可能的,因为任何一种民主形式都是有限的民主。此处的"自运行",可以理解为工会组织在国家民主和法治框架下,以工会法和工会章程为基本准则,围绕党和国家政治发展、经济建设、社会治理等领域的公共议程,实现工会组织建设、日常管理、资源配置的良性运转,以及对党和国家公共议程的有机嵌入。习近平总书记指出:"群团组织要坚定不移走中国特色社会主义群团发展道路,坚持党对群团工作的统一领导,把自觉接受党的领导、团结服务所联系群众、依法依章程开展工作有机统一起来。"①在当代中国群团组织中,工会组织制度的法理性最强、体系也最为完备,因为《中华人民共和国宪法》把职工代表大会作为基层民主的实践平台,《中华人民共和国工会法》从国家法律的高度规定了中国工会的性质、功能和权力运行体制,《中华人民共和国劳动法》《中华人民共

---

① 《切实保持和增强政治性先进性群众性 开创新形势下党的群团工作新局面》,《人民日报》,2015 年 7 月 7 日。

和国劳动合同法》《中华人民共和国公司法》等法律也对工会在企业生产和管理空间中的性质与功能作出了法理规定。工会组织的制度变迁是现代国家制度成长和政治文明发展的重要组成部分,折射了中国特色社会主义民主政治建设的进步与绩效。

制度结构由社会经济结构所决定,社会经济结构发展到什么阶段,制度变迁就要推进到什么阶段,否则既有的制度很可能就会异化为社会经济结构发展的阻力,从而引发更大范围的制度崩塌,触动国家安全的报警器。在开放环境和社会转型条件下,中国工会制度也在发生急剧性的制度变迁。这一点自党的十八大以来表现得尤为显著。一方面,工会制度的再生产能力更强,体系更加完备,内容更加充实,制度网络越治越密,中国工会制度体系正在发生全方位转型。有资料显示,"《全国工会改革试点方案》提出的7个方面27条改革举措均如期完成,原定制定25项制度文件而实际出台了35项,探索和总结了成功经验和有效做法"[1]。另一方面,工会制度与国家政治、经济、社会等其他方面制度相互衔接,工会制度嵌入国家制度的能力更强,体现了工会在推进国家治理体系和治理能力现代化过程中的独特价值。比如,中国工会积极推动劳动关系领域立法,"截至2017年底,全国各省(区、市)颁布35部企业民主管理方面的地方性法规,30个省(区、市)人大或政府出台41部集体协商地方性法规或规章,15个省(区、市)颁布工资集体协商条例或政府规章,6个省出台工会劳动法律监督专项地方性法规"[2]。工会制度的执行力、贯彻力更强,制度虚空、制度弱化等问题得到明显改善,以制度变迁为契机,工会组织及其能力体系得到全方位重塑,这是工会改革的一项重要制度成果。

综上所述,中国特色社会主义工会发展道路是中国特色社会主义道路的重要组成部分,是马克思主义工会学说中国化的理论表达。中国特色社

---

① 中华全国总工会研究室:《把握时代主题 服务职工群众》,中国工人出版社,2017年,第144页。

② 《在新时代党的真挚关怀下不断前进——习近平总书记关心工人阶级和工会工作纪实》,《人民日报》,2018年10月22日。

会主义工会发展道路,是语义形态、历史形态和制度形态的有机统一。语义是概念的外化,历史是概念的根蒂,制度反映概念的行动逻辑。当前,中国特色社会主义工会发展道路的核心议程是:构建与现代国家建设相适应,与国家治理体系与治理能力现代化相匹配的中国工会制度结构。这是实现从概念到行动的关键一跃,未来仍然可期。

刘　佳

（北京航空航天大学马克思主义学院助理教授）

深入理解习近平总书记关于劳动的
重要论述的三个维度[*]

党的十八大以来,习近平总书记对劳动作了系列重要阐述,深刻揭示了劳动对于推进伟大事业、推进党的建设、培育时代新人的重要理论与现实意义。我们学习习近平总书记关于劳动的重要论述,应牢牢把握以下三个维度,深入理解其中的重要思想:一是要牢牢把握习近平总书记关于劳动是推动人类社会进步根本力量的重要观点,紧紧依靠人民群众的劳动创造来推进伟大事业。二是要牢牢把握习近平总书记关于劳动对党的建设具有"三重要"功能的重要观点,紧紧依靠劳动推进党的建设新的伟大工程。三是要牢牢把握习近平总书记关于青少年牢固树立劳动精神、确立正确劳动价值观、具备基本劳动技能的重要观点,把加强劳动教育和培育时代新人紧密结合起来。

中国共产党一直高度重视劳动。究其原因,在于劳动是马克思主义唯物史观的重要命题,在于劳动是党领导的中国特色社会主义伟大实践的重要组成部分。进入新时代,习近平总书记对劳动作了系列重要阐述,在继承和发展马克思主义劳动观的基础上,又赋予了劳动新的时代意义。深刻把握习近平总书记关于劳动的重要论述,具有突出的理论和现实意义。

---

* 本文原载于《思想理论教育导刊》2020 年第 11 期。

一、紧紧依靠人民群众的劳动创造推进伟大事业

社会主义是干出来的。依靠人民群众的劳动创造来推进伟大事业,是新时代习近平总书记提出的一个基本主张。正如习近平总书记所指出的:"实现我们的奋斗目标,开创我们的美好未来,必须紧紧依靠人民、始终为了人民,必须依靠辛勤劳动、诚实劳动、创造性劳动。"[①]因此,我们要牢牢把握习近平总书记关于劳动是推动人类社会进步根本力量的重要观点,紧紧依靠人民群众的劳动创造来推进伟大事业。

众所周知,是否尊重人民的历史主体地位,是否承认人民是历史的创造者和社会发展的决定力量,是区别唯物史观和唯心史观的分界线。马克思主义唯物史观深刻揭示了劳动在人类社会进步中的作用。劳动是人的有意识的生命活动,是人改造外部世界的创造性活动,是人区别于动物的根本特征。人通过劳动,不仅创造和积累了物质财富和精神财富,也逐渐摆脱自然而然的生存状态,成为自由自觉的社会历史主体。劳动的这一本质属性对人类社会进步规律作出了重要诠释,概括起来就是,劳动是人的本质活动,人通过劳动创造历史,劳动构成了人类社会进步的根本力量。习近平总书记在深刻把握劳动的本质属性的基础上指出,改革开放"40 年来取得的成就不是天上掉下来的,更不是别人恩赐施舍的,而是全党全国各族人民用勤劳、智慧、勇气干出来的!"[②]习近平总书记把伟大事业的历史归结为人民奋斗的历史,归结为劳动创造的历史,把劳动放在了极其重要的位置。

回顾历史,劳动之于伟大事业的作用是深刻而又具体的。通过人民群众的劳动创造,我国在各行业取得了巨大发展和成就积累,这为中国特色社会主义伟大事业奠定了重要的物质基础。一代又一代社会主义建设者在劳动创造中提升了劳动素养,提高了劳动技能,这为中国特色社会主义伟大事业提供了重要的人才储备。通过人民群众的劳动创造,国家的面貌、人民的

---

① 习近平:《在同全国劳动模范代表座谈时的讲话》,《人民日报》,2013 年 4 月 29 日。
② 习近平:《在庆祝改革开放 40 周年大会上的讲话》,《人民日报》,2018 年 12 月 19 日。

面貌发生了前所未有的变化,人民群众收获了奔向美好生活的底气和信心,这为中国共产党长期执政打下了坚实巩固的社会基础和群众基础。通过人民群众的劳动创造,事物发展的客观规律和社会进步的方向得到了充分验证和肯定,这为中国特色社会主义伟大事业提供了重要的理论依据。劳动之于伟大事业的作用,概括起来就是,劳动是伟大事业取得辉煌历史成就的一个基本原因。正如习近平总书记所指出的:"正是因为劳动创造,我们拥有了历史的辉煌;也正是因为劳动创造,我们拥有了今天的成就。"[1]正因为劳动具有如此重要的作用,所以我们要重视劳动,要深刻把握劳动在历史发展中的重要作用,这是用唯物史观的科学认识来正确认识历史的要求所在。而深刻把握劳动在历史发展中的重要作用,同样也是我们迈向未来的一个基本观点。

面向未来,习近平总书记鲜明地指出:"人民创造历史,劳动开创未来。劳动是推动人类社会进步的根本力量。"[2]新时代我们推进伟大事业,就要继续把劳动放在至关重要的位置,紧紧依靠人民群众的劳动创造来开拓和前进。那么我们应当怎样依靠劳动来推进伟大事业呢?

首先,我们要继续提高和巩固人民的历史主体地位。这至少是由三个方面的原因决定的:一是人民群众的劳动创造是新时代推进伟大事业的根本力量,因而只有坚定不移地提高和巩固人民的历史主体地位,才能使我们的伟大事业始终拥有前进的力量。二是"群众在实践中创造的经验,反映了事物发展的客观规律,代表了社会进步的方向"[3],因而只有坚定不移地提高和巩固人民的历史主体地位,才能使人民群众在人民当家做主的社会制度中充分调动起自身的积极性、主动性和创造性,在劳动实践中创造更多经验、发现更多规律,为社会进步和事业发展提供更强大的力量。三是人民是我们党的

---

　　① 习近平:《在庆祝"五一"国际劳动节暨表彰全国劳动模范和先进工作者大会上的讲话》,《人民日报》,2015 年 4 月 29 日。

　　② 习近平:《在同全国劳动模范代表座谈时的讲话》,《人民日报》,2013 年 4 月 29 日。

　　③ 中共中央宣传部:《习近平新时代中国特色社会主义思想三十讲》,学习出版社,2018 年,第89 页。

执政基础,因而我们党领导全党全国各族人民推进伟大事业就必须筑牢群众观点,践行人民至上的价值理念。我们党发展壮大的一条很重要的经验就是,始终牢牢把握人民的历史主体地位,根植人民、服务人民、依靠人民。

其次,我们要紧紧依靠人民的辛勤劳动、诚实劳动和创造性劳动来破解发展中的难题。我们所处的时代是世界正经历百年未有之大变局的时代,是中华民族伟大复兴的时代,也是各种难题凸显和叠加的时代。我们要跨越这样的时代,要解答这些难题,就更加需要依靠广大劳动人民的辛勤劳动、诚实劳动和创造性劳动。正如习近平总书记所指出的:"劳动是一切成功的必经之路。"①在新时代推进伟大事业,既要秉承这样的坚定认识,也要遵循这样的客观规律。我们正在进行的中国特色社会主义事业是前无古人的伟大事业,其前进道路需要不断的理论创新和实践探索。我们依然处于社会主义的初级阶段,还面临许多未知的问题和待解决的问题。发展中的各种难题,只有通过辛勤劳动、诚实劳动、科学劳动、创造性劳动才能破解。而事业越发展,各种难题、矛盾、风险和挑战就越多,就更需要相信和依靠广大人民群众的创造性力量,在党的领导下充分调动最广大人民的积极性、主动性和创造性,在劳动创造中增强人民群众的自主性和对伟大事业的坚定信念,在劳动创造中破解推进伟大事业可能面临的各种难题。

最后,我们要在全社会大力弘扬劳动精神,让劳动光荣、创造伟大成为铿锵的时代之音,让劳动精神成为新时代推进伟大事业的重要精神力量。中华民族向来是勤于劳动、善于创造的民族,劳动精神是我们民族精神的重要组成部分。新时代我们推进伟大事业,要以这一宝贵的民族精神为重要的精神动力。然而在多种因素的共同影响下,全社会的劳动精神正在受到一定程度的侵蚀。表现在社会生活层面,就是一些人更希望通过用钱生钱的方式实现财富积累,而不是通过辛勤劳动;更希望通过小成本、走捷径、搭便车等方式实现财富累积,而不是通过诚实劳动。反映在经济发展层面,就

---

① 《习近平在乌鲁木齐接见劳动模范和先进工作者、先进人物代表向全国广大劳动者致以"五一"节问候》,《人民日报》,2014 年 5 月 1 日。

是实体经济在与虚拟经济共同发展的过程中,面临着一些困难和挑战,比如人才与资金的流失、被抬高生产成本、被挤压发展空间等。体现在日常生活领域,就是奢靡浪费等不尊重劳动、不珍惜劳动成果的观念和现象有所增加。针对这些问题,习近平总书记指出,要在全社会树立"以辛勤劳动为荣、以好逸恶劳为耻"①的劳动观念,在全社会提倡通过诚实劳动实现梦想、改变命运,在全社会营造劳动光荣的社会风尚和精益求精的敬业风气,在全社会形成浪费可耻、节约为荣的社会共识,坚决遏制包括"舌尖浪费"在内的不珍惜、不尊重劳动成果的行为。新时代我们推进伟大事业,要牢牢树立"劳动光荣、创造伟大"的劳动价值观念,要把这一劳动价值观念的弘扬与社会主义核心价值观的建设紧密结合在一起,让劳动精神深深根植于我们民族的精神家园之中,让劳动精神成为新时代推进伟大事业的重要精神力量。

二、充分重视劳动在党的建设中的重要功能

党的建设始终是中国共产党百年发展的核心命题。进入新时代,习近平总书记把从严管党治党作为推进党的建设新的伟大工程的鲜明时代主题,同时创造性地提出要充分重视劳动在党的建设中的重要功能。他指出:"劳动,是共产党人保持政治本色的重要途径,是共产党人保持政治肌体健康的重要手段,也是共产党人发扬优良作风、自觉抵御'四风'的重要保障。"②劳动之于党的建设的"三重要"功能,是习近平总书记将马克思主义唯物史观中劳动的理论和党的建设理论相结合而产生的重大理论成果。在新时代推进党的建设,要牢牢把握劳动对党的建设的重要功能,深刻认识以下三点:

第一,劳动是共产党人保持政治本色的重要途径。中国共产党百年发展历程铸就了共产党人坚定理想、服务人民、求真务实、开拓创新、清正廉洁、艰苦奋斗等鲜明的政治本色。共产党人的政治本色,诠释了我们党作为

---

① 习近平:《在庆祝"五一"国际劳动节暨表彰全国劳动模范和先进工作者大会上的讲话》,《人民日报》,2015年4月29日。

② 《习近平在乌鲁木齐接见劳动模范和先进工作者、先进人物代表向全国广大劳动者致以"五一"节问候》,《人民日报》,2014年5月1日。

马克思主义政党的价值追求,彰显出共产党人的品格风范,同时也表现出与劳动密不可分的关系。理解共产党人政治本色与劳动之间的关系,可以从党的先锋队性质入手。中国共产党是中国工人阶级的先锋队,同时是中国人民和中华民族的先锋队。工人阶级是劳动阶级,因而我们党作为劳动阶级的先锋队,就必然要保持劳动人民的本色,全体共产党人就必然要保持与劳动人民同劳动、同实践的理念、态度和做法。这是共产党人的政治本色与劳动之间的第一层关系。我们党作为中国人民和中华民族的先锋队,肩负着带领人民过上美好生活、带领民族走向复兴的重大使命。劳动是一切成功的必经之路,因而它也必然是我们党完成重大使命的必要途径,是共产党人体现先锋带头作用和服务人民、关爱人民、造福人民工作宗旨的必要途径。这是共产党人的政治本色与劳动之间的第二层关系。可以说,共产党人的政治本色在劳动中体现、从劳动中获得,也需要通过劳动得以保持。因而在任何时候,共产党人都不能忽视劳动、漠视劳动,任何时候都要把劳动作为锤炼本色的重要途径。由此,全体共产党人要把自己深入到劳动中去,在劳动中开创伟大事业、实现奋斗目标,在劳动中加强党性修养和党性锤炼,在劳动中筑牢党与人民群众之间的血肉联系。

第二,劳动是共产党人保持政治肌体健康的重要手段。勇于自我革命、从严管党治党,这是中国共产党最鲜明的品格。党的十八大以来,以习近平同志为核心的党中央,以坚定决心、空前力度推进全面从严治党,并形成了科学系统的管党治党理论。在此基础上,习近平总书记又着重强调了劳动作为共产党人保持政治肌体健康的重要手段的重要观点,这对我们推进党的建设新的伟大工程具有重要的启发意义。我们党从严管党治党的一个重要目的就在于,始终保持党的先进性和纯洁性,劳动是保持党的先进性和纯洁性的重要手段。我们党对社会发展规律的科学把握,对"时代需要什么、人民需要什么"的全面认识,无不需要通过扎根于劳动人民开展艰苦卓绝的劳动实践而获得。脱离了人民群众、脱离了劳动创造,我们党的治国理政就如同无源之水、无本之木,党的先进性也就成为一句空话。治国理政、谋划发展,说到底都是与人民群众生产生活息息相关的问题。人民群众对这些问题最了解、最清楚,也就最有发言权。因而我们党只有问计于民,方能提升执政本领,完成执政使命;只有扎根人民,同劳动、同实践,方能永葆先进。我们党要永葆政治肌体的纯洁,同样也要充分运用好劳动这一重要手段。共产党人只有在与广大劳动人民共同劳动、共同实践的过程中,才能够真正体会民之疾苦、民之忧虑,才能在工作中始终恪守"人民利益至高无上"的理念。

第三,劳动是共产党人发扬优良作风、自觉抵御"四风"的重要保障。我们党自成立以来,在长期艰苦奋斗中形成了许多优良作风,其中重要的优良作风就是理论与实际相结合的作风、与人民群众紧密地联系在一起的作风,以及批评与自我批评的作风。这三大优良作风也是我们党区别于其他政党的显著标志。共产党人继承和发扬这种优良作风,就是要与人民干到一起,把我们党的理论与广大人民群众的劳动实践相结合,把我们党的理论研究放在人民群众劳动实践的广阔土地上,同时要在与人民群众同劳动、同实践的过程中主动发现自身问题、诚恳接受群众批评。无论时代如何变迁,无论党和国家发展到哪个阶段,共产党人都要始终保持和发扬优良作风,这是党的建设的重点。形式主义、官僚主义、享乐主义、奢靡之风,这些对党的建设产生极大危害的不正之风,共产党人都要予以坚决抵制。针对一些受到"四风"侵害的党员同志,我们党要帮助其纠正错误和恢复健康。我们要注意到"四风"问题与共产党人脱离劳动、脱离人民之间存在的密切关系,把劳动作为抵御"四风"的重要凭借,发挥出劳动在保持党内风清气正、确保党员作风优良之中的重要保障作用。

三、把加强劳动教育和培育时代新人紧密结合

无论是推进中国特色社会主义伟大事业,还是推进党的建设新的伟大工程,归根到底都需要一代又一代社会主义建设者和接班人接续完成。因而我们党始终要把"培养什么人、怎样培养人、为谁培养人"这个问题放在党和国家发展的关键位置。在这个问题上,习近平总书记鲜明指出,要把劳动教育和培育时代新人紧密结合起来,"要在学生中弘扬劳动精神,教育引导学生崇尚劳动、尊重劳动,懂得劳动最光荣、劳动最崇高、劳动最伟大、劳动

最美丽的道理,长大后能够辛勤劳动、诚实劳动、创造性劳动"①。这一论述明确了劳动教育在培养社会主义建设者和接班人中的重要地位,明确了新时代劳动教育要围绕学生的劳动精神面貌、劳动价值取向、劳动技能水平展开,为我们培育时代新人提供了重要遵循。

我国是中国共产党领导的社会主义国家,党和国家的事业要靠劳动推进,党的执政本领要通过劳动提升,党的肌体健康要靠劳动保持。这表明,党和国家的发展离不开能够辛勤劳动、诚实劳动、创造性劳动的人才。这也在根本上要求我们的教育必须培养出具备良好劳动精神面貌、正确的劳动价值取向和合格的劳动技能水平的社会主义建设者和接班人。那么我们如何才能培养出这样的有用人才呢? 这就必须重视和加强劳动教育。劳动教育是中国特色社会主义教育的重要内容,直接决定了社会主义建设者和接班人的劳动精神面貌、劳动价值取向和劳动技能水平,对时代新人的培育是极其重要、不可或缺的。正所谓,缺乏劳动素养的人,不是全面发展的人;缺少劳动教育的教育,不是全面发展的教育。这是人的发展规律,是教育发展的规律。尊重这两个方面的发展规律,就必须在充分认识劳动教育重要地位的基础上,做实和加强劳动教育。然而近年来大学生中出现一些劳动意愿低下、劳动能力低弱和不珍惜劳动成果的现象。这些现象表明,劳动的育人价值被淡化、劳动教育的重要地位被忽视的问题仍是存在的。针对这些现实问题,中共中央、国务院发布了《关于全面加强新时代大中小学劳动教育的意见》(以下简称《意见》),提出把劳动教育纳入人才培养全过程,并就大中小学各学段如何加强劳动教育给出了具体的意见。以中共中央、国务院的名义发布《意见》,反映了我们党对劳动教育的高度重视,凸显了全面加强劳动教育的紧迫程度,也体现了劳动教育对培育时代新人的关键作用。正确理解中共中央、国务院关于全面加强新时代劳动教育的重要意见,应着重把握以下两点:

---

① 《习近平在全国教育大会上强调坚持中国特色社会主义教育发展道路 培养德智体美劳全面发展的社会主义建设者和接班人》,《人民日报》,2018 年 9 月 11 日。

　　第一，要在学懂弄通习近平总书记关于劳动的重要论述的基础上，准确把握新时代劳动教育的基本内涵和总体目标。习近平总书记多次强调要在全社会弘扬劳动精神，要让"四个最"①的劳动价值观在全社会蔚然成风，要建设知识型、技能型和创新型的劳动者大军。这就是说，新时代我们培养劳动者要重点抓好劳动精神、劳动价值和劳动技能三个方面。习近平总书记每每谈到上述问题，都不忘寄语大学生，重点关心大学生的劳动精神面貌、劳动价值取向和劳动技能水平。其原因，就在于党和国家事业的发展需要德、智、体、美、劳全面发展的社会主义建设者和接班人，就在于劳动教育是大学生学以成人、进而成长为全面发展的人的必要途径，就在于大学时期的劳动教育将对其一生的劳动精神面貌、劳动价值取向和劳动技能水平产生积极影响。深刻理解习近平总书记关于劳动的重要论述，认真领会习近平总书记对大学生的谆谆嘱托和殷殷期盼，是我们准确把握新时代劳动教育基本内涵和总体目标的基础。根据《意见》，劳动教育是国民教育体系的重要内容，是学生成长的必要途径，具有树德、增智、强体、育美的综合育人价值。劳动教育的基本内涵，明确了劳动教育之于国民教育体系、之于学生个人的重要性和必要性，展现了劳动教育在育人价值上的独特性。劳动教育的总体目标，归纳起来就是，通过劳动教育，学生能够拥有勤于劳动、善于创造的劳动精神，牢固树立"四个最"的劳动价值观，以及具备满足体面生存和全面发展需要的劳动技能。依照劳动教育的基本内涵和总体目标，我们实施劳动教育，重点就是要有目的、有计划地组织学生参加日常生活劳动、生产劳动和服务性劳动，让学生在身体力行的劳动实践中树德、增智、强体和育美，培养学生正确的劳动价值观和良好的劳动品质。

　　第二，要在牢牢把握新时代劳动教育基本内涵和总体目标的基础上，紧密联系劳动教育的特征属性来加强劳动教育、补齐劳动教育的短板。劳动教育"有自己特殊的目标内容、专门的载体和考核评价办法"②，同时它还与

---

　　① "四个最"：劳动最光荣、劳动最崇高、劳动最伟大、劳动最美丽。
　　② 陈宝生：《全面贯彻党的教育方针　大力加强新时代劳动教育》，《人民日报》，2020 年 3 月 30 日。

家庭教育、社会教育之间具有极为紧密的联系。在过往的实施过程中,劳动教育往往因实施载体的不明确而导致其目标淡化、内容虚化、考评办法形式化。加强劳动教育,就要从明确劳动教育的实施载体入手。这是在根本上扭转劳动教育以上局面的重要办法。对此,《意见》提出将劳动教育纳入中小学国家课程方案和职业院校、普通高等学校人才培养方案,明确要求大中小学各学段不仅要设立劳动教育必修课程,还要结合学段和学科的特点,将劳动教育全方位融入。以课程为载体,意味着劳动教育有了"硬指标":劳动教育的目标和内容有了质的要求和量的规定,进而劳动教育的考评体系也就纲举目张。此外,劳动教育与家庭教育、社会教育之间具有极为紧密的联系。劳动教育的这一特征表明,劳动教育在学校教育中的有效实施,离不开家庭教育和社会教育的协同配合。因而我们要加强劳动教育,就需要通过各种办法让家长乃至整个社会都能够高度认可劳动教育对人的全面发展的重要性,使其能够积极主动地配合劳动教育在学校的开展,从而让学生形成主动学习劳动教育相关内容的意识和习惯。

全面加强劳动教育,是新时代我们党构建更高层次人才培养体系这一战略安排的重要组成,其目的就在于培养德、智、体、美、劳全面发展的社会主义建设者和接班人。大学生只有具备良好劳动精神面貌、正确的劳动价值取向和合格的劳动技能水平,才能在往后的人生中积极地投身伟大的社会主义建设事业,才能够将所学知识转化为中华民族伟大复兴的现实力量。劳动教育事关人的全面发展,事关党和国家的前途命运。我们要牢牢把握习近平总书记关于劳动的重要论述,把加强劳动教育和培育时代新人紧密结合在一起,坚定走好社会主义人才培养之路。

乐　昕

(复旦大学马克思主义学院副教授)

社会主义国家建设视野下劳模精神再阐释*

　　社会主义国家是以"劳动解放"为原则构建而成的新型国家政权。劳动模范是社会主义劳动体制下的杰出代表，劳模精神是劳动模范群体阶级品质和精神品质的"人格化"体现。中国特色社会主义进入新时代以后，劳模精神的思想要义和政治旨趣在中国共产党治国理政的大逻辑中进一步发展和拓展，劳模精神作为国家建设的意识形态产品，从客观存在状态到具有独立实体意义的社会意识形态，从劳动模范群体精神特质的人格化进入当代中国主流意识形态谱系中，在宏观层面要历经孕育期、定义期、维护期三个发展阶段。在社会主义国家建设进程中研究劳模精神及其建构逻辑，对建构劳模政治研究的解释学框架具有重要的方法论意义。

一、劳模精神研究的视角转换

　　在马克思主义话语体系中，劳动实践是联结自然界与人类社会的关键环节。没有劳动实践，人的自我发展也就无从谈起，社会形态及其文明建构就只能是空中楼阁。劳动是人类社会存续的价值主脉和最高原则，在社会

＊　本文原载于《内蒙古社会科学》2019 年第 5 期。

生产和分配的各项环节中,劳动始终处于"关键性地位"①。共产党领导下的社会主义国家,把劳动视为国家建设的大战略、经济发展的推动力、社会文明的主旋律、意识形态建构的关键词。在社会主义劳动体制下,劳动模范就是在劳动实践领域中涌现出的杰出代表、英雄人物和先进典型,他们是大国工匠、能工巧匠,在平凡的劳动岗位上创造出不平凡的业绩,在他们身上集中体现着马克思主义劳动伦理和社会主义劳动精神的基本原则,其概念化表达就是"劳模精神"。

劳模精神依附于劳动模范群团和社会主义劳动实践,在中国共产党意识形态谱系和中国特色社会主义文化体系中占据一席之地。党的十八大以来,习近平总书记在一系列重要时间节点和场合系统论述了劳动模范和劳模精神,赋予劳模精神以新的时代意义和实践指向。② 习近平总书记强调,全社会要学习劳动模范、尊重劳动模范,发扬劳动精神、践行劳模精神。政治系统对劳模精神的再强调有力推动了知识系统对劳模精神的再阐释。马克思主义对劳动精神的理论建构和价值哲学对劳模精神的现实反思,是当前学界对劳模精神研究的两大基本范式。

马克思主义对劳模精神的理论建构占据了本论题研究的"半壁江山"。这固然与党的十八大以来党中央对劳模精神的反复强调、中国工会对劳模群体的选树与关怀、社会主义现代化建设涌现出一大批劳模典型密不可分。但更为重要的是,劳模精神历来都是中国共产党政治话语和意识形态建构的重要资源,历史传统历久弥新。早在革命年代,劳模精神业已融入党的政治动员体制和新民主主义革命文化之中,在中国共产党红色文化谱系中开辟出"立身"之所。特别是在陕北局部执政时期,以毛泽东等为代表的政治领袖大力支持劳模运动,对劳动模范赵占魁生产工作经验的宣传推广③,以

---

① 王政武:《劳动主体地位回归:以人民为中心经济发展的逻辑与路向》,《内蒙古社会科学》(汉文版),2017 第 1 期。
② 参见任鹏、李毅:《新时代弘扬劳模精神的价值意蕴》,《工会理论研究》,2018 年第 4 期。
③ 参见韩伟:《毛泽东与陕甘宁边区劳模运动》,《毛泽东思想研究》,2019 年第 1 期。

及毛泽东参加张思德同志追悼会并发表《为人民服务》的重要演讲①等，都可以视为中国共产党早期建构劳模精神的典型案例。这一历史传统在新中国成立以后被延承至今。

"文本整理—学理阐释—教育实践"是马克思主义对劳模精神进行理论建构的基本路向。文本整理，就是对党的十八大以来以习近平同志为核心的党中央对劳模精神的一系列重要论述、政策文件、指示批示进行分门别类的系统集成，阐发劳模精神的理论基石、历史逻辑、时代内涵和实践价值，展现新时代劳模精神的多维面向。② 然而文本整理仅对相关文献进行了梳理和归纳，而揭示文献背后的理论逻辑，展现蕴含于劳模精神内部的马克思主义立场观点方法更为重要，这也正是学理阐释的重要任务。东北大学田鹏颖教授是这一方面的代表性人物，在他看来，劳模精神是一种社会价值观，它以劳动实践为立论基础；劳模精神是一项理论命题，伴随中国革命、建设和改革各个历史时期而不断丰富发展其理论内涵；劳模精神是一面思想旗帜，在凝聚人心、组织群众、改革创新等方面具有重要功能③；劳模精神也是一种文化现象，蕴含中华文化深厚底蕴，彰显中国特色社会主义文化自信④。如何推动劳模精神社会化、大众化，使劳模精神在全社会蔚然成风，也是马克思主义研究范式在实践层面的关注焦点。学界认为，劳模精神与社会主义核心价值观高度契合，对引导青年学生树立正确的劳动价值观、涵养劳动情怀、培育时代新人意义重大，直面现实问题、加强理论研究、讲述劳模故事、推动制度构建是劳模精神社会化、大众化的表现形式。

与马克思主义研究范式不同，价值哲学研究范式更侧重于站在反思、批判和思辨的立场上，对劳模精神的文化根底、现实境遇与未来命运进行独立

---

① 参见李良明、柳作林：《毛泽东出席张浩祭礼和张思德追悼会略论》，《江汉论坛》，2013 年第 12 期。

② 参见彭维锋：《习近平总书记关于劳模精神的重要论述研究》，《山东社会科学》，2019 年第 4 期。

③ 参见田鹏颖、王圆圆：《论劳模精神的科学性及其当代价值》，《东北大学学报》（社会科学版），2018 年第 5 期。

④ 参见田鹏颖、王圆圆：《马克思主义唯物史观视域中的劳模精神——兼论劳模精神在中国特色社会主义文化中的地位》，《广西社会科学》，2017 年第 11 期。

思考。有论者提出,劳模精神是升华了的时代精神①;劳模的劳动,是对劳动外在性的积极扬弃与实现为我劳动的价值复归的高度统一,其形成脉络可以描述为,劳动实践—劳动模范—劳模意识—劳模精神,劳模精神是劳模意识的一般形式和集体再现,劳模精神早已超出劳动的疆域,对全社会具有引领和示范意义,因此必须从经济建设、社会转型、文化传统的总体性维度定义劳模精神。② 在市场化的社会情境中,劳模精神所遭遇的现实境遇不容乐观,这是政党国家试图以政治力量建构劳模典型以至于陷入"悖论逻辑"的体现。③ 劳模精神建构的"悖论逻辑"不过是当下社会主义意识形态建构困局的一个缩影,它直指市场化进程下传统中国社会从农耕文明向工业文明和后工业文明转型过程中社会主义核心价值的凝聚策略与建构出路这一根本问题。

上述研究范式都立足自身的理论疆域对劳模精神进行阐发和建构,尽管它们均有意识地拉开与主流政治话语的距离,避免"复制"官方意识形态,但在宏大的政治叙事技术、政治文本的研读路线、正面阐释的学术立场等约束条件下,劳模精神始终是以意识形态的形式呈现在大家面前,它作为社会主义国家建设过程的一项机制、社会主义文化发展的一种结果、社会主义劳动体制的一种动员方式,则被明显遮蔽掉了。社会主义国家文化建构的逻辑表明,"国家有效地将文化革命与国家建设有机统一起来,从国家建设的需要出发把握中国民众思想的现代性建构"④,也就是说,国家需要和社会需求是规定劳模精神建构的思想主题与话语体系,劳模精神归根到底是由政党国家力量建构形成的社会主义意识形态,这是劳模精神国家形态的基本面向。因此,在社会主义国家建设视野下,深入到劳模精神与国家、社会与社会主义劳动者之间的过程机制上,在国家建设过程中研究劳模精神的建

---

① 参见彭维锋:《新时代劳模精神的时代内涵》,《工人日报》,2018 年 3 月 20 日。
② 参见赵健杰:《关于劳模意识及其本质的理论反思》,《工会信息》,2019 年第 9 期。
③ 参见谭毅:《典型的黄昏?——论典型作为一种青年政治社会化工具的困境和出路》,《中国青年研究》,2015 年第 1 期。
④ 林尚立:《当代中国政治基础与发展》,中国大百科全书出版社,2017 年,第 281 页。

构机理、内涵特征及其政治功能,很有必要。

二、政治话语体系中的劳模精神

我们首先要框定劳模精神的概念范畴。劳模精神依附于劳动模范群体和劳动生产实践,是对劳动模范群体及其劳动实践在价值层面的高度凝练和集中表达。如果我们把劳动模范和劳动精神放在社会变迁和政治过程的历史过程中进行考察,就会发现,劳模精神的概念范畴历经了从"否定性概念"到"政治性范畴"的发展演进历程。

劳模精神在马克思和恩格斯笔下,一开始是以一个否定性概念的面貌"出场"的。正如《资本论》的副标题是"政治经济学批判"一样,马克思和恩格斯的主要理论工作,就是对资本主义生产方式及其生产组织形式进行科学批判,揭示本质规律,发现内在矛盾,提出革命策略,建构工人国家。在马克思和恩格斯看来,"模范工人"实际上是工人阶级的"异己性"存在,他们位于工人阶级中的上层结构,与资产阶级有着千丝万缕的联系,这是资产阶级企图分化、离散工人阶级造成的直接后果,它对资产阶级具有"统治工人、瓦解工人"的工具意义。正如恩格斯指出:"他们构成了工人阶级中的贵族;他们为自己争到了比较舒适的地位,于是就认为万事大吉了。他们是莱昂内·莱维先生和吉芬先生(以及可敬的路约·布伦坦诺先生)的模范工人,对于每个精明的资本家和整个资本家阶级来说,他们确实都是非常可爱、非常听话的人。"①

处在农耕文明时代的中国,劳动者的社会地位是极其卑微的。中国古典社会以"士农工商"来划分社会结构。这里的"工",并非指现代产业工人,而是指手工业者,他们在社会结构中位于士农以后、商贾之前,毫无社会地位和政治声望可言。19 世纪中叶,古典中国被迫卷入资本主义主导的世界历史进程,受到现代化潮流的强烈冲击,中国传统社会结构渐次瓦解,在"实业救国""师夷长技以制夷"的感召下,官办企业、民间企业与外资企业竞合

---

① 《马克思恩格斯文集》(第一卷),人民出版社,2009 年,第 375 页。

共生,这催生了中国工人阶级的成长。

中国工人阶级的成长,一方面,在中国传统社会结构中孕育形成新的政治力量,在政治格局中占据关键性位置,深刻影响中国的政治走向与社会秩序建构;另一方面,中国工人阶级是近代中国社会物质生产和资源积累的主体力量,他们是国家财富的创造者、社会历史的行动者,一个现代性的社会结构在工人阶级手中被创造出来。1918年北大校长蔡元培在天安门广场上的演讲中,历史性地喊出了"劳工神圣"的响亮口号:"我们要自己认识劳工的价值。劳工神圣!"从此,劳工、工人、劳动者一改卑微低贱的社会地位,进入中国社会主流意识形态话语系统中,成为一项重要社会共识。"劳工神圣,指的是劳工作为一个群体的神圣,这也意味着新文化运动以来所弘扬的作为个体的人的解放和人的神圣性,已经让位给群体或集体的神圣性。"①

工人阶级是中国共产党建党、立党的阶级基础。工人阶级是中国社会劳动者大军的主力军,农民阶级是工人阶级进行政治革命的同盟军。中国共产党领导的政治革命是与以"土地所有权"为核心的社会革命紧密关联的,抑或说,社会革命本身就是政治革命得以继续的前提条件,"我们的斗争的目的是从民权主义转变到社会主义。我们的任务的第一步是,争取工人阶级的大多数,发动农民群众和城市贫民,打倒地主阶级,打倒帝国主义,打倒国民党政权,完成民权主义革命"②。打土豪、分田地,让农民在自己的土地上耕作劳动,使劳动者成为自己劳动产品的占有者,是"民权主义革命"的核心内容。随着红色根据地范围的扩大和"耕者有其田"的推行,大规模经济建设具备了必要的土地条件和社会基础,生产运动与劳动竞赛就成为中国共产党局部执政条件下稳定政权、支援前线、保障民生、壮大力量的重要制度安排。

为了充分发动干部群众投身生产劳动的主动性、积极性、创造性,中国共产党借鉴中国古代旌表制度和苏俄英模表彰制度,策略性地拉开劳动群

---

① 闻翔:《劳工神圣——中国早期社会学的视野》,商务印书馆,2018年,第19页。
② 中华全国总工会、中共中央文献研究室:《毛泽东 邓小平 江泽民论工人阶级和工会工作》,中央文献出版社,2002年,第15页。

众在劳动能力、劳动质量、劳动态度方面的差异性,通过引入竞争机制、表彰机制和宣传机制,在劳动群众中选取、培育和塑造劳动模范和英模人物,劳模制度作为中国共产党在战时状态下发展生产、进行群众动员、传播马克思主义劳动伦理的制度安排由此确立。劳模制度是马克思主义政党群众路线在劳动生产领域的具体化,它充分借鉴了中国共产党军队建设在组织化、规范性、计划性等方面的有益经验,是把党的政治优势转化为生产优势和动员优势的制度工具。毛泽东在 1943 年冬中共中央招待陕甘宁边区劳动英雄大会上说:"把一切老百姓的力量、一切部队机关学校的力量、一切男女老少的全劳动力半劳动力,只要是可能的,就要毫无例外地动员起来,组织起来,成为一支劳动大军。"打仗的军队、劳动的军队再加上群众工作的本领,"我们就可以克服困难,把日本帝国主义打垮"。① 如此一来,劳模制度就上升为中国共产党整合社会、凝聚共识、激励生产、配置资源的政治制度,进入中国共产党的制度体系之中。

1949 年以后,随着党制国家政治形态的确立,政党体系下的劳模制度与国家体系"合流",成为社会主义国家建设的一项制度安排。在此过程中,蕴含于劳模群体中的精神品质与公共价值,也为中国共产党及时地提取出来,在马克思主义和社会主义的原则高度上予以阐释和建构。1950 年 9 月,毛泽东在全国战斗英雄模范代表会议上指出:"你们是全中华民族的模范人物,是推动各方面人民事业胜利前进的骨干,是人民政府的可靠支柱和人民政府联系广大群众的桥梁。"②劳动模范是中国共产党建构而成的政治形象,而劳模精神就是这一政治形象所蕴含的马克思主义政治理念和共产主义政治理想的"人格化"。

中国特色社会主义进入新时代以后,劳模精神的思想要义和政治旨趣在中国共产党治国理政的大逻辑中进一步发展和拓展。习近平总书记在同全国劳动模范代表座谈(2013),庆祝"五一"国际劳动节暨全国劳动模范和

---

① 《毛泽东选集》(第三卷),人民出版社,1991 年,第 928 页。
② 中华全国总工会、中共中央文献研究室:《毛泽东 邓小平 江泽民论工人阶级和工会工作》,中央文献出版社,2002 年,第 46 页。

先进工作者大会(2015),党的十九次全国代表大会(2017),给中国劳动关系学院劳模本科班学院回信(2018),同全国总工会新一届领导班子集体谈话(2013、2018)等场合,深刻阐述了新时代劳模精神的丰富内涵和思想要义,指明了劳模精神与坚持和发展中国特色社会主义、实现中华民族伟大复兴的重要关联。

一是核心要义,即"爱岗敬业、争创一流,艰苦奋斗、勇于创新,淡泊名利、甘于奉献"。"爱岗敬业、争创一流"是岗位职责和职业规范层面上的要求,"艰苦奋斗、勇于创新"是对劳动者革新现有劳动条件、促进生产工艺和生产技术升级换代的概括,"淡泊名利,甘于奉献"则集中体现社会主义原则和集体主义精神,责任、能力、伦理三项要素构成劳模精神的核心要义。

二是结构方位。劳模精神在中国共产党意识形态谱系中占据一席之地,是中国特色社会主义文化的重要组成部分,它与社会主义核心价值观在一定程度上可以互为解释;劳模精神体现了一个社会的风尚和公民的精神面貌,是民族精神、时代精神和国家精神的集中展现。

三是功能作用。劳模精神是思想政治工作和意识形态建设的重要资源,具有政治教育功能,不仅劳动者、青少年要学习和践行劳模精神,全社会都要营造尊重劳模、学习劳模的浓厚氛围;劳模精神是激发人们干事创业、攻坚克难、改革创新的强大动力,具有示范引领和社会动员的功能;弘扬和践行劳模精神是党和政府制定劳动政策、推进工会改革创新、构建和谐劳动关系的内在要求,是党和政府制定政策的过程中必须吸纳和加以考虑的要素。

三、劳模精神与社会主义国家建设的逻辑理路

劳动在历史唯物主义理论体系中具有基础性、奠基性意义,是批判黑格尔唯心主义国家观的强大武器,同时也是解释人类社会发展演进的理论依据。马克思和恩格斯认为,无产阶级要通过走政治革命的道路使自己成为政治上的统治阶级,以"劳动解放"为原则建构新型国家,而无产阶级专政国家就是无产阶级在政治上组织起来的最高形态。完成这一任务的关键在于,把无产阶级和广大人民群众组织起来形成劳动共同体,构建全社会共同

遵循的社会化劳动体制和教育体制,主要包括生产资料的社会化国家化、劳动义务制的推行、建立产业军、把生产劳动与国民教育相结合等。

马克思主义把劳动解放视为新型国家建构的价值要旨,这一主张在中国社会主义国家建构进程中获得了民族性的表现形式。中国现代性转型启动于 19 世纪中叶,它本身是资本全球扩张运动的结果,是世界历史发展进程"负外部性"的整体接盘。作为典型的后发外源型现代化国家,中国现代国家建构的首要任务是解决主权分裂和领土侵蚀的问题,只有通过政治革命谋求国家独立与自主,才能为国家现代化提供"大一统"的政治前提。这一使命历史性地由中国共产党来承担。中国共产党秉承马克思主义和共产主义的政治信念,其在中国实践中所展现出的革命、建设和改革逻辑与西方资本主义国家有天然之别,原因在于"整个中国近代革命史表明,无论是欧洲模式还是苏联模式,都无法将某种普遍的抽象法则从外部先验地施加于这一独特的民族国家的现代化进程"[1]。这意味着,中国现代国家建设模式,必须摆脱黑格尔意义上的"外部反思"的思想禁锢,要充分考虑中国文化传统、历史根底、现实状况、空间布局、资源结构、国民素养等一系列约束性条件。尤为重要的是,中国共产党是中国社会主义国家建设的最高政治权威和政治领导力量,"中国最大的国情就是中国共产党的领导。什么是中国特色?这就是中国特色"[2]。有学者将中国共产党与社会主义国家的关系称作为"党国体制",它是根植于中国传统,受制于近代中国和世界历史的矛盾作用,采取共产主义革命方式,旨在摆脱资本强制、整合社会力量、实现赶超发展、建设强大国家的政治产物。[3] 中国基本国情的特殊性和党制国家的政治形态,决定了中国社会主义现代化建设的逻辑理路有别于西方现代化模式,中国社会主义国家建设的战略体系和行动路径表现出民族性特点。

---

① 李冉:《中国道路与马克思主义实践观的革命性质》,《理论探讨》,2019 年第 3 期。

② 中共中央文献研究室:《习近平关于社会主义政治建设论述摘编》,人民出版社,2017 年,第 28 页。

③ 参见陈明明:《发展逻辑与政治学的再阐释:当代中国政府原理》,《政治学研究》,2018 年第 2 期。

第一,经济现代化是社会主义国家建设的核心主题。现代化的主要任务是通过发展社会生产来解决社会有效供给不足和社会财富累积的问题,其理论源头可以追溯到马克思和恩格斯的科学社会主义理论:"无产阶级将利用自己的政治统治,一步一步地夺取资产阶级的全部资本,把一切生产工具集中在国家即组织成为统治阶级的无产阶级手里,并且尽可能快地增加生产力的总量。"①从新中国成立伊始,毛泽东、周恩来等对"四个现代化"的战略设计,到邓小平强调建设有中国特色的社会主义现代化国家,再到习近平将建设社会主义现代化强国作为 21 世纪中叶中国特色社会主义发展的战略安排,都表明以经济建设为核心的现代化战略在社会主义国家建设体系中处于中心地位。社会主义国家建设有两个显著特点:一是有计划、有组织,市场在资源配置中的决定性作用与更好发挥政府作用有机结合,能够最大限度地规避市场失灵问题;二是全民参与、全社会动员,现代化建设依靠人民,现代化成果由人民共享。

第二,发展民主政治是社会主义国家建设的政治目标。发展社会主义民主政治,建设社会主义法治国家是现代国家建设的内在要求。没有民主,就没有社会主义现代化,现代国家建设的目标也就无从谈起,"这是因为中国社会主义现代化所依赖的公有制为主体的社会主义经济体系,不可能在旧的社会经济形态中生成,而必须通过社会主义国家政权来建立和完善"②。民主一方面指国家权力属于全体人民,人民掌握国家权力,另一方面指在国家为公民有序参与政治生活和公共决策提供制度化渠道,比如人民代表大会制度、协商民主制度、基层群众自治制度等。在基层民主建设实践中,民主主要体现于决策程序的公开化、公民参与的有序化、权力配置的合理化等方面。

第三,凝聚共识是社会主义国家建设的重要基础。现代国家建设是一种复合型的张力结构,从域内与域外关系来看,在资本主义主导的世界历史

---

① 《马克思恩格斯文集》(第二卷),人民出版社,2009 年,第 52 页。
② 林尚立:《中国共产党与国家建设》,天津人民出版社,2017 年,第 99 页。

进程中,国家建设依然面临由资本全球扩张导致的产业体系转移、技术贸易壁垒、国际规则牵绊和意识形态冲击;从历史和现实关系来看,中国国家建设是在社会政治经济条件相对落后的基础上进行的,这种"先天不足"和"后发劣势"必然要求执政党以政治权威力量强行推进,发挥社会主义集中力量办大事的"举国体制"优势。无论是应对外部挑战还是集中攻坚,民众的支持和参与至关重要,而凝聚共识则是民众采取支持和参与行动的社会心理基础。因此,国家建设的一项重要任务,就是凝聚和提炼社会共识,并将其提升到中国特色社会主义道路和文化的高度,打通共产主义的应然状态与中国国家建设实然状态的连接渠道,对社会共识进行全新的理论定义和价值赋值。

第四,中国特色社会主义道路是国家建设的根本标识。所谓"特色"就是彰显国家建设本土性和民族化的一面,例如立足国情、遵循规律、以人为本、持续发展、依法治国、公平正义、合作共享、和平共处。① 对中国社会主义建设民族性特点的概括源于意识形态战略的考量,一是与资本主义相区别,避免两者混为一谈;二是与改革开放前的中国社会主义相区别,凸显当代中国国家建设与世界历史的竞合性;三是与苏联模式相区别,强调中国现代化建设与苏联"新思维"改革的性质完全是对立性的。因此,"中国特色社会主义"作为一种主流意识形态和政治话语体系,公开明示了中国国家建设的本土性和民族化特点,"中国特色社会主义,是科学社会主义理论逻辑和中国社会发展历史逻辑的辩证统一,是根植于中国大地、反映中国人民意愿、适应中国和时代发展进步要求的科学社会主义"②。

在社会主义国家建设进程中,劳模精神作为国家建设的意识形态产品,也被一步步建构起来。

首先,现代国家建构为劳模精神从无到有、从客观存在到政治形式提供了根本性的政治－经济－文化条件,劳模精神充分吸收了中国工人阶级在

---

① 参见林尚立:《当代中国政治基础与发展》,中国大百科全书出版社,2017 年,第 98～102 页。
② 《习近平谈治国理政》,外文出版社,2014 年,第 21 页。

国家建设中的实践资源和创造成果,内嵌于现代国家建设的全过程和各方面,劳模精神具有时代精神、国家精神和工人阶级优秀品质的面向,"是伟大时代精神的生动体现"①。

其次,社会主义国家建设为劳模精神建构开辟了制度性空间。①以生产力与生产关系为中轴的经济制度空间,如社会主义劳动竞赛、生产竞赛体制等。劳动竞赛、生产竞赛是中国工会的品牌项目,"重大工程和劳动竞赛已成为新时期劳动竞赛的重要方面,使其在推动世界级工程建设、产业转型升级和经济发展中迸发出巨大能量,已成为工会组织动员职工建功立业、推动经济社会发展的重要载体"②。②以国家与社会关系为中轴的政治制度空间。最为典型的是劳模评选与表彰制度,政党国家委托工会组织按照"上下结合"的技术路线评选不同层级的劳动模范,对全国劳动模范、先进工作者和集体,由国家集中表彰,劳模表彰制度业已纳入国家功勋荣誉制度体系中③,评选与表彰劳模是权威而庄重的国家行为。

最后,社会主义国家建设为劳模精神开辟了意识形态空间。①联结实然与应然的价值性空间。这表现为政党国家对劳模精神在马克思主义理论和共产主义原则下的解释和说明。中国共产党历届领导人为此都发表了一系列重要论述。②联结行动与主义的示范性空间。劳模精神是中国社会主义国家建构的宝贵精神财富,其思想内核与中国现代化战略保持一致,实践伦理与中国民族文化一脉相承。劳模精神一旦形成,就将发挥作为社会动员、政治教育、意识形态建设的杠杆功能。毛泽东指出:"中国共产党中央委员会号召全党党员和全国人民向你们学习,同时号召你们,亲爱的全体代表同志和全国所有的战斗英雄、劳动模范们同志们,继续在战斗中学习,向广

---

① 习近平:《在知识分子、劳动模范、青年代表座谈会上的讲话》,《人民日报》,2016 年 4 月 30 日。

② 石海芹:《劳动竞赛彰显时代新价值》,《工会博览》2018 年第 34 期。

③ 参见张树华、潘晨光、祝伟伟:《关于中国建立国家功勋荣誉制度的思考》,《政治学研究》,2010 年第 3 期。

大人民群众学习。"①江泽民也指出:"学习先进模范人物的活动,是社会主义精神文明建设的重要组成部分,要贯穿于我国现代化建设的全部进程。"②不难看出,劳模精神在现代国家建构进程中被塑造起来了,一旦定型以后,就会立即成为现代国家建构的意识形态资源,以其强大的思想力量、价值感召、社会认同引领现代国家建设。

四、劳模精神的建构过程与机制

在社会主义体制下,劳动是政党执政和国家治理的基本方略,政党国家运用政治权威建构劳动制度体系、明确公民劳动义务、规范主体劳动行为、维护社会劳动秩序。从个体劳动行为到社会劳动实践,在社会主义体制下都具有了国家意义。劳模精神是由政党国家力量建构而成的社会意识形态,具备了社会主义的国家意义。所谓劳模精神的国家形态,就是政党国家在社会主义劳动体制下,运用政治力量选树劳动模范、提炼劳模文化、建构劳动精神,使劳模精神成为中国共产党建设现代国家、凝聚工人阶级力量、发展社会主义先进文化的重点载体,劳模精神的国家形态就是在中国社会主义国家建设的意义上对劳模精神进行再定义。

作为国家形态的劳模精神,在社会主义国家建设进程中要历经四个不同生长阶段,不同阶段之间的连接必须借助于强大的政党国家力量。比如,从数以万计的劳动者大军中评选树立劳动模范,必须由政党国家统一作出安排部署,评选出的劳动模范要由政党国家予以确认和公布,必要时还要举行庄重严肃的政治仪式。再比如,劳模精神要想进入主流意识形态谱系中,就必须由政党国家作出权威说明和认定。具体而言,劳模精神从客观存在状态到具有独立实体意义的社会意识形态,从劳动模范群体精神特质的人格化进入到当代中国主流意识形态谱系中,在宏观层面要历经孕育期、定义期、维护期三个阶段,在微观层面则要借助于评选机制、反馈机制、建构机

---

①　中华全国总工会、中共中央文献研究室:《毛泽东 邓小平 江泽民论工人阶级和工会工作》,中央文献出版社,2002 年,第 46 页。

②　同上,第 217 页。

制、激励机制、吸纳机制、教育机制六大机制,它们首尾相连就构成劳动精神生命运动的完整路径。

第一,劳模精神的孕育期。劳模精神的孕育期主要是指劳模精神从无到有,即政党国家从广大劳动者中评选劳动模范的过程。这包括评选与反馈两种机制,即从普通劳动者中评选劳动模范(个人和集体),拟评选对象在经过一系列审核、公示、认定、表彰程序以后,以劳模身份再次回到劳动者之中,发挥其对广大劳动群众的典型示范和价值引领作用。我国劳模评选与反馈机制具有下列特点:一是"上下结合"的评选流程。作为国家功勋荣誉制度的组成部分,劳模评选制度及其实践在我国具有较长历史,制度体系比较完备,实践经验比较丰富。中国工会受政党国家委托,组织开展评选工作,地方党委政府和相关企事业单位协同配合。评选过程既严格执行组织程序,注重组织推荐,也充分听取社会各界意见和建议,强化评选过程监督。二是体现阶级性和群众性,注重代表性和广泛性。2019 年全国劳模评选中产业工人所占比例为 40.3%,一线劳动者所占比例为 86.9%,农民工所占比例为 15%,创历史新高,同时将港澳台同胞纳入评选范围。三是构建多层次的劳模评选体系,即由社会评选(如感动中国人物评选)、五一劳动模范评选、行业评选(如金牌工人、首席技师、首席员工评选、劳模工作室命名)等构成的立体化劳模评选体系。

第二,劳模精神的定义期。政党国家对劳动模范群体及其展现的阶级品格和精神品质进行阐发和解释,赋予劳模精神以特定的政治价值,建构与激励是定义劳模精神的两个关键环节。首先,由政党国家从劳动模范个人或群体的先进事迹中提取劳模精神的关键词,对其进行马克思主义劳动伦理和社会主义劳动精神意义上的再定义。2019 年 6 月,习近平总书记对黄文秀同志先进事迹作出重要批示:"在脱贫攻坚第一线倾情投入、奉献自我,用美好青春诠释了共产党人的初心使命,谱写了新时代的青春之歌。"随后中共中央追授黄文秀"全国优秀共产党员"荣誉称号,中华全国总工会追授其"全国五一劳动奖章",并号召全国职工群众学习黄文秀为党和人民不懈奋斗的崇高思想、在脱贫攻坚第一线的担当情怀、恪守共产党人价值追求的高尚品格。随后,以政党国家的名义对劳动模范群体及其阶级品格和精神品质进行抽象、凝练及政治文本的再阐发。政治家、工会和理论工作者在此项环节中扮演重要角色,全国总工会将劳模精神定义为:"一代又一代劳动模范以自己的实际行动,铸就了'解放思想、开拓进取,知难而上、勇于创新,艰苦奋斗、求真务实,淡泊名利、无私奉献'的劳模精神,是中国工人阶级优秀品质的集中反映,是我们国家和民族宝贵的精神财富,也是鼓舞广大职工群众投身全面建设小康社会伟大实践的精神动力。"[①]

第三,劳模精神的维护期。劳模精神的维护期就是政党国家运用政治力量推动劳模精神社会化、大众化的过程,使其成为广泛社会共识,由吸纳和教育两个环节予以支持。吸纳就是将劳模精神纳入中国特色社会主义主流意识形态谱系,打通与社会主义核心价值观、社会主义先进文化、中国共产党革命文化、中华优秀传统文化在政治性和学理性的关联。劳模精神是工人阶级伟大品格的具体体现,生动诠释了社会主义核心价值观,丰富了民族精神和时代精神的内涵,是激励全国各族人民团结奋斗、勇往直前的强大精神力量。[②] 教育就是用劳模精神鼓舞人民、教育人民、动员人民,使学习劳动模范、践行劳模精神成为人民群众的自觉追求。党中央明确要求:"广泛开展先进模范学习宣传活动,营造崇尚英雄、学习英雄、捍卫英雄、关怀英雄的浓厚氛围,推动全社会形成见贤思齐的良好风气。"[③]近年来,全国总工会掀起劳模精神学习热潮,组织职工先后开展"当好主力军,建功'十二五'""践行新理念,建功'十三五'""当好主人翁、建功新时代"主题劳动和技能竞赛;组织劳动模范进学校、进社区、进乡村、进工矿企业,开展多轮理论和政策宣讲;运用组织化力量布局优化工会理论研究,提高劳模精神研究在工会理论工作中的比重。

---

① 陶志勇:《中国工会理论创新四十年》,中国工人出版社,2018 年,第 90～91 页。
② 参见刘向兵:《让劳模精神成为新时代奋斗者的强大动力》,《机关党建研究》,2019 年第 6 期。
③ 中共中央宣传部:《习近平新时代中国特色社会主义思想学习纲要》,学习出版社、人民出版社,2019 年,第 145 页。

五、余论：从劳模精神到劳模政治

笔者从一个中微观视角来解释劳模精神与社会主义国家建设之间的逻辑关联，即国家为什么需要劳模精神，以及劳模精神对国家意味着什么，并提出了劳模精神的国家形态这一概念。这个概念既遵循了劳模精神研究的学术传统以及政党国家关于劳模精神的一系列政治规定，同时立足科学社会主义理论与运动、中国现代国家建构历史与现实的视角，展现了劳模精神作为国家建设体系的一项具体环节，历经从无到有、从一般到特殊，最终进入当代中国主流意识形态谱系，成为社会主义现代国家的精神力量的完整历程及其政治逻辑。与此同时，1949年以来我国社会主义发展经历不同历史阶段，国家建设的中心议程与实践方略也有所区别，因此国家力量与劳模精神之间的关系，以及劳模精神的内部结构也表现出代际性和复杂性。正如有学者所说："劳模评选制度随着革命、建设的主题任务改变而相应改变，每一时期都产生了一批彰显时代特征的劳模，劳模精神的内涵也相应地被赋予特有的时代元素。"[1]这就需要进一步走向"劳模政治"的历史深处。

劳动模范是在社会主义劳动锦标赛体制下涌现出的先进典型和杰出代表，是现代国家建构的重要力量，被社会大众誉为国家的劳动英雄。"劳模政治"是马克思主义政治学理论与社会主义劳动锦标赛体制、社会主义经济建设实践，以及中国共产党政治运行机制相结合而形成的理论范畴和学术话语，是观察和研究中国共产党与现代国家、民主政治与生产政体、主流意识形态建构与马克思主义大众化的"视窗"，它从一个更加具象、更加直观的维度展现了工人阶级先锋队政党与其阶级基础之间的动态关系，从另一个层面为我们解读中华人民共和国七十多年的历史进程提供了巨大的想象空间。

一方面，劳动模范对先锋队政党和社会主义国家具有双重政治意义。对政党而言，它代表着先锋队政党的先进性和纯洁性；对国家来说，它体现

---

① 李珂：《楷模与引领：劳动模范评选制度的嬗变与省思》，《教学与研究》，2018年第6期。

着工人阶级在国家政治形态中的领导地位和政治优势。这就意味着,政党国家不仅要善于发现劳动模范,还要有足够的能力"再生产"出劳动模范。1949年新中国成立后,建构劳动模范被摆在突出的位置,中国共产党为此设计出一系列评选、表彰、学习、宣传机制,新中国工人阶级的政治形象得以塑造和再阐释。政党和国家建构劳动模范,对于刺激工业生产,巩固无产阶级专政,强化意识形态认同具有重要意义。

另一方面,劳动模范作为一种政治现象,在社会主义国家建设中具有重要功能。一是政治象征功能。劳动模范象征先锋队政党的先进性和纯洁性,象征工人阶级作为国家领导阶级的政治地位和政治优势。二是政治动员功能。激发广大劳动者为尽快实现社会主义工业化、现代化贡献力量,在全社会形成"比拼赶超学"的浓厚氛围。三是政治教化功能。劳动模范及其精神品质是中国共产党进行共产主义、社会主义、集体主义教育的宝贵资源。四是政治参与功能。劳动模范的评选过程,也是广大劳动者参与国家政治生活的过程,有助于提升劳动群众政治意识和政治觉悟,政党在与社会互动中使"群众路线"获得转化空间,搭建起社会与政党和国家的对话渠道,巩固了国家政权的社会合法性基础。

总而言之,劳动模范作为劳动锦标赛的获胜者、作为各条劳动战线的先进人物和杰出代表、作为中国共产党进行社会主义和共产主义意识形态教育的典型群体,从劳动生产大军中脱颖而出,成为中共革命文化和社会主义先进文化谱系中的精神符号。弘扬劳模精神是新时代中国特色社会主义政治教育的重要内容,是建设社会主义现代化强国的题中之意。

刘　佳

(北京航空航天大学马克思主义学院助理教授)

智能资本化与资本智能化[*]

在资本增殖的范围内,人工智能繁荣发展的表象背后潜藏着深层次的"危机"——资本与人工智能的"共谋"。首先,这一"共谋"表现为智能资本化。作为工具的高级形态,人工智能是人类建构自身存在方式的重要媒介,但是资本的介入使其表现为一种强制性的进步,成为一种凌驾于人类之上的自主结构,成为吸纳和榨取人类精神劳动力的存储器。其次,这一"共谋"表现为资本智能化。资本智能化开启了资本权力从肉体规训到精神物化的范式转换,不仅在生产领域剥夺了工人的精神劳动,而且在消费领域制造了自由解放的幻象,从而将整个社会生活"去革命化"。最后,这一"共谋"深化了资本权力的微观布展。作为资本权力布展的结果,产业后备军陷于深度异化之中,他们不仅丧失了本质力量的对象化,而且沉浸于虚假需要的智能幻象,最终变成了智能社会中"无用的大众"。

当下,以人工智能为标志的新一轮工业革命正在如火如荼地进行着。就像工业资本主义时期机器体系将"体能"自动化,人工智能则将"智能"自动化。然而人工智能繁荣发展的表象下,掩藏的是深重的"危机"。控制论专家维纳指出,机器体系"通过引入机械装置的竞争导致了人类手臂的贬

---

* 本文原载于《学术界》2019 年第 10 期。

值",而人工智能"将会引起人类大脑的贬值,至少会引起人类大脑在更简单、更常规化的决策方面的贬值"。① 扎卡达基斯进一步指出,如果说机器体系的运用威胁到了蓝领雇佣工人,那么人工智能的运用则威胁到了"那些高收入、专家式的白领工人"②。可见,生产工艺的革命在带来生产力巨大飞跃的同时,也使工人成为自动化体系的附属物。对此,马克思并没有抽象地对"物"持有悲观或乐观的态度,而是深入到资本主义"物象化"的社会关系中。由此,面对蓝领工人打砸机器的"卢德主义",马克思指出:"工人要学会把机器和机器的资本主义应用区别开来,从而学会把自己的攻击从物质生产资料本身转向物质生产资料的社会使用形式。"③而面对白领工人反对人工智能的"新卢德主义",我们同样强调,不是人工智能而是其资本主义应用将白领工人置于"无用"的境地。然而作出断言是容易的。这里的关键在于,如何以马克思批判资本主义机器体系的话语逻辑为基本立场、观点和方法,对当代人工智能革命展开批判性分析,警惕资本与人工智能的"共谋",破解人工智能语境下人之存在的"斯芬克斯之谜"。

一、资本化智能的自主结构

从历史唯物主义的观点来看,人们建构自己存在方式的重要媒介就是物质生产方式。"个人是什么样的,这取决于他们进行生产的物质条件。"④而区分不同物质生产方式的标准就在于不同的劳动资料。"各种经济时代的区别,不在于生产什么,而在于怎样生产,用什么劳动资料生产。劳动资料不仅是人类劳动力发展的测量器,而且是劳动借以进行的社会关系的指示器。"⑤从前资本主义生产方式到资本主义生产方式,劳动资料实现了从工

---

① 转引自[德]托马斯·瑞德:《机器崛起:遗失的控制论历史》,王晓、郑心湖、王飞跃译,机械工业出版社,2017 年,第 69 页。
② [英]乔治·扎卡达基斯:《人类的终极命运:从旧石器时代到人工智能的未来》,陈朝译,中信出版社,2017 年,第 252 页。
③ 《马克思恩格斯文集》(第五卷),人民出版社,2009 年,第 493 页。
④ 《马克思恩格斯文集》(第一卷),人民出版社,2009 年,第 520 页。
⑤ 《马克思恩格斯文集》(第五卷),人民出版社,2009 年,第 210 页。

具到自动化机器体系的飞跃。在前资本主义社会,"工人把工具当作器官,通过自己的技能和活动赋予它以灵魂,因此,掌握工具的能力取决于工人的技艺"。借用海德格尔的术语来说,工具是工人的"上手"之物,而生产就是工人的"操劳",它体现的是工人的主体性。因此,工人是生产过程的主人,他通过自己的"器官"直接同外部世界打交道。通过具体的生产过程,工人为自己创造了一个"人—工具—外部世界"的意义结构,为自己敞开了一条追问存在意义的道路。

资本主义机器体系的轰鸣声打破了这种田园诗般的宁静。马克思曾对机器体系有过三个非常形象的比喻——"机械怪物""能工巧匠"和"工业君主"。第一,"机械怪物"意味着机器体系超出了人类体能的自然限制,"具有狂热的生产速度和巨大的生产规模"。第二,"能工巧匠"意味着机器体系褫夺了工人的技艺,"它通过在自身中发生作用的力学规律而具有自己的灵魂"①。第三,"工业君主"意味着工人要学会像机器一样思考,成为机器体系的奴仆和随从。因此,机器体系将生产效率从人类劳动力的人身限制中解放出来,它以"轻易、精确和迅速"替代了工人的"肌肉"和"双手"。由此,对于工人而言,机器体系不具有"上手性",而是难以抗拒的"铁人";生产过程不再是"操劳",而是机械性的"操作";工人在生产中感受到的不是主体性,而是备受机器体系摆布的屈辱感。由此,工人与外部世界的意义结构被瓦解了,取而代之的是被机器体系中介了的"生产世界"。

通过这三个比喻,马克思意在揭露的是,机器体系在资本主义社会中的异化。作为工具的高级形态,机器体系的使命就在于将工人从繁重的体力劳动中解放出来,为人类个性的发展奠定物质基础。而在资本逻辑的宰治下,机器体系这一"死机构"褫夺了工人的主体性,逐渐获得了人格化的表征和支配一切的专制性。这就可以理解,为什么在权力、刑罚和饥饿的重压下人们才逐渐养成了对机器体系之绝对命令的习惯性服从。与之相反,人工智能在其使用过程中几乎没有遭遇到或者伴随着工人的血泪史。这就意味

---

① 《马克思恩格斯文集》(第八卷),人民出版社,2009年,第185页。

着,从历史唯物主义的意义上揭露人工智能的存在意义及其资本化所隐含的支配性逻辑,进而破解人工智能语境下人之存在的"斯芬克斯之谜",是十分必要的。

与机器体系将人类体能自动化不同,人工智能的一个突出特点,即它实现了人类智能的自动化。这就意味着,人工智能逐渐摆脱笨重的物质载体,逐渐挣脱繁重的物质生产的束缚,其发展越来越呈现出图像化、虚拟性的特征。就像意识在人类社会第二次大分工中获得独立形态一样,作为人类智能的物化,人工智能也越来越具有某种意识形态功能,具备某种意识形态属性,它充分展示了人类精神劳动力的主体性。因此,人工智能营造的是一个后工业化的"生活世界",不像机器体系那样营造的是一个工业化的"生产世界"。在这种"生活世界"中,人们感受到的不再是一种无力、笨拙和屈辱,而是一种本质力量的解放。由此来看,人工智能不再仅只具有机器体系一般的人格化表征,而是更进一步地,逐渐获得了一种"类主体"的资格。对待人工智能,人们不再是简单粗暴地"操作",而是折回到"操劳",试图在人工智能的范围内敞开一个"意义世界"。由此,作为一种新兴事物,人工智能在一定意义上表征了人们对本真生活的渴求。

然而在资本逻辑的支配范围内,人工智能成为资本化智能,成为资本吸纳和榨取人类精神生产力的无形存储器。如果说机器体系促成了人类物质生产力实现了从形式从属资本到实质从属资本的质变,那么人类精神生产力实现这一质变所依靠的则是人工智能。在机器体系中,人们的精神能够超出物质载体的束缚,而在人工智能的时代,激起精神创造的支点却是资本。在资本无限制的增殖欲望和无止境的普遍性趋势的催逼下,人类精神生产力正在被掠夺性开发,表现为一种强制性的进步。

由此,人工智能的发展越来越具有瞬时性、符号性和超现实性的特点,越来越超出人类理智所能理解的范围而成为自主性的客体结构,越来越脱离人类文明的基础而变成资本逻辑新树立起来的"非神圣形象"。在这个意义上,所谓的"生活世界"就变成了图像的世界,布满了瞬息万变的虚拟图像的叠影,充满了"形而上学的微妙和神学的怪诞"①。"这就是资产阶级时代不同于过去一切时代的地方。一切固定的僵化的关系以及与之相适应的素被尊崇的观念和见解都被消除了,一切新形成的关系等不到固定下来就陈旧了。"②最为典型的例证莫过于智能手机。作为一切智能技术的终端,手机的更迭换代逐渐抛弃了使用价值,而追求博人眼球的晕眩外观与超验参数。正如法国当代学者哈特穆特·罗萨所指出的,社会加速催生了"新异化"——"人们自愿去做他们不'真的'想做的事"③。

这样的话,我们就可以通过马克思关于机器体系的三个比喻来类比人工智能的资本化或资本化智能。可以说,马克思的这三个比喻提供一个理解当代人工智能革命的"问题式",从而剖析资本化智能支配社会生活的运行机制。"智能怪物"的比喻,意味着人工智能在计算、记忆、观察等能力方面超出了人类智能的诸多自然限制,完全不受脑力疲劳和主观情绪的影响,可以按照既定的程序长时间地高速运转。更进一步地,这一比喻意味着人工智能的资本化面相使这些优于人类智能的诸多方面变成了抽象的、歪曲的、形而上学化了的绝对,成为一种无实在对应物的景观或符号,成为一种吸纳人类精神劳动力的"吸血鬼"。

"能工巧匠"的比喻意味着人工智能够帮助人们完成很多精确性、常规性、危险性的工作,比如对于会计师、设计师、建筑师、医生这些高收入、专家式白领工人的日常工作,它会表现得比人类智能更加具有技巧。这有助于将人们从反复无聊的机械性操作中解放出来,从而节省了劳动时间,提高了工作效率。但是这一比喻同样意味着人工智能资本化或资本化智能将这种"解放"诠释成了"替代"和"威胁",诠释成了白领工人与人工智能之间的竞争,进而演化为白领工人之间的就业竞争。这样的话,劳动与资本之间的根本性对抗就被工人之间的竞争所遮蔽,资本对劳动的专制力量一直在增强,

---

① 《马克思恩格斯文集》(第五卷),人民出版社,2009年,第88页。
② 《马克思恩格斯文集》(第二卷),人民出版社,2009年,第34页。
③ [德]哈特穆特·罗萨:《新异化的诞生:社会加速批判理论大纲》,郑作彧译,上海人民出版社,2018年,第131页。

但又愈益进入一种彰而不显的隐蔽状态。

"意义君主"的比喻首先意味着人工智能超出了机器体系的物质界限，具有营造"生活世界"的意识形态功能，能够将人类精神生产力所具有的主体性和创造性以一种清晰可见的对象性形式呈现出来，使人能够直观自己的本质力量。更进一步地，这一比喻同样意味着人工智能从"生活世界"的媒介升级为"生活世界"本身，人工智能的景观和符号成为"生活世界"的自我标识，对景观和符号的追求代替了对意义的创造。与之相应，追求过程中的焦虑则代替了意义中的栖居。由此来看，与"工业君主"相类似，"意义君主"同样要求人们学会像人工智能的运转法则一样思考，去适应人工智能资本化所带来的瞬时性、符号性和超现实性。

在资本逻辑的范围内，人类物质生产力与精神生产力的自动化体系反过来反对自身，成为自身的坟墓，成为"人在非神圣形象中的自我异化"，成为资本吸纳人类劳动力的有形的或无形的存储器，成为资本榨取剩余价值的动力和源泉。与机器体系的资本化不同，人工智能的资本化能够塑造出一个虚幻的"意义世界"，促使资本权力获得新一轮的整合与转型，进而加剧了资本权力对社会生活的全面监控，从生产到消费，从工作到生活等各个方面，无一不处在资本权力的支配范围之内。这无疑再一次证明，生产力的大发展助推人类超越"必然王国"而向"自由王国"不断迈进，使人类越来越趋近于"自由奇点"，但是资本主义制度却成为"人类'自由奇点'来临有待克服的'制度瓶颈'"①。

二、精神物化：智能化资本的权力范式

在《资本论》中，马克思就指出了资本权力具有谋求社会一体化的普遍性趋势。其一，非劳动时间的物化趋势。"使用机器的目的，一般说来，是减低商品的价值，从而减低商品的价格，使商品变便宜，也就是缩短生产一个商品的必要劳动时间，但无论如何不是缩短工人从事这种变便宜的商品的

---

① 刘方喜：《文化奇点：人工智能革命的生产工艺学批判》，《东南学术》，2019 年第 5 期。

生产的劳动时间。"①其二,自由时间的填充趋势。"资本的趋势始终是:一方面创造可以自由支配的时间,另一方面把这些可以自由支配的时间变为剩余劳动。"②实际上,这两大趋势的实现程度与资本权力的表现形态相应。如果说机器体系对人类体力劳动力的支配主要表现为肉体规训,那么智能化资本对人类精神生产力的支配则主要表现为精神物化,其发生场所已然蔓延至特定的时空范围——工厂之外。在这个意义上,可以说,在智能化资本时代,工厂从社会有机体中"脱嵌"出来,成为凌驾于整个社会的基本原则。从劳动时间到非劳动时间,从生产活动到消费活动,从物质活动到精神活动,整个社会被建构成了一个"工厂社会"。

在机器体系时代,真正的困难不在于让工人学会如何操作机器,而在于将他们约束为全职工人,"在于训练人们,以使他们放弃散漫的工作习惯并使他们自身认同复杂自动机那不变的规则性"③。为此,资本家主要采取的是劳动纪律。作为一种支配人体的技术,纪律的目标在于通过"对人体的运作加以精心的控制,不断地征服人体的各种力量"④,进而建立一种顺从与有用之间良性的互动关系。因此,纪律在其本质上是一种"驯顺 – 功利"关系。作为权力的微观运作,这些劳动纪律以零敲碎打的方式植入工人的生产过程中,不仅在"做什么"方面,而且在"怎么做"方面,以及在"在什么时间做"方面,都作出了细致入微的规定。因此,这种劳动纪律,在更贴近于人类身体的意义上,可以被称作为肉体规训。

然而肉体规训具有三个方面的不足。其一,它更多地依靠的是外在的规章制度,比如作息表、操作规程,甚至是国家立法。因此,肉体的规训并不等同于精神的认同,工人依然不能完全与机器体系保持一致。其二,肉体规训更多地在特定的时空范围——工厂内开展,工厂之外的社会空间则依然

① 《马克思恩格斯文集》(第八卷),人民出版社,2009 年,第 276 页。
② 同上,第 199 页。
③ Andrew Ure, *The Philosophy of Manufactures*, Charles Knight, 1835, p. 15.
④ [法]米歇尔·福柯:《规训与惩罚》,刘北成、杨远婴译,生活·读书·新知三联书店,2012 年,第 155 页。

是资本权力无法直接触及的。这在某种程度上依然制约着资本权力社会一体化的实现。其三，肉体规训的负面后果非常明显，往往突破了工人自身肉体的自然界限和道德的社会界限，使资本的文明总是伴随着工人的野蛮，资本的增殖总是以工人的萎缩为代价。很显然，这是一种极其不可持续的资本增殖之路。

人工智能时代的到来为资本权力的转型开辟了新道路，使得资本对劳动力的吸纳、剩余价值的积累变得更具灵活性，使其可以超出特定的时空界限。更为重要的是，智能化资本权力在表象上并不具有强制性的暴力特征，而是披上了一件开放和包容的文明外衣，为工人提供了极具人性化的工作环境，更加关注工人的社会性发展。与蓝领工人相比，高收入、专家式的白领工人并没有被强制要求遵守某种作息时间表，也没有相对固定的工作场所，获得了更多的自由时间。这样一来，在新的社会历史条件下，资本权力普遍性趋势及其对人类劳动力的吸纳呈现出新的外观。

首先，就非劳动时间的物化趋势来看，智能化资本使自由时间与劳动时间具有内在同一性，使工作场所和非工作场所具有内在同一性，它们之间的物理界限日益变得模糊不清。一方面，这彰显出资本权力强大的建构性；另一方面，这瓦解了工人联合的可能性。

在人工智能时代，诚如奈格里所言，非物质劳动大有取代物质劳动而占据主导地位的趋势。以智识、图像、共同性、奇异性等为代表的非物质劳动成果，在很大程度上，正是在所谓自由时间和非工作场所中完成的。"生产力的变化本身丝毫也不会影响表现为价值的劳动。既然生产力属于劳动的具体有用形式，它自然不再能同抽去了具体有用形式的劳动有关。"①无论是机器体系时代的物质劳动，还是人工智能时代的非物质劳动，在资本主义生产关系之中，它们都是具体劳动的某种表现形式，都是可以在商品市场中被资本交换的劳动产品。因此，从根本上说，非物质劳动同样受到抽象劳动之同一性原则的支配。更进一步来说，与非物质劳动成果所具有的"奇异性"

---

① 《马克思恩格斯文集》(第五卷)，人民出版社，2009 年，第 60 页。

"个别性"相应,资本权力的抽象同一性与普遍性趋势得到了有力的巩固与加强,其强大的建构能力得到进一步的深化。"信息茧房"效应、"电子圆形监狱"效应、"算法决定论"等,能够对纷繁复杂的碎片化信息进行整合,进而将深度异化人们的决策、思考,进而将其商品化。正如以色列学者尤瓦尔·赫拉利忧心忡忡地指出的那样,"人类的生命就不再是一场决策大戏了"[①]。

如果说机器体系将工人劳动"去技能化",使其统一地变成自己的"人手",那么人工智能则将工人劳动"再技能化",使工人区分为不同种类、不同等级,如广告创意与程序员、熟练工与不熟练工等,而具有劳动技能的工人基本上都能过上体面的生活。这种种类划分和等级区分由于劳动时间与非劳动时间的同一化而侵入整个社会生活,打破了机器体系中工人同质化的历史趋势。这就意味着,将工人联合起来的物质基础在一定意义上将不复存在。在某种程度上,这消解了阶级革命的宏大逻辑。对于作为"诸众"的单个工人,资本可以轻而易举地将其自由时间建构为劳动时间。

其次,就自由时间的填充趋势来看,智能化资本不断制造"历史形成的需要",将仿真的景观和虚拟的符号塞进工人的消费活动中,从而制造了自由解放的幻象,使工人逐渐变成消费性机器,进而丧失了对本真生活的渴求。

马克思将"需要"区分为"自然的需要"和"历史形成的需要"。"自然的需要"就是维持生命机体正常运转的基本需要,是每一个生命体无法逾越的本能性需要。"历史形成的需要"已经超越了生命的基本需要,作为资本制造的结果,其实质在于欲望的膨胀。在人工智能时代,"历史形成的需要"越来越脱离具体的使用价值,越来越变成仿真的景观和虚拟的符号。在仿真的景观社会之中,工人消费的是被大众媒介所建构出的景象价值,消费过程是被景象制造的伪需要的满足。在居伊·德波看来,"在现代生产条件占统治地位的各个社会中,整个社会生活显示为一种巨大的景观积聚。直接经

---

① [以]尤瓦尔·赫拉利:《今日简史:人类命运大议题》,林俊宏译,中信出版社,2018 年,第52 页。

历过的一切都已经离我们而去,进入一种表象"①。资本正是通过控制大众媒介,进而控制商品形象的生成与转换,从而达到控制消费过程和操纵社会生活的目的。在工人看来,被媒介所展示的景观引导着社会风尚,表征着个性自我。由此,工人的消费活动被大众媒介所左右,被仿真景观所填充,继而被"一种具有讽刺意味的权力"所俘获,逐渐丧失表达主体诉求的意愿和对本真生活的渴求。而对这种景观拜物教的反抗,针对的也只是仿真景观,尚未直击到景观产生的物质根源和形成机制。因此,这种反抗经由大众媒介的中介,最终被同一化为景观的一种表现形式,成为一种另类的消费活动。

更进一步地,在虚拟的符号社会之中,工人消费的不再是大众媒介所建构出的景观,而是作为景观之展示形式的大众媒介本身。与景观相比,大众媒介本身则是实物缺席下虚拟符号的狂欢,它作为纯粹形式而逃离其有形载体的束缚。符号的意义不是来自实物投射,而是来自其在符号体系中的位置。因此,人们对符号的消费过程,就是在符号所构筑的"物体系"中谋求自身的身份与个性,最终实现"自我解放"。在鲍德里亚看来,身体作为消费的载体,越来越多地承担起与自身无关的符号性意义,"人们给它套上的卫生保健学、营养学、医疗学的光环……今天的一切都证明身体变成了救赎物品。在这一心理和意识形态功能中它彻底取代了灵魂"②。因此,人们不是主动进入而是被动陷入符号体系之中,其所营造的解放氛围只是资本规划的产物。"一切被名义上解放的东西……都是建立在'监护'价值体系之上的。"③

实际上,在人工智能时代,非劳动时间的物化与自由时间的填充是一体化的,二者共同统摄于精神物化。也就是说,工人在自由时间内消费资本填充之物的过程,就是为资本创造非物质劳动成果的过程。在这里,最具典型意义的例证就是"算法"。通过工人的消费记录,数据平台就能够分析出工

---

①　[法]居伊·德波:《景观社会》,王昭凤译,南京大学出版社,2017 年,第 3 页。
②　[法]鲍德里亚:《消费社会》,刘成富、全志钢译,南京大学出版社,2000 年,第 139 页。
③　同上,第 151 页。

人的"奇异性",资本以此为依据就能通过个性化的生产来建构工人的消费活动,"每当你浏览网站、看 YouTube 视频、阅读社交媒体的动态,算法都会偷偷监控你、分析你"①。更进一步来说,精神物化并没有取代肉体规训,而是将其"扬弃"在自身内。在机器体系时代,工人为了释放肉体规训的压抑,往往采取的是破坏体力的方式,比如酗酒等;而在人工智能时代,肉体规训获得补偿的方式显得更为"健康"和"廉价"。由此可见,智能化资本既加紧了对生产力的吸纳与掠夺,又制造出自由解放的幻象,最终将整个社会生活牢牢地锚定在自己所规划好的航线上。

三、"无用的大众":产业后备军的深度异化

在机器体系时代,马克思就已经指出,机器体系使得工人劳动"去技能化",大量廉价劳动力如妇女、儿童被纳入生产活动,而成年男性工人则面临着失业的危险。"一旦工具由机器来操纵,劳动力的交换价值就随同它的使用价值一起消失。工人就像停止流通的纸币一样卖不出去。工人阶级的一部分就这样被机器转化为过剩的人口。"②这样的话,整个无产阶级就被分化为产业现役军与产业后备军,二者的命运是截然不同的:前者"过度劳动",后者"陷于半赤贫或赤贫状态"。由此,机器体系将资产阶级与无产阶级的根本矛盾转化成无产阶级的内部矛盾。不仅如此,为了更进一步分化与瓦解工人联合,产业后备军被进一步精简化为"人才储备军"和"现代性废物",二者的命运是明显不同的:前者被现代生产"形塑",后者被现代生产"淘汰"。③ 由此,产业现役军与产业后备军的矛盾转化成"人才储备军"与"现代性废物"之间的矛盾。

通观无产阶级的两次分化过程,不难发现的是,无产阶级的分化与资本主义生产力的发展和产业的升级换代是若合符节的。伴随着无产阶级分化

---

① [以]尤瓦尔·赫拉利:《今日简史:人类命运大议题》,林俊宏译,中信出版社,2018 年,第 47 页。

② 《马克思恩格斯文集》(第五卷),人民出版社,2009 年,第 495 页。

③ 参见王庆丰、苗翠翠:《"产业后备军"的生命政治》,《国外理论动态》,2019 年第 4 期。

的是,资本主义社会从工业化时期向后工业化时期、从自由主义资本主义向金融资本主义的转型。在这样的时代变迁中,无产阶级的两次分化呈现出以下三个趋势。其一,毫无疑问,无产阶级的分化加强了资本对工人的专制。其二,越来越多的工人被纳入资本生产过程,社会不稳定因素逐渐减少。其三,阶级分化所产生的社会创伤面越来越小,甚至实现了无痛过渡。这就意味着,资本再也无须出动大规模的国家机器来镇压工人的反抗,单靠科学技术的发展就能给工人制造出可以发财致富的幻觉。

其实,产业后备军分化成"人才储备军"和"现代性废物",并不能从根本上保证资本主义社会总体上的安全性。原因在于,他们尽管自由得一无所有,但却依然具有一种"去存在"的可能性,即通过科学世界观的洗礼而解除虚假意识的禁锢,从而获得一种"成为一切"的能动性。在这个意义上,马克思曾经指出:"一旦工人发现,他们本身之间竞争的激烈程度完全取决于相对过剩人口的压力;一旦工人因此试图通过工联等等在就业工人和失业工人之间组织有计划的合作,来消除或削弱资本主义生产的那种自然规律对他们这个阶级所造成的毁灭性的后果,这时,资本和它的献媚者政治经济学家就大吵大叫起来,说这是违反了'永恒的'和所谓'神圣的'供求规律。"[①]

这就意味着,资本权力必须更进一步地对"产业后备军"进行规训,将其再度纳入自己所制造的繁荣之中。可以说,人工智能时代的到来,以及智能资本化和资本智能化的双向运动,为资本权力的这一微观布展提供了历史契机。如果说在机器体系时代,产业后备军有可能走出虚假意识的迷雾,那么在智能资本化的时代,即在"世界图像的时代",产业后备军则深陷虚假需要之中而不能自拔。在这个意义上,尤瓦尔·赫拉利不无悲观地写道,人工智能的兴起催生了"一个全新而庞大的阶级:这一群人没有任何经济、政治或艺术价值,对于社会的繁荣、力量和荣耀也没有任何贡献"。"很有可能就算这些无用的大众什么事都不做,整个社会也有能力供养这些人,让他们活下去。然而,什么事能让他们打发时间,获得满足感?……答案之一可能是

---

① 《马克思恩格斯文集》(第五卷),人民出版社,2009 年,第 737 页。

靠药物和电脑游戏。"①比如，《头号玩家》勾勒出现实生活之绝望与虚拟世界之虚无之间的强烈反差。在《盗梦空间》中，总有一些人沉浸在智能技术所制造的美妙梦境之中。

尽管赫拉利的"无用阶级"或"无用的大众"有些危言耸听，但是这样的生命政治后果是值得我们去认真对待的，因为它以"症候"的方式显示出资本智能化支配范围内人之存在方式的深层困境。在这个意义上，智能资本化与资本智能化的双向运动进一步加剧了资本权力对整个生活的规训与管控，尽可能"软化"所有将可能危及资本增殖的不稳定因素。资本与人工智能的"共谋"将产业后备军进一步平面化为"无用的大众"，将其表达主体诉求的意愿和对本真生活的渴求削薄、削弱，直至瓦解。这样的话，"无用的大众"不仅在物质上一无所有，更进一步地在精神上陷入幻觉。其结果就是，他们既不被雇佣，也不被消灭，更不可能去从事危机资本主义社会整体安全的事务，就像一颗"赘瘤"外在地悬置在社会有机体之上，其大量"自由时间"被智能资本所制造的虚假需要所填充。作为"无用的大众"，他们丧失了本质力量对象化的可能性，既不能创造物质产品，也不能创造精神产品，进而丧失了人之为人的类本性，承受着智能化资本的绝对支配和深度异化。

在一定意义上，阿甘本的生命政治学可以更好地诠释"无用的大众"的存在方式。"例外状态"和"赤裸生命"是阿甘本生命政治学的核心范畴，是其生命政治学的独特标识。在他看来，"例外状态既非外在亦非内在于法秩序，而它的定义问题正关系着一个门槛，或是一个无法区分的地带，其中内与外并非相互排除，而是相互无法确定"②。这种"例外状态"是一种纳入性排除。对于"无用的大众"来说，他们表面上被纳入智能化资本所炮制的光怪陆离的"意义世界"之中，但是这种纳入并非为了使其获得精神上的超越，其实质意义在于，消解其斗争意志及对另类生活方式的憧憬。因此，"无用的大众"在享受资本化智能所带来的感官愉悦之时，自己的身心却陷入了空

---

① ［以］尤瓦尔·赫拉利：《未来简史：从智人到智神》，林俊宏译，中信出版社，2017年，第293、294页。

② ［意］阿甘本：《例外状态》，薛熙平译，西北大学出版社，2015年，第32页。

洞与贫乏。

　　而所谓的"赤裸生命"是指这样一些人，"他们几乎没有我们通常归于人的存在的所有的权利和期望，但在生物学的意义上人仍旧活着，所以他们处在生命和死亡、内部与外部之间的一个界限性地带中——在这个地带中，他们不再是任何东西，而只是赤裸生命"①。"赤裸生命"是一个生物学的生命，是非对象性的存在，并非一个社会性的生命，不是一个类存在。在马克思看来，"通过实践创造对象世界，改造无机界，人证明自己是有意识的类存在物"②。一方面，"无用的大众"不被资本所雇佣，就不能实现本质力量的对象化，就不能在对象世界中直观到自己的定在，因而就成为非对象性的存在；另一方面，"无用的大众"被瞬息万变的虚拟图像所包围，只能被动地去适应虚拟图像的瞬时性、符号性和超现实性，最多为这个图像世界增加一重转瞬即逝的叠影。因此，"无用的大众"就像动物一样生活在一个自己不能掌控的"流变"之中。而在这个意义上，"无用的大众"就是阿甘本"赤裸生命"的生动演绎，他们的"权利和期望"被智能化资本消解了，仅仅具有"权利与期望"的法律规定，而无其法律实质，是一个难以兑现的诺言。

　　经过阿甘本生命政治学的透视，可以说，"无用的大众"深陷资本主义社会所制造的"例外状态"之中，成为资本主义社会中彻底的"赤裸生命"。由此，"无用的大众"在资本主义社会中的所遭受的深度异化便呈现出来。在智能化资本的语境下，作为原子化的差异性个体、大众及其集合实际上是技术集聚的产物，他们既不是社会，也不是人民，丧失主体性和创构性。"无用的大众"作为一种动物性的生存状态，不仅丧失了被雇佣的资格，而且沉浸在虚假需要的幻觉中，其现实生活的社会性外观仅仅是一层图像，而对这层图像的反抗，无非是在其之上又增加了一层图像。对于这种虚无主义式的存在状况，鲍德里亚深刻地指出："大众是纯粹的客体，已经从主体的地平线

---

　　①　[意]阿甘本：《神圣人：至高权力与赤裸生命》，吴冠军译，中央编译出版社，2016 年，第213 页。

　　②　《马克思恩格斯文集》(第一卷)，人民出版社，2009 年，第 162 页。

上消失,已经从历史的地平线上消失。"①

四、结语

基于马克思批判资本主义机器体系的话语逻辑,我们对人工智能的资本主义应用展开了批判性分析。在资本增殖的范围内,智能资本化与资本智能化是同一个过程的两个方面,二者共同将整个社会座架在一个高速运转的离心器上,将人类置于价值虚无主义的边缘。在智能化资本的语境下,一切社会生活都被抹上了技术进步的玫瑰色,智能技术充当着意识形态的角色,而深层的权力机制被逐渐遮蔽了,成了一只"看不见的手"。

因此,在人工智能方兴未艾之际,我们必须警惕其变成资本吸纳、剥削和支配劳动力的工具,真正将人工智能塑造成解放生产力、构建人类文明新形态的革命性力量。与机器体系时代不同的是,人工智能革命并没有被资本主义国家所垄断,社会主义的中国在推进人工智能革命方面日益发挥着举足轻重的作用,成为新科技革命的佼佼者。这就意味着,人工智能的社会主义应用将逐渐推广开来,进而成为瓦解智能与资本"共谋"的关键力量,成为突破"自由奇点"来临之制度瓶颈的有力推手。

李爱龙
(复旦大学马克思主义学院讲师)

---

① [法]鲍德里亚:《致命的策略》,刘翔等译,南京大学出版社,2014年,第133页。

中篇

劳动法、劳动社会学与
劳动经济学

长三角劳动立法协作面临的挑战与应对[*]

　　基于区域人才合理流动和和谐劳动关系建设在劳动保障方面的需要，探索长三角区域劳动立法协作模式对于推进长三角协同发展具有重要意义。笔者首先分析了目前推进长三角劳动立法协作所面临的挑战，借鉴欧盟立法协作的实践做法，结合长三角区域发展实际，建议长三角劳动立法协作应采用"合作协议与统一立法"相结合的模式。

一、问题的提出

　　目前，长三角各地劳动用工制度的不协调，影响了区域内人才的合理流动，造成劳动者在长三角不同地区的权利义务不一致，甚至会因异地协查机制缺失而造成劳动者合法权益难以保障的现象。比如依据长三角三省一市劳动保障监察的相关规定，劳动部门的劳动监察权仅限于在本行政区域内行使，若劳动者和外地企业签订劳动合同后，只有企业注册地的劳动部门才拥有对单位不缴社保的调查和监察权，导致不同省份劳动部门无法受理此类投诉，劳动者出于成本考虑也很少会跑到异地去维权，致使其合法的劳动权益难以得到保障。这种因地方劳动立法不协调产生的劳权保护问题，将导致人力资源走向失衡，影响长三角经济社会的均衡发展，阻碍该区域经济

---

　　[*] 本文原载于《上海法学研究》2019 年第 15 卷。

一体化和社会治理现代化的进程。因此,基于区域和谐劳动关系建设及人员合理流动对劳动保障方面的需要,探索长三角劳动立法协作模式,对于推进该区域协同发展具有重要意义。笔者就长三角地区劳动立法协作中的问题进行梳理分析,并试图找出应对之策。

二、长三角区域劳动立法协作面临的挑战

一是劳动立法协作主体方面。一方面,劳动立法主体数量大、层级多。长三角劳动立法协作依托各省市地方立法权,而长三角拥有劳动立法权的主体包括四省市及其行政区划内较大的市,设区的市在特定事项上也拥有劳动立法权,并且劳动立法协作既有横向协作又有纵向协作。在如此高数量、多层次的劳动立法主体下,劳动立法协作的难度大,影响协作效果。另一方面,劳动立法协作主体过于单一。长三角劳动立法协作集中体现在省市级政府主体层面,人大的劳动立法协作尽管存在会商机制,但由于缺乏常态化,合作方式较松散,其立法成果也屈指可数。

二是劳动立法协作程序方面。长三角劳动立法协作缺少统一的程序规范,程序的不规范会严重影响劳动立法质量。在立法准备阶段,协作立法涉及对劳动立法项目的研究、提出及信息的交流等,若立法主体缺少分工与合作,就会导致劳动立法进程缓慢,立法成果单薄;在立法阶段,区域协作立法程序则有更高的要求,协作立法过程缺少统一程序更容易导致劳动立法内容上的偏差;在立法的后续阶段,由于协作立法成果备案与评估制度的缺失,对劳动法律在区域实施情况缺乏整体了解,也会影响劳动立法协作质量。此外,地方立法协作程序中缺少相应的冲突解决机制,也会导致区域内各地劳动保障的差异现象。

三是劳动立法协作内容方面。在劳动法规上,长三角各省市均颁布了劳动合同条例和劳动争议处理规定,但在劳动合同的适用范围、订立形式、试用期限、试用期报酬及先合同义务方面,在经济补偿是否作为竞业限制条款生效的必要条件方面,以及在无固定劳动合同签订方面的规定均存在差异。如上海和浙江对劳动者保守用人单位商业秘密的经济补偿均无强制性

规定,而江苏和安徽对用人单位要求劳动者保守商业秘密的,应当约定经济补偿。长三角不同省市对用人单位在保守秘密方面的补偿要求的不同,导致对劳动者择业权的保护也不一致。这样不仅会对各地人才流动及社会运行成本造成不公平影响,也造成了用人单位的权利和义务的不均衡。

四是劳动立法协作中的利益协调方面。长三角地区产业结构的同质化增加了地区间的利益竞争,在现实中就演化为包括劳动用工、社会保障等方面的地方保护现象,地方政府就会利用地方性法规和地方政府规章保护地方利益,阻碍了区域内的合作,最终导致区域整体利益的损害。比如各地社保缴费标准差异造成各地社会统筹部分的不同,而社会统筹部分是被纳入地方社保基金中的。基于地方利益,各地社保法规对社会统筹账户转移很少涉及,这正是导致长三角社保立法不一致的主要原因。要从区域整体上改变这种利益冲突,就必须对区域内各方利益进行调整,区域劳动立法协作也是各方利益博弈的过程,这种利益往往关涉经济、政治、环境、文化等层面,如何在劳动立法协作中破除地方法律保护、合理分配地方利益,是长三角劳动立法协作需要考虑的现实难题。

三、欧盟社保立法协作机制的借鉴与启示

基于欧盟各国经济发展不平衡、属地化的社保制度和社保立法体系,欧盟各国的社保制度仅适用于居住或工作在本国领土上的人(含外派人员),这些人如果离开该国领土,其在该国享有的社会保障权利就不再存在,即"国籍"成为享有社保权利的关键因素。[①] 可见,在欧盟社保立法协作机制建立前,欧盟实行的属地化社保制度是以国籍为基础的。这与长三角区域实行以户籍为基础的属地化社保制度十分相似。

为了消除不同社保制度在适用中的地域束缚,保障劳动者在不同成员国工作期间公平地获得福利,欧盟主要采取了"统一"和"协调"相结合的解决模式。一方面,采用统一实体法形式将成员国经过谈判所达成的有关保

---

① 参见刘卫翔:《欧洲联盟国际私法》,法律出版社,2001年,第75页。

证自由流动的劳动者社保权利的共识,明确固定在欧盟一些基本条约之中。欧盟各国在社保问题上达成的这些原则性共识,为具体立法提供法律依据。另一方面,采用冲突规范的方式,为跨国劳动者解决社保问题明确应当适用的准据法,这些规定往往是以条例、指令、决定等形式颁行的。① 鉴于长三角同样具有经济发展不平衡、社会保障制度属地化等特性,所以欧盟所采用的"统一实体法和冲突规范相结合"的协调模式,对于推动长三角社会保障立法协作具有借鉴和启示意义。

四、长三角区域劳动立法协作模式

在长三角劳动立法协作过程中,可以借鉴欧盟成员国立法协作的经验,采用区域"合作协议与统一立法相结合"的协作模式,其中,立法合作协议包含战略合作协议、具体合作协议、备忘录等形式,主要体现在分散型的立法协作中;区域统一立法关涉立法协作机构、立法协作规划、协作立法体系、立法协作机制和立法协作方式等方面,主要体现在紧密型的立法协作中。详言之:

一是完善劳动立法合作协议,增强其约束力。目前,长三角四省市社保厅(局)采用联席会议形式,先后审议并通过了就业创业工作合作协议、人社系统人力资源协作工作协议、区域劳动人事争议调解仲裁战略合作协议、地区劳动保障监察合作协议、地区工伤保险和劳动能力鉴定合作备忘录等文件,将合作成果固化,形成长效机制。为提升这些协议和备忘录的实施效果,在现有协议的基础上,还应进一步细化内容,尤其要明确协议主体的违约责任,以增强其约束性和可操作性。

二是建立劳动立法协作机构。组建长三角立法协作委员会,该委员会成员可以由立法、司法、行政执法部门的业务负责人及法律专家担任。协作委员会下设劳动立法协作小组,负责区域劳动立法协作工作。细致梳理长三角各地现行劳动法规及政策,及时跟踪和回应区域劳动领域出现的新情

---

① 参见董保华:《社会保障的法学观》,北京大学出版社,2003年,第266~267页。

况、新问题,组织劳动领域的专家学者通过研讨或论坛的形式提出合理的意见建议,为制定和完善区域劳动立法提供智力支持。

三是制定劳动领域协作立法规划。为避免劳动领域的重复立法和立法冲突,长三角各地人大和政府需联合制定劳动协作立法规划,将涉及长三角劳动领域共性的事项(比如新型灵活就业人员的社保及技能提升问题等)纳入立法规划,并交由立法协作委员会进行相关立法。在劳动立法规划的设计方面,按照长三角劳动关系治理一体化的发展要求,优先安排并全力推动关涉区域一体化发展的劳动立法项目。同时建立区域劳动领域的立法体系,避免各地的劳动立法缺失。①

四是完善劳动立法协作机制。主要包括:长三角劳动立法资料、劳动用工、劳动保护以及违法用工等信息通报和反馈机制,长三角发展关联性高的劳动立法草案共同研究论证机制,地方劳动立法草案相互征求意见及颁行后的相互通报机制,地方劳动法规规章相互借鉴机制,地方劳动立法协作的理论研讨或工作交流机制,长三角劳动立法评估预测机制等。

五是采取灵活的劳动立法协作方式。可以采取"一方起草、三方配合"的方式,也可以采取"联合起草、协同修改"的方式,还可以采取"商定原则、分别起草"的方式。通过开展"三同步"活动(同步调研、同步论证、同步修改),对涉及区域劳动领域的重难点及焦点问题,开展联合攻关,将区域劳动立法协作的精神、原则和制度体现并落实于各自的地方性劳动法规中。②

王仁富

(上海工会管理职业学院教授)

---

① 参见刘继华:《长三角劳动就业法规政策冲突与协调》,《浙江理工大学学报》,2009 年第 5 期。
② 参见林圻:《浅析长三角一体化发展视角下的地方立法协作》,《人大研究》,2019 年第 1 期。

新时代劳工议题的社会治理:群体、组织与行动[*]

　　文章总结归纳了新生代劳工群体、劳工非政府组织及劳工事件的一些新趋势和新特征,为新时代劳工议题社会治理提供借鉴。具体而言,新生代劳工群体内部存在更多元的分化,面临更加不确定的市场环境,同时具有更加强烈的自我实现愿望;劳工非政府组织内部存在多元分化,同时通过社交媒体等平台进行自组织互联;劳工事件的发展存在集中化与多元化趋势并存,且新媒体影响日益加深。针对这些新的发展趋势,政府与工会有必要对劳工议题进行分类治理,在法治的框架下引导和规范工人的诉求表达,切实维护工人的合法权益。

　　经历了四十多年的改革开放,老一代工人逐渐退出劳动力市场,新一代工人逐渐成为劳动力市场的主要参与者。新生代劳工群体无论在数量和构成上,还是在思想和价值观念上,都与老一代工人之间存在着鲜明的差异。伴随着劳动力市场代际更替,劳工非政府组织的社会影响也不可忽视。这一类劳工非政府组织在维护新一代劳工群体权益的同时,也静悄悄地改变着中国的国家与社会关系。我们必须认识到,新一代劳工无论是在看待工作的态度上,还是对于工作的要求上,都与老一代工人之间存在着巨大的差

---

　　* 本文原载于《工会理论研究》(上海工会管理职业学院学报)2019 年第 1 期。李秀玫、丁昳参与了前期的资料收集与整理工作,作者对她们表示感谢。

异,这种差异不仅反映在新工人阶层的消费观念与生活品质上,而且更加突出地反映在这一群体通过新的行动方式表达的自身诉求上。随着新媒体对沟通交往与信息传播形式的改变,上述变革正在深刻地改变着中国社会的现实与未来。在此背景下,劳工组织与劳工事件共同影响着当今中国社会的工人、企业、政府三方之间的关系。因此,我们有必要在了解当代工人群体生存现状的基础上,理解和剖析劳工非政府组织的不同类型及其抗争策略,以及劳工非政府组织未来可能的趋势和走向。与此同时,我们还需要站在一个更长的时间维度上,考察劳工事件的分布与变化,理解新媒体与劳工组织在当前的劳工事件中各自扮演什么样的角色,而各级政府又应该如何在这场多元主体的复杂互动中保持合理而有效的治理策略。对工人群体、劳工组织及劳工行动新趋势、新特点的把握和总结,将有助于对未来工人、政府、企业三者之间可能的变化趋势作出研判,并围绕这些核心议题开展具有针对性的社会治理。

一、新生代工人群体的特征

对比老一代工人群体(包括传统国有企业工人和第一代农村进城务工人员),新生代劳工群体呈现出三个方面的新趋势:产业与行业分布更加广泛、内部差异巨大,面临更加不稳定的市场环境、竞争激烈压力大,对于工作和生活有更高的要求与更强烈的自我实现愿望。

(一)产业与行业分布更加广泛、内部差异巨大

新生代工人不再集中于第二产业,也不再局限于产业工人,大批服务业岗位成为吸纳新一代劳动力的主要战场,以批发零售、交通运输、仓储、快递、住宿餐饮为代表的第三产业岗位,构成了新生代劳工群体的主力军。这种产业与行业分布结构的变迁在很大程度上影响着新生代劳工群体的自我认同,工人阶级作为一套动员话语已经很难唤起新生代劳工群体的认同,以老乡、同学、同事为表现形式的、以个体为核心的"圈子"认同,逐渐取代了以工人阶级、蓝领、农民工为表现形式的、以身份为核心的认同模式,这意味着未来的劳工群体可能呈现更加碎片化、个体化的趋势。

另外,劳工群体内部在工作性质、工作内容、薪资待遇、市场供求关系与社会地位等方面的巨大差异,也加剧了这一群体内部的碎片化趋势。传统的"车间政治"与"赶工游戏"正在逐渐被新的劳务分包模式与更加隐蔽的劳资关系所取代,互联网的浪潮更是大大加速了这一趋势。传统的劳资冲突在新生代劳工群体内部正在发生悄无声息的变迁,工人之间的差异甚至有的时候大过于雇主与雇员之间的差异。这些因素都使得我们原本视为一个整体的工人阶层正在逐渐分裂。

(二)面临更加不稳定的市场环境、竞争激烈压力大

在可以预见的未来,中国经济必将长期处于新常态,外部经济也可能持续性的不景气,宏观经济环境的疲软导致新生代工人群体不得不面临更加不稳定的市场环境。这种不稳定既包括由于市场需求不足导致的减薪甚至裁员,也包括互联网和人工智能对未来产业工人甚至服务业工人的直接冲击。许多发达国家的发展历程已经证明,产业结构的转型升级将伴随着机器对简单重复劳动的取代,而产业工人往往成为这一过程中的最大输家。因此,一方面,劳工群体不得不面对高强度的工作时间与单调的工作内容;另一方面,又不得不面对以互联网和人工智能为代表的新技术的冲击和颠覆,两方面的作用使得新生代劳工群体正在面临着相比于老一代劳工群体更加不稳定的市场环境,以及更加激烈的竞争压力。

(三)对工作和生活有更高的要求与更强烈的自我实现愿望

新生代劳工群体与"90后"世代的重合,要求我们从世代价值观念变迁的角度来理解劳工群体的新趋势。这意味着,相比于老一代工人群体,新生代工人具有更加强烈的自我意识与自我表达的愿望,他们对工作的理解不再仅仅满足于养家糊口,而是希望通过工作完成自我认可与自我实现。相应地,他们对工作内容、工作条件和与劳动过程相关的社会保障提出了更高的要求。相比于老一代工人群体,新生代工人大多拒斥单调重复的工作内容,看重工作过程中的自由度与良好的工作环境,将包括住房、养老、医疗、工伤等在内的社会保障看作自身作为劳动者理应享有的权利。

这种观念结构的变化意味着对当前以"90后"为主力军的劳工群体而

言,已经不再满足于通过工作实现生存的基本需求,而对工作的条件和意义提出了更高的条件。这种转变预示着,一方面,新生代劳工群体在劳动力市场内部的流动速度更快,"90后"工人更有可能为了更高的薪资收入、更好的工作环境、更大的职业晋升空间或者是更加舒适的外部生活条件而更换工作;另一方面,在未来的劳工事件中,以工作环境、社会保障为代表的发展型需求,可能超越传统的生存需求成为新生代劳工群体的主要关切。

二、劳工非政府组织的若干趋势

劳工非政府组织是劳工议题社会治理过程中涉及的重要行动者。从劳工非政府组织的资源来源和行动策略的变迁,以及劳工非政府组织之间的组织形式的变化来看,我们可以总结出劳工非政府组织在三个方面的新趋势:行动策略的多元化、合作型组织与对抗型组织并存、组织间网络化自组织结构的涌现。

(一)行动策略的多元化

当前,劳工非政府组织的行动策略不再局限于直接参与到工人事件中去,而是将动员的过程日常化,运用包括法律动员、文化动员在内的多元化动员手段,在潜移默化的过程中实现组织动员的目标。同时,劳工非政府组织的行动策略也从原本的单一策略,发展到包括法律赋权、调解仲裁、集体谈判、组织直接行动,以及借助倡议网络扩大资源和影响力的多元抗争策略。一方面,这种动员与行动策略的多元化表明,劳工非政府正在以各种各样的形式参与到劳工群体的日常活动与行动中去,并试图对劳工群体和劳工事件产生更大的影响;另一方面,在劳工非政府组织发展和成熟的过程中,将伴随着这类组织内部的分化与重组,劳工非政府组织由于资源来源、组织策略与组织愿景的差异,分化成为不同的子类型。其中,后一点尤其值得我们注意,劳工非政府组织并不是"铁板一块",即使是在同一类组织内部也存在着巨大的差异,通过利用这种组织间差异化的定位与策略,我们可以更好地把握工人、政府、劳工非政府组织三者在劳工事件中的位置与互动。

（二）合作型组织与对抗型组织并存

尽管劳工非政府组织在组织动员和维权策略上存在着很大的差异,但是我们大体上可以将这些差异化策略归结为合作型和对抗型。一个劳工非政府组织采取什么样的策略在很大程度上是由资源来源决定的,那些依赖于境外资源支持的劳工非政府组织更有可能采取激进的对抗型策略,这是由组织生存的需求所决定的。如果不采取激进主义的策略,那么劳工组织很难获得足够的关注,缺少公共关注则难以获得维系组织生存的资源,最终导致组织解散;反之,如果采取激进主义的策略,则有可能得到媒体的关注,进而得到资源的资助。因此,一方面,需要对于劳工非政府组织两种差异化的策略进行关注、分析及差异化应对;另一方面,更需要从资源渠道的角度入手,理解其组织策略成因背后的根源。

（三）组织间网络化自组织结构的涌现

劳工非政府组织之间也逐步由一种以"组织化倡导者"为中心的互动网络体系取代原来的组织间互不关联、互相平行的组织生态。以"组织化倡导者"为中心的互动网络体系往往表现为,一到两家劳工非政府组织借助大量的外部资金、人力和经验支持,在特定地区迅速打开局面并取得工人的广泛信任。在此基础上,以该组织的组织模式、维权策略、动员框架为模板,对这一组织进行"复制",在特定地区形成以"组织化倡导者"为中心的紧密互动网络。不同于以往劳工非政府组织之间仅仅提供经验交流或者是道义上的声援,这种中心化的互动网络意味着组织间资源与人员的流动,意味着部分地区的劳工非政府组织甚至逐步出现科层化、制度化的趋势。这种趋势意味着,借助以"组织化倡导者"为中心的互动网络体系,居于中心的劳工非政府组织将具有更加强大的动员能力,并且有能力在特定区域范围内的多个企业同时参与到工人行动中去,这无疑对于地方政府的社会治理能力提出了更大的挑战。

三、劳工事件的新动态

从劳工事件数量及其内容的变迁,以及参与劳工事件的主体来看,劳工事件呈现出三个方面的新趋势:集中化与多元化趋势并存、新媒体影响日益加深、劳工组织对劳工事件的影响持续存在。

(一)集中化与多元化趋势并存

从整体上来看,当前劳工事件在分布上呈现出集中化与多元化并存的两个总体趋势。其中,劳工事件的集中化趋势主要表现为,在地域上集中于东部沿海地区及劳务输出大省,在行业上集中于制造业、建筑业等劳动力密集型产业,在企业类型上主要集中于民营企业。劳工事件的多元化趋势则主要表现为,涉事主体不再局限于企业、政府、警察,而是出现了劳动仲裁机构、第三方企业和其他劳工群体,行动方式不再局限于冲突性手段,而是出现了有组织的直接行动,工人诉求也不再局限于欠薪和加班,而是出现了对于社会保障及工作环境的要求。

当前中国的劳工事件分布呈现出的两方面特点看似矛盾,然而无论是地域、行业、雇主企业类型的集中化分布,还是涉事主体、行动方式和工人诉求的多元化分布,其背后反映出的是劳动力和宏观产业结构的变迁。大批青年劳动力向珠三角、长三角及东部沿海地区集中,带来这一地区在劳工争议与事件方面更大的风险。相应地,伴随着20世纪90年代国有企业改制的完成,国有企业已经不再是劳工纠纷及事件发生的主要场所,新一代劳工更加倾向于选择民营企业,也使得这一类型的雇主企业成为劳工事件发生比例最高的企业类型。进一步,涉事主体、行动方式和工人诉求的多元化分布指向一个相同的事实,即伴随着劳工在年龄结构、知识结构等一系列因素上的变迁,劳工群体开始尝试通过劳工事件赢得更加有利于自身的竞争位置,同时借助新媒体通信工具实现更高水平的动员和组织能力,并对于包括工作环境、职业病防护、住房及医疗保障等在内的劳动保障提出了更高的要求。

(二)新媒体影响日益加深

新媒体作为线上公共领域,是当代许多劳工事件中一个常见的空间。一方面,新媒体在现代社会越来越核心的地位,使其不得不成为活动交流媒介;另一方面,政府以维持社会秩序与稳定为目的,对线下行动的治理促使行动者转向相对宽松的线上平台,进而有可能发展成为大范围的网络事件。

新媒体的劳工抗议事件发挥的作用在不同的案例中各自不同,但是我们大致将其总结为以下四个方面,即组织与动员,营造有利外部条件与机会,塑造行动框架与共识,以及促成联结行动而非传统意义上的集体行动。

需要指出的是,劳工线上维权的影响力不仅取决于核心当事人和网络事件的发起者的推动,而且在更大程度上与政府在其中扮演的角色有所关联,同时取决于其是否与公众的权益共谋或在这方面发挥积极的推动力量。然而这也并非绝对的必要条件,在特定网络事件的形成过程中,包括当事人、发帖人、网民、大众媒体、政府、互联网公司,以及劳工组织与意见领袖等在内的多个行动者之间的复杂互动必不可少。

(三)劳工组织对劳工事件的影响持续存在

就目前中国的劳工事件而言,劳工组织在其中的参与程度并不算高。但需要指出的是,劳工作为组织资源和机会结构正在对劳工事件产生不可忽视的影响。无论是通过提供法律援助的形式,还是通过组织和培训工人代表的形式,劳工组织首先可以作为重要的组织资源参与到劳工事件中去。在这种参与形式下,劳工组织同样可以作为劳工事件重要的资源来源,不少劳工组织为特定劳工事件提供直接的资金援助或者是人力资源方面的支持。其次是作为机会结构为劳工事件创造有利的外部条件,这一类劳工组织并不会直接参与到劳工行动中去,而是利用其组织资源通过传统媒体或者是新媒体渠道,为劳工群体的直接行动创造有力的外部条件。相比于第一类劳工组织,这类组织在参与劳工事件的过程中往往倾向于采取一种去政治化的策略,将公众关注的焦点转移到诸如慈善、爱心等角度,同时采用人性化、平民化的表述以拉近与受众之间的心理距离。

上述两种形式的参与程度尽管不同,但是都对当前的劳工事件产生了催化和扩散的作用。可以预见的是,伴随着市民社会与网络公共空间的进一步发育,劳工非政府组织对未来的劳工抗事件将持续发挥影响力,前者可能依据资源来源与组织策略的差异,分化为合作型与对抗型两种类型,对于后者的走向产生不同的影响。

四、把握工人、政府、企业三者之间的关系，推进劳工社会治理的绩效

对当今中国社会的劳工关系而言，无论工人、政府还是企业都是既处在与其他二者的互动之中，又处于对于其他二者的想象之下。对于工人而言，一方面他们认为企业都是逐利的，企业家只有通过剥削工人才有可能实现自己的利益最大化；另一方面希望自己身处一个伟大的企业之中，让自己有可能在工作中找到生活的意义，通过努力工作完成自我实现。类似地，在看待政府时，一方面他们将政府官员当作"父母官"，寄希望于政府官员能够改善自身目前的待遇；另一方面他们认为政府与企业存在紧密的利益关联，倾向于企业一方。劳工群体对于企业与政府的双重想象贯穿于劳工议题的社会治理全过程，尽管不同阶段占主导的想象不同，但是我们始终可以看到，两种相悖的想象在彼此互相撕扯。

对于企业而言，一方面他们相信工人是愿意努力工作的，是企业大家庭的成员；另一方面认为工人提出的诉求往往只考虑自己而没有考虑到企业经营的实际情况，工人在工作的过程中时常偷懒，但是在薪资待遇上又要求过高。类似地，在看待政府时，一方面企业将政府看作市场秩序的维护者，对于工人的直接行动，企业家迫切地希望政府能够站在自己的一边，维持企业的正常运作；另一方面，企业把政府看作市场的干预者，甚至会抱怨企业经营过程中所遭遇的繁重税收和过分干预。这种双重想象同样导致了企业在劳工纠纷处理中的矛盾心态，而且这种矛盾心态在私营企业主群体中间表现得尤其突出。

对于政府而言，一方面庞大的劳工群体构成了支撑经济社会运行的基础，另一方面劳工事件对社会秩序构成挑战。类似地，在看待企业家的时候，一方面地方政府出于扩大税基、拉动就业的需求，欢迎各种形式的资本进入本地市场，并为他们的生产经营创造各种各样的便利；另一方面地方政府也意识到企业在工人待遇方面存在的种种问题。地方政府对于工人与企

业的二重想象构成了前者在劳工议题社会治理过程中的两种思路,然而无论是倾向于工人一方,还是倾向于企业一方,一旦打破工人、政府、企业的三角平衡关系,均对社会治理提出巨大的挑战。

从上述分析可以发现,对于劳工议题的社会治理而言,必须清楚地认识到,在政府、工人和企业三者共同组成的互动网络中,任何一者对于其他二者都有着双重想象,这种双重想象决定了同一主体即使是对待同一事件也可能在不同时期、不同阶段采取不同的话语和逻辑。因此,地方政府、企业和工会在处理社会治理过程中需要充分考虑新生代工人群体及其诉求表达形态所具有的新特征,及时有效地回应和处理新生代工人群体的诉求。

首先,充分意识到新生代工人群体及诉求的多元化,以及不同需求之间的可转换性,对工人的需求进行精准的分类与定位,比如,区分合理诉求和不合理诉求、经济性诉求和非经济性诉求、个别化诉求和普遍化需求等,对不同类型的诉求进行类别化应对,争取提高工人群体的获得感。

其次,针对工人利益表达行动的多样化和社交媒体影响的常态化,地方政府与企业可在法治的框架下建立与完善快速响应机制,及时地、主动地回应工人群体的合法诉求,避免舆论倒逼的被动局面。面对工人合理的诉求,政府有必要保持自身作为市场秩序维护者的形象,鼓励劳资双方通过劳动仲裁机构或者是法律途径等第三方渠道解决纠纷;而企业应该以沟通和解决问题为目标,既不忽视合理诉求,也绝不扩大问题,谨防将个别事件激化成群体事件,将企业内部事件转化为行业性或区域性事件。

再次,从中长期来看,政府与工会可以抢占先机,完善工人的利益表达渠道,可以通过行政吸纳等方式与合作型劳工非政府组织建立良好沟通渠道,积极防范和解决工人群体面临的权益纠纷,将工人诉求申诉整合到制度化的利益表达渠道中去,或通过典型案例的宣传与地方法规的制定,逐步引导劳资双方建立制度化解决纠纷的意识,防范经济利益问题演变为意识形态问题。

最后,政府还可以通过法治建设的方式规范劳工非政府组织的社会治理参与方式,厘定非政府组织行动策略的合法边界,既防止破坏性动员策略的激化,也引导劳工非政府组织发挥利益表达等方面的正功能。

黄荣贵

（复旦大学社会学系教授、副系主任）

桂　勇

（复旦大学社会学系教授）

付　宇

（复旦大学社会学系博士研究生）

中国特色社会主义劳动关系新模式探讨
——以华为合作共享型劳动关系模式为例 *

我国社会主义劳动关系经历了从计划经济体制下的单一社会型模式到市场经济体制下的多元市场型模式的演变。在这一过程中,形成了以本共同劳动和为核心的公有制经济劳动关系,以及以私人资本和合作劳动为核心的非公有制经济的劳动关系四种基本模式。其中建立在合作劳动基础上的华为企业劳动关系模式,以"强劳动弱资本"为特征,以合作劳动而非私人资本为中心开展生产组织和收益分配。由于100%员工持股和动态劳动股份的员工持股模式,在确保经济公平的同时,又不失经济效率。因此,这种劳动关系模式兼具合作性和共享性,是中国特色社会主义劳动关系新模式的重要实现形式。

一、引言

改革开放以来,我国逐渐建立了以公有制为主体、多种所有制经济共同发展的基本经济制度,非公有制经济特别是民营经济是我国国民经济的重要组成部分。研究不同所有制经济的生产组织方式及其内部的劳动关系模式,构成中国特色社会主义政治经济学研究的重要内容。华为作为中国改革开放成长起来的民营企业,以其在通信设备行业的优秀业绩和全球高科

---

* 本文原载于《教学与研究》2020 年第 8 期。

技领域的领先地位,逐渐成为学术界研究的案例和对象①②③,甚至有学者将华为成功的经验称为"华为模式"④⑤。华为的成功,与新中国成立七十多年特别是改革开放四十多年来的经济持续发展所提供的雄厚的国内经济基础和广阔的国际市场环境不无关系⑥。当然,引起学者高度关注的还有华为的员工持股模式、内部激励方式和独特的财务管理模式⑦⑧⑨,以及由此引申出的华为劳动关系模式、生产组织方式和所有制形式的研究⑩⑪,将这一问题的探讨不断引向深入。

劳动关系有狭义和广义之分,狭义的劳动关系主要指劳资双方在用工和利益分配上的契约关系⑫,而我们所关注的广义的劳动关系则是人类社会在生产过程中形成的基本社会关系,它反映人与人之间的经济关系,是社会生产关系的重要组成部分。马克思主义政治经济学将生产关系作为研究对象,而劳资关系或劳动关系又是社会生产关系的核心,正如恩格斯指出的:"资本和劳动的关系,是我们全部现代社会体系所围绕旋转的轴心。"⑬笔者试图从马克思主义社会生产关系理论视角出发,以华为企业为例,通过剖析

① 参见许晖、万益迁、裴德贵:《高新技术企业国际化风险感知与防范研究——以华为公司为例》,《管理世界》,2008 年第 4 期。

② 参见李放、林汉川、刘扬:《面向全球价值网络的中国先进制造模式构建与动态演进——基于华为公司的案例研究》,《经济管理》,2010 年第 12 期。

③ 参见武亚军:《"战略框架式思考"、"悖论整合"与企业竞争优势——任正非的认知模式分析及管理启示》,《管理世界》,2013 年第 4 期。

④ 刘红燕:《"深圳华为"品牌国际化对我国企业的启示》,《中国商贸》,2014 年第 13 期。

⑤ 刘新刚、王玮:《华为实践的理论基础探讨》,《企业管理》,2020 年第 1 期。

⑥ 参见保建云:《中国跨国公司崛起、华为模式与世界格局演化》,《人民论坛》,2019 年第 34 期。

⑦ 参见程恩富、白红丽:《我国民营企业员工分享模式的比较研究》,《河北经贸大学学报》,2018 年第 4 期。

⑧ 参见齐宝鑫、武亚军:《转型经济中民营企业成长的中长期激励机制研究——华为推行 TUP 的产权制度创新实践与理论启示》,《复旦学报》(社会科学版),2018 年第 3 期。

⑨ 参见袁国辉:《华为发展纲要里的财务辩证思维》,《财务与会计》,2016 年第 10 期。

⑩ 参见王艺明:《从华为经验看社会主义公有制和按劳分配的新实现形式》,《财经智库》,2019 年第 4 期。

⑪ 参见李松龄:《重建企业个人所有制的理论认识与现实意义——兼论华为企业所有制形式的创新》,《河南财政经济学院学报》,2019 第 3 期。

⑫ 参见李楠:《基于劳动力产权关系异化的劳动关系调节机制演变及发展》,《广州大学学报》(社会科学版),2007 年第 8 期。

⑬ 《马克思恩格斯选集》(第二卷),人民出版社,1995 年,第 589 页。

华为劳动关系模式的特点,研究新时代市场经济条件下中国特色社会主义劳动关系新模式。我们认为,建立在"华为模式"基础上的合作共享型的劳动关系模式,是中国特色社会主义劳动关系新模式的组成部分,为构建符合社会主义市场经济特征的、多样化的和谐劳动关系提供了借鉴和启示。

二、我国社会主义劳动关系模式演进的理论分析

中国特色社会主义劳动关系模式完成至今的形态,与其历史演进路径息息相关。自 1956 年社会主义改造完成之后,我国开启了社会主义建设道路的探索和实践。我国的社会主义实践经历了所有制结构从单一公有制向混合所有制转变,经济运行方式从计划经济体制向市场经济体制转变,这两个转变通过改变劳动关系内部的权力结构、利益关系和运行机制,使劳动关系模式从单一社会型模式转变为多元混合的市场型模式。

(一)计划经济体制下单一社会型的劳动关系模式

经过社会主义改造,我国基本消灭了私有制经济,公有制经济几乎成为我国唯一的经济基础。据统计,1956 年底,我国以国家所有制、集体所有制和公私合营为组成部分的公有制经济占工业经济的比重超过 99%,非公有制经济占比不超过 1%。① 与此同时,在经济运行和资源配置方式上逐渐形成了高度集中的计划经济体制,包括劳动力在内的经济资源通过计划手段在各个生产部门之间进行调拨和分配。这种生产关系的变革,必然也影响由之决定的人们在生产过程中的地位和分配关系。

首先,作为生产资料的共同占有者,劳动者成为企业的主人,以一定形式参与企业的管理。作为兼具有经济和行政组织功能的公有制企业,企业内部的民主管理是社会主义民主政治建设的重要组成部分,企业的生产组织和社会活动是劳动集体全体成员的共同事务。"鞍钢宪法"就是这种劳动者参与民主管理的典型体现,其核心内容是:干部参加劳动,工人参加管理,工人群众、领导干部、技术人员三结合。

---

① 根据 1985 年的《中国统计年鉴》计算整理得到。

其次,公有制企业实行按劳分配的收入分配原则。在单一公有制条件下,劳动者共同占有公有制经济的生产资料,劳动(包括劳动的数量和劳动的质量)是企业收入分配的唯一依据,且劳动收入是按照社会标准实现的,表现为整个社会的工资等级制与统收统支的利润分配制度。劳动者除了获得代表劳动力价值的工资外,还可以获取以福利形态存在的剩余价值的一部分。

最后,劳动关系表现为作为分配劳动的政府与劳动者之间的关系。由于劳动者与生产资料所有者合二为一,不存在与劳动者相对立的资本所有者这一角色,因此并不存在真正意义上的雇佣劳动关系,劳动力的配置是由政府行政部门通过统包统配的就业和用工制度实现的,一旦确定劳动单位,劳动者自身难以选择和流动,一切都以计划配置的方式实现。总之,在单一公有制和计划经济体制下,我国社会主义劳动关系模式表现为单一性和社会化的特征。

(二)多种所有制经济下的分层性多元化劳动关系模式

改革开放后,为了适应生产力发展要求,我国对生产关系进行了新的深刻的变革,改变了原有的"一大二公"的所有制结构和公有制经济实现形式单一化的问题。一方面,逐渐引入非公有制经济,形成了包括国有经济、集体经济、个体经济、私营经济和外资经济等多种所有制经济并存的经济结构。截至1992年,我国工业总产值和社会商品零售总额中,非公有制企业占比分别为13.9%和21%。① 另一方面,对公有制经济进行了一系列改革,逐渐形成了合作制、股份合作制、混合所有制等多种公有制经济的实现形式。生产关系的这种深刻变化,必然带来劳动关系的深入调整和变化。

首先,劳动关系的单一模式转向多元化模式。由于非有公制经济的引入,劳动者与劳动力使用者相统一的关系被打破,形成了多层次多元化的劳动关系。在公有制经济中传统劳动关系依然存在的情况下,出现了与之并存的非公有制经济的劳动关系。在非公有制经济中,又存在个体经济中个体工商户与雇工之间的劳动关系,私营经济中的资本所有者与劳动者之间的

---

① 根据1993年《中国统计年鉴》计算整理得到。

雇佣劳动关系,以及外资经济中的国外资本所有者与国内劳动者之间的雇佣劳动关系。而且在非公有制企业中,劳动者丧失了参与民主管理的路径。

其次,劳动关系由政府与劳动者的行政关系,逐渐转变为企业与劳动者的经济和法律关系。这一时期,经济体制尽管没有完全从计划转向市场,但高度集中的计划经济体制发生了转变,企业拥有更多自主的决策权和经营权,随之而来的是企业经营管理体制和收入分配体制的改革。原来政府与劳动者之间的劳动分配和就业制度被企业与劳动者之间的法治化的劳动合同制度所取代,劳动者与企业通过签订合同的方式建立起契约关系,双方的权利与义务关系通过劳动合同确立。与此相适应的是,劳动者收入所得取消了社会统一的标准,变为企业标准,这就意味着劳动者的收入将受到行业状况和企业绩效的影响。

(三)市场经济体制下的市场型劳动关系模式

1992 年党的十四大确立了社会主义市场经济体制的改革目标,建立市场经济体制成为我国社会主义建设和改革开放的重要内容。经济体制从改革开放以来的计划与市场并存逐渐向市场经济方向转变,社会主义市场经济体制也逐渐成形,1992—2001 年,我国总体市场化水平已经由 44.097% 迅速提升到 69.792%。[①] 金融领域的市场化也在不断推进,2012 年,我国利率市场化程度已经达到 73.493%。[②] 2016 年我国价格市场化程度已经高达 97.01%。[③] 在这个过程中,公有制企业通过产权改革、股份制改造、公司治理体制改革、国有资产管理体制改革等一系列改革举措,逐渐适应担当市场竞争主体的地位。经济运行机制的市场化和公有制企业的全面改革,对企业劳动关系的影响也是最为深刻的。

首先,劳动力市场的形成,使劳动力回归了商品的性质。全国形成统一

[①] 参见董晓宇、郝灵艳:《中国市场化进程的定量研究:改革开放 30 年市场化指数的测度》,《当代经济管理》,2010 年第 6 期。

[②] 参见刘金山、何炜:《我国利率市场化进程测度:观照发达国家》,《改革》,2014 年第 10 期。

[③] 数据来源:中国经济网,http://www.ce.cn/xwzx/gnsz/gdxw/201707/27/t20170727_24497876.shtm。

的劳动力市场,劳动者在劳动力市场中与企业方进行双向选择,通过劳动合同确立或解除劳动关系。劳动力成为商品意味着劳动力的供给与需求,以及劳动力价值即工资都是由市场来决定和调节的。作为经济资源,劳动力脱离了政府行政配置方式,劳动者成为劳动力市场中独立的交易主体。

其次,劳动者与企业的雇佣关系更加明晰化、规范化和法治化。非公有制企业特别是私营企业中资本所有者与劳动者之间的劳资关系通过法律的形式确定,由于承认公有资本和国有资本的地位,公有制企业中的劳动者与企业的关系也是依据《劳动合同法》进行约束和调节。

最后,劳动者获得的收入分配依据市场的原则进行。公有制企业中的按劳分配也逐渐转化为市场型按劳分配,劳动者以货币而非劳动券的形式获得工资,而且随着公有资本地位的确立,以及企业工资制度的改革,公有制企业用工方式和工资决定机制逐渐市场化。这使得在新时期我国劳动关系模式逐渐走向市场化一体化。

三、华为动态劳动股份与合作共享型劳资关系模式

在我国劳动关系模式深刻变化的历程中,以华为为代表的非公有制经济的劳动关系也在深刻调整。华为企业之所以受到外界的广泛关注,一个重要原因在于,华为企业特有的股权结构和全员持股的股权激励机制。股权结构是现代企业所有制特点的重要判断依据,而100%员工持股又是华为具有独特股权结构的关键要素,这种股权结构与持股制度又决定了华为企业独特的劳动关系模式。

（一）华为企业的股权结构及其性质

作为社会生产关系的基础,生产资料所有制形式表明了生产资料的分配形式,进而也决定了生产资料和劳动者相结合的方式,决定了人们在直接生产过程中的地位和相互关系,决定并形成了不同的交换关系和分配关系。[1]

---

[1]　参见吴宣恭:《马克思主义所有制理论是政治经济学分析的基础》,《马克思主义研究》,2013年第7期。

同样地,企业的所有制关系及由其决定的各利益相关者在生产活动的地位,进而决定企业的收益分配关系。也就是说,企业的所有制关系和股权结构决定了该企业的劳动关系模式。因此,分析华为企业的劳动关系模式,需要从分析华为企业的独特股权结构和产权关系入手。

华为既不是国有企业也不是集体企业,是一家私营企业,由任正非发起创立于20世纪80年代。华为的股权结构经历多个阶段的变化,企业创建之初就实施员工持股,是一种典型的合伙制企业,2003年把控股工会作为员工持股平台,持股员工数从2003年的15061人增加到2019年的104572人。从股权结构上看,股权主要集中在任正非个人以及由华为工会委员会所代理的全体持股员工。目前任正非个人持股1.01%,其余的98.99%由全体持股员工持有,没有任何政府部门和外部机构持有华为股权。① 尽管工会委员会代持员工股份,但大部分持股员工持股数量是确定的,也就是说华为的股份是量化到个人的,因此从企业性质上看华为仍然是私有制企业,而非一些学者所宣称的集体企业。因为公有制企业的股权是全民所有或者集体所有,公有制除了具有产权的社会占有性,还具有产权的不可分割性,也就是产权不能量化到个人。公有制企业的这一特性确保了分配上能够实现真正的平等,全体社会成员或集体成员能够平等地占有全部的生产资料,没有人可以凭借生产资料份额的多寡而获得更多或更少的收益,劳动才是获得收入的唯一依据。华为企业尽管实现了全员持股,没有外部的资本所有者,但并非每个持股员工都平等占有所有的股权,华为员工持股数额的多寡决定了分红的多少,老员工持股数量多,相应的分红就多,新员工持股量少,相应的分红就少。当然也不是所有的员工都有股份,据《华为2019年年报》,华为总共拥有19.4万员工,其中持股员工数量约为10.46万人,约占总员工数的54%。

(二)华为的员工持股特征与动态劳动股份

从政治经济学的视角来看,华为100%的员工持股实际上是劳动者持

---

① 数据来源:《华为2019年年报》,https://www.huawei.com/cn/press-events/annual-report/2019。

股,企业股份实际是劳动股份,而且华为员工所持股份是一种动态的劳动股份。

1. 持股员工能够与企业分享劳动者创造的剩余价值

根据劳动价值论,劳动是价值的唯一源泉,劳动者不仅创造了满足自身劳动力再生产需要的生活资料的价值即劳动力价值,还创造了超出劳动力价值之上的剩余价值,对企业来说就是利润。华为企业持股员工在获得劳动力价值即工资之外,还可以凭借股权获得一部分剩余价值(或利润),也就是分红。当然,在现实中,由于企业收益并不一定能够得到实现,有可能会出现持股员工获得的分红有一部分是劳动力价值,比如企业在经营困难时期采取的降薪举措。华为在初创期,曾经通过管理人员降薪的方式渡过难关,这种情况下,劳动者并没有获得全部的劳动力价值,相当于将一部分工资用于充当利润进行分红。另外,每年企业利润用于分红的比重大概有30%,也就是说,并不是所有的剩余价值或利润都用于分享给持股员工,而是会保留一部分用于企业的扩大再生产等方面的需要。

2. 持股员工按照为企业提供的劳动的数量和质量获取相应的分红

华为企业分配股权是基于员工的工作业绩和对公司的贡献,实际上取决于劳动者向企业提供的劳动数量和质量。《华为基本法》第十九条强调,"股权分配的依据是:可持续性贡献、突出才能、品德和所承担的风险"。也就是说,劳动者不同的贡献、不同的才能、不同的劳动质量,所获得的股权数量是不同的,劳动质量高的、给企业带来更多利润的员工可以获得更多数量的股权。持股数量多的员工说明他能够创造更多的剩余价值,从而获得更多的分红。因此,我们认为华为企业员工持股实质上是一种劳动股份,即员工以自己的劳动力作为入股的生产要素,所得股份与劳动数量和质量成正比。劳动股份与资本股份有很大的区别,资本股份是凭借投资金额来确定股权份额,与是否参与劳动毫无关系。

但是这种根据前期劳动绩效评估后获得的股权,会出现当期分红与当期劳动绩效不匹配的问题。此时,持股员工在不付出相应劳动的前提下可以通过分红的形式"不劳而获",从而占有其他劳动者创造的剩余价值。由此会使得部分拥有较多股份的老员工出现劳动"懈怠"状态。为了避免这样的问题，华为采取了名为"TUP"（time－unit plan，时间单位计划）的动态股权方式。公司按照岗位、级别和绩效，分配一定数量的TUP，并规定员工的配股上限，每个级别达到上限后，就不再参与新的配股。与虚拟股同样享有同等分红权和增值权，但五年到期后，TUP自动失效清零。TUP实际上确保员工持股的劳动股份属性，将劳动股份动态化，确保员工只有在为公司创造剩余价值或利润的前提下才能获得相应的分红。

3.员工离职时的收益是员工创造的未用于分红的剩余价值的部分累积金

华为企业离职的持股员工会获得一笔公司的补偿金，除了劳动法规定的补偿金额之外，作为持股员工还存在一个虚拟股权退股的问题。暂不考虑劳动法中的员工离职补偿金的问题，那么华为企业给离职员工的退股金到底是什么性质的呢？如果将其作为企业股份的赎回金或者股权回购金的话，就意味着资本与劳动是分离的，员工可以脱离劳动而获取相应的分红，这显然与华为企业以劳动贡献作为分配虚拟股权的依据的基本遵循是不同的。我们认为，持股员工在劳动过程中创造的剩余价值，其中一部分留存企业用于企业发展需要，另一部分会以分红的形式分配给持股员工。当持股员工离职时，企业应该将其创造的另一部分留存企业的剩余价值分配给劳动者，相当于劳动者在华为企业工作期间所创造的价值（特别是将用于未来企业发展的部分）返还给劳动者。这种形式意味着离职的持股员工不能再以持有股份为依据获得公司未来发展的收益，因为这部分未来收益是后来的劳动过程所创造的价值，与离职员工没有价值创造关系。

（三）华为合作型劳动模式与共享型劳动关系

当资本所有者和劳动者发生分离，并通过资本对劳动的雇佣实现劳动者与生产资料的结合，这种以雇佣劳动关系为基础的生产方式，劳动者在资本所有者的监督下进行劳动，产品归资本所有者拥有，存在劳动异化。资本所有者与劳动者之间的雇佣关系决定了在最终劳动者创造的总价值中，劳动者只能获得劳动力价值，而资本所有者获得剩余价值。在资本主义私有制条件下,这种劳动关系本质是剥削关系。但是华为企业的全员持股和动态劳动股份的特征决定了其劳动关系并不是传统意义上的资本对劳动的雇佣关系,而是劳动者与资本所有者合二为一,是一种新型的生产组织关系,这种劳动关系呈现出合作劳动的特征。

首先,资本的趋利性动机转化为劳动报酬激励。华为企业的股份都是内部劳动者所有,没有外部的资本所有权关系,持股员工既是企业的劳动者,也是企业的所有者(虚拟股权所有人)。企业的剩余价值规律和资本的趋利性动机让位于劳动者之间的合作机制,或者说企业的资本利润最大化目标让位于企业总体价值最大化目标。企业总体价值不仅包括企业利润,还包括劳动力价值。在这种情况下,资本已经不再扮演重要角色,更可能的只是将其作为核算利润与分配红利的工具而已。失去了外部资本在企业中的作用,企业可以通过劳动激励来构建内部激励机制。对此,华为企业正是通过动态劳动股份的激励举措来促成劳动者的合作动力,形成华为企业内部激励的核心优势。

其次,劳动者兼具企业的剩余控制权和剩余索取权。尽管华为企业分配给员工的是虚拟受限股权,与实际资本所有权有一定差异,如程恩富于2018年提出,在华为这种虚拟股权分享机制中,员工并没有相应的决策权。但事实上,华为企业持股员工通过持股员工代表会的形式参与企业经营管理和重大决策。首先所有持股员工通过投票选出持股员工代表,而持股员工代表会(华为的最高权力机构)又通过选举产生董事会和监事会成员,董事会最后又选出常务董事会。这就意味着,作为持股员工,企业劳动者同时享有企业的剩余索取权和剩余控制权。剩余索取权和剩余控制权的平衡配置是企业得以高效运转的条件,华为企业通过持股员工代表会实行集体领导制度,有效地避免了现代企业制度中的委托代理问题和内部人控制等治理问题的出现。

最后,华为企业的劳动关系兼具共享性与合作性。由于独特的股权结构和全员持股的特征,华为企业中资本雇佣劳动的关系已经让位于劳动者之间的合作劳动关系,资本对劳动的剥削关系让位于劳动者之间共享自身创造价值的分配关系。一方面,在动态劳动股份的激励下,劳动者通过发挥自身劳动创新能力和劳动协调能力,创造出更多的用于分配的剩余价值或利润;另一方面,在收益分享的机制作用下,劳动者创造的剩余价值或利润又依据持股数量以分红的形式分配给相关的持股员工。从这个层面来说,华为自称是一种合伙制企业是有一定道理的,企业劳动者也是企业虚拟股份的所有者,通过劳动联合的方式结合起来创造和分享企业的价值和收益。在这种情况下,私有制企业中的劳资之间的冲突与对立的景象在华为企业中不复存在。如果说存在劳动关系的矛盾的话,更多的是劳动者与作为联合劳动的企业之间的矛盾,以及目前仍然可能存在的是持股员工与非持股员工之间的矛盾。

四、中国特色社会主义劳动关系新模式的理论思考

我国社会主义劳动关系经历了从计划经济体制下单一公有制经济的劳动关系模式,到市场经济体制下混合所有制经济的劳动关系模式。在劳动关系模式演变的过程中,不仅公有制经济的劳动关系逐渐往市场化、法治化、多元化的方向发展,非公有制经济也形成了以华为企业为代表的合作共享型的劳动关系模式。比较和分析这些劳动关系模式,将为构建新时代中国特色社会主义劳动关系新模式提供借鉴和启示。

(一)当前四种劳动关系基本模式

改革开放以来,为了适应市场经济体制和多种所有制经济结构,我国的劳动关系模式呈现出了多种形式。从社会生产关系,即生产资料所有制形式、劳动与资本的地位和分配关系三个方面来看,劳动关系存在四种基本模式,即以共同劳动为核心、以公有资本为核心、以私人资本为核心、以合作劳动为核心的劳动关系。其中前两种属于公有制企业的劳动关系模式,后两种属于非公有制企业的劳动关系模式。假定企业在一定时期内生产的商品价值量表示为:$w = c + v + m$,其中,c、v、m 分别表示不变资本、可变资本和剩余价值。

模式一:以共同劳动为核心的劳动关系模式。这种模式下劳动力与生产资料直接结合,劳动者平等拥有对所在公有制企业的所有权,并作为企业的共同所有者参与企业经营管理和收益分配。劳动者从企业层面获得自身创造的做了必要扣除之后的所有价值,收入分配的依据是劳动者为企业提供的劳动数量和质量。劳动收入以企业为标准,以货币形式发放,属于市场型按劳分配的形式。用公式可以表示为:

$$y_1 = v + m - \Delta m \tag{1}$$

y_1 表示劳动者获得的收入,Δm 表示用于企业和社会扣除的剩余价值。[①]

模式二:以公有资本为核心的劳动关系模式。这种模式在企业层面来看劳动者与生产资料所有者是分离的,劳动者与企业之间是雇佣劳动关系,他们之间通过劳动力市场以企业生产组织的方式结合在一起,是一种间接结合方式。劳动者不直接拥有对公有制企业的所有权,而且劳动者在企业层面只获得相当于劳动力价值的工资部分,但可以在社会层面分享做了必要扣除之后的社会公有资本总收益。[②] 用公式可以表示为:

$$y_1 = v + (M - \Delta M)/N \tag{2}$$

其中 M、ΔM 分别表示社会公有资本的总利润和必要的扣除,$M - \Delta M$ 表示可用于分配的公有资本收益,N 表示分享收益的人数。

模式三:以私人资本为核心的劳动关系模式。在这种模式中劳动力与生产资料分属于不同的所有者,劳动力与生产资料在资本雇佣劳动的关系下间接结合。生产资料和劳动产品归私人所有,劳动者将会获得劳动力价值即工资部分,而剩余价值或利润将作为资本的回报归资本所有者。在这种劳动关系模式中,劳动者和资本所有者的收入可以表示为:

$$y_l = n, \quad y_k = m \tag{3}$$

其中,y_l、y_k 分别为劳动者收入和资本所有者收入。

---

① 马克思在《哥达纲领批判》中阐述了这些扣除的项目包括:用来补偿消耗掉的生产资料部分、扩大生产的追加部分、保险基金、管理费用、公共设施、救济基金等(参见《马克思恩格斯选集》(第三卷),人民出版社,2012 年,第 361 ~ 362 页)。

② 公有资本收益分享一般通过将一定比例的公有资本利润上缴国家后,以社会分红等形式实现。

模式四:以合作劳动为核心的劳动关系模式。这种模式的前提仍然是私有制经济,但与以私人资本为核心的劳动关系模式又有较大的区别。在这种劳动关系模式中,劳动者与生产资料所有者是统一的,也就是说,劳动者同时也是生产资料的所有者,生产资料的所有者作为企业的一员参与生产劳动。但与公有制企业不同,这里的劳动者拥有公司的股份,却不是集体共同占有,而是将股份根据认股数或配股数归不同的劳动者所有。劳动者在获得劳动力价值即工资的同时,也能够根据企业总体的绩效以分红的形式获取一部分剩余价值。这种劳动关系模式中,劳动者的收入可以表示为:

$$y_1 = v + n(m - \Delta m) \tag{4}$$

其中,n 表示劳动者所持有的股份数量,$m - \Delta m$ 表示可用于分配的企业剩余价值,或可用于分红的企业利润。

(二)基于公平与效率维度的劳动关系模式比较

从劳动价值论来看,经济公平意味着劳动者不仅能够获得劳动力价值,而且能够获得剩余价值,也就是说消除了经济"剥削",假定资本占有越平等公平越高;经济效率意味着劳动者获得的收入与自身提供的劳动数量和质量正相关,假定相关性越高效率越高。用公平与效率两个维度来看以上四种劳动关系基本模式,大致如图 1 所示。①

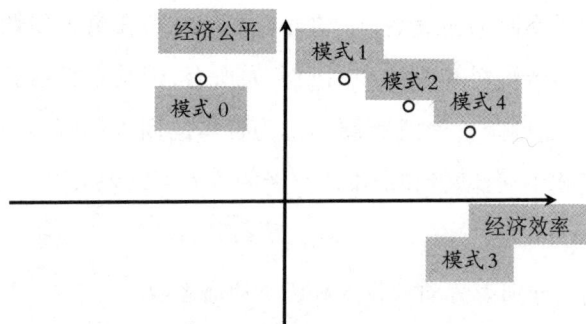

图 1 公平与效率维度的劳动关系模式比较

① 图中模式 0 是指高度集中的计划经济和单一公有制条件下企业的劳动关系模式,由于劳动者平等地占有生产资料,但劳动质量和效率的评估困难,传统按劳分配会导致平均主义的倾向,故会出现高公平低效率的情况。

对于第一种模式,由于劳动者平等占有生产资料,实行按劳分配的原则,劳动者能够获得劳动力价值和一部分剩余价值,因而具有经济公平。在经济效率上尽管比计划经济体制下的传统按劳分配更胜一筹,在这种模式中,劳动力与产品都通过市场来定价,劳动效率和劳动能力越高的劳动者获得的剩余价值也会更高。但由于现实中工资形成的市场化程度不高,一些岗位的聘任仍然采用行政机制,这就使得相对于经济公平来说,经济效率会表现得稍弱一些。

对于第二种模式,劳动者在企业范围内只能获得劳动力价值,而作为共同的生产资料所有者是从社会中领取总体公有资本的利润分红。这就意味着,劳动者能够获得劳动力价值和剩余价值,不存在资本对劳动的"剥削"问题。与此同时,由于劳动者获得的劳动力价值取决于市场竞争,以劳动者提供的劳动数量和质量作为判断依据,因此是具有经济效率的。

对于第三种模式,由于劳动者只获得相当于劳动力价值的工资部分,而独立于劳动者的资本所有者将获得剩余价值,这种分配模式不具有经济公平,劳动者并没有获得他所创造的全部价值,而剩余价值被没有参与劳动的资本所有者所占有。但是从经济效率上来看,由于工资是根据劳动力市场的竞争关系决定的,也就是劳动者所得的报酬取决于劳动者的劳动能力,因此是具有经济效率的。

值得一提的是第四种模式,正是华为企业劳动关系模式的雏形。根据上文分析的,华为企业的员工持股是全员持股,本质上是动态劳动股份,劳动者创造的价值大部分归劳动者所有,并不存在马克思意义上的"剥削"。[①]这就意味着,这种劳动分配关系是具有经济公平性的。同时,劳动者拥有的股份是根据劳动者为企业带来的收益来分配的,这就意味着,劳动者为企业带来的价值与劳动者获得的收益是正相关的,这种劳动分配关系又是具有效率和激励效应的。我们将这种劳动关系模式称为合作共享型模式,合作

---

① 当然,从静态的视角来看,华为大概有一半的员工是不拥有股份的,因此这些劳动者的劳动关系模式类似于第三种,也就意味着存在马克思意义上的"剥削"。

意味着劳动者与企业能够做到高效结合，而共享意味着劳动者与企业共同分享企业利润。

当然，在现实经济当中，这四种劳动关系基本模式并不是独立存在的，而是交叉混合的，这是因为：第一，在社会主义市场经济条件下，存在着混合所有制企业，在同一个企业中就可能同时存在公有制的劳动关系和非公有制的劳动关系。第二，由于公有制和非公有制的实现形式多样化，对于公有制企业来说，可能同时存在第一和第二种劳动关系的混合模式；对于非公有制企业来说，也可能同时存在第三和第四种劳动关系模式。比如华为企业只是 50% 左右的员工持有股份，对持股员工来说对应的是模式四，而对非持股员工来说对应的是模式三。

（三）中国特色社会主义劳动关系新模式的可能方向

从上述的分析中我们知道，华为企业的劳动关系模式以"强劳动弱资本"为特征，以合作劳动而不是私人资本为中心开展生产组织和收益分配。由于动态劳动股份的员工持股模式，在确保经济公平的同时，又不失经济效率。因此这种劳动关系模式兼具有合作性和共享性，是中国特色社会主义劳动关系新模式的重要实现形式。

首先，这种劳动关系模式尽管依托于私有制经济，但却与传统私有制经济有着巨大的区别，它克服了第三种模式中私人资本条件下的经济不公平问题。尽管不是传统意义上的按劳分配，但却具有按劳分配的很多特征：第一，华为企业的全员持股确保了不会受外部资本的控制，利润不会被外部资本截取，劳动是企业收益分配的重要依据，消除了劳动者与资本所有者之间的分配差距问题和资本对劳动的经济剥削问题。第二，实施动态劳动股份制度，劳动者除了获得由市场决定的工资外，还将会以分红的形式得到一部分剩余价值，劳动者获得剩余价值的多少取决于持股数量，而持股数量与自身的劳动数量和质量密切相关。第三，劳动者特别是持股员工具有民主管理企业的权利，华为的持股员工代表会制度为普通员工管理企业提供了通道。华为分配关系的"类按劳分配"特征使其劳动关系模式更具经济公平性。

其次，这种劳动关系模式能够克服第一种模式可能存在的现实低效率问题。在第一种模式中，如果按劳分配是在企业内部通过工资总额的方式来实现，受到工资总额市场化程度的影响，不一定能够反映企业的实际绩效，这势必会影响经济效率。此外，混合所有制企业也难以实行第一种模式的方案，因为若企业的非公有股份部分采取的是模式三的方案，利润将被私人资本所获取，那么公有股份的收益可能会遭受管理者的侵蚀，不利于企业的长期发展。同时，华为的这种劳动关系模式还能克服劳动力市场分割导致的劳动力配置低效率的问题。在我国当前既存在公有制企业，也存在非公有制企业的情况下，如果公有制企业实行的是第一种模式中的按劳分配方式，那么劳动者不仅能获得劳动力价值，还能获得一部分剩余价值的分红。而对于非公有制企业来说，劳动者只能获得劳动力价值，这势必会导致同一市场体系下，不同企业类型的劳动者收入结构不同，直接造成劳动力市场的分割，不利于要素市场一体化发展。

最后，这种劳动关系模式也为构建公有制企业中的劳动关系模式带来了新的启示，提供了可能改造的新方案。公有制为主体、多种所有制经济共同发展，与社会主义市场经济体制和分配制度一道构成了社会主义基本经济制度，①混合多元将是未来中国特色社会主义劳动关系模式的长期特征。华为的劳动关系模式，不仅为非公有制经济带来启示，有条件的私营企业可以增加员工持股比重，在增进企业效率、减少代理问题、促进分配公平上都具有重要作用；也对公有制企业推进劳动关系改革、工资制度改革和人事聘任制度改革方面具有重要的意义。对于公有制企业来说，实施劳动模式与资本模式的相互补充、相互融合将是未来劳动关系探索方向，与此同时，传统的按劳分配方式将会逐渐向合作型劳动关系模式和共享型的分配方式转变，特别是对混合所有制企业可以进行华为模式的改造和升级。比如公有股份作为国家代理持股，收益全民分享，而非公有股份可能更多转化为企业

―――――――

① 参见《中共中央关于坚持和完善中国特色社会主义制度、推进国家治理体系和治理能力现代化若干重大问题的决定》，人民出版社，2019 年，第 12 页。

员工持股,从而将这种劳动关系模式更加完善化和制度化。

严金强

(复旦大学马克思主义学院副教授、硕士生导师)

全球数字劳工研究与中国语境：批判性的述评*

随着传播研究的理论、对象、方法和价值取向的日趋多元化，一些曾被遮蔽的重要议题开始进入传播学者的视野，其中有的已经取得了丰硕的成果，如传播劳动研究。在传播新科技的突飞猛进将劳动数字化、数字技术使用者"劳工化"的趋势下，数字劳工作为最新的分析范畴，逐渐成为传播劳动研究领域的前沿。笔者从四个方面梳理了全球数字劳工研究的政治经济学进路和最新成果，即制造和服务业中的数字劳工、媒介产业中的数字劳工、产消合一者和玩工，以及数字经济中的劳工组织，并从中国语境出发，呈现本土学者对该议题的思考与贡献。最后，笔者批判性地检视了上述研究存在的局限和盲点，这同时也是数字劳工研究新的学术生长点和理论创新之可能的源泉。

信息与通信技术（Information and Communication Technologies, ICTs）的发展极大地改变了资本主义的生产和积累方式，以云计算、大数据和物联网为代表的新技术重新配置了各种生产要素与资源，在扩张性市场逻辑的影响下，带动政治经济向数字资本主义（digital capitalism）转型。① 在这个转型的过程中，随着越来越多从事信息生产、传播、监控的劳动者以数字技术为

---

* 本文原载于《湖南师范大学社会科学学报》2019 年第 5 期。

① See Schiller D., *Digital Capitalism*, MIT Press, 1999.

生产、加工工具,且人类的知识本身不断以数字的形态存在,数字劳工日益成为传播学者研究的重要领域之一,研究议题涉及他们的劳动过程、劳动价值、劳动力再生产、劳动力商品化和控制方式,以及自身特征与主体意识等。

一、数字资本主义的新型劳工议题

马里索尔·桑多瓦尔(Marisol Sandoval)将数字劳工定义为:将信息与通信技术和数字技术作为生产资料的脑力劳动者和体力劳动者,包括生产者和使用者。在她看来,资本对信息与通信技术和数字技术的吸纳加速了资本主义的主要积累空间从"工厂车间"到以大都市写字楼为主的"社会工厂"的转变过程。[①]

根据桑多瓦尔的定义,数字劳工研究不仅聚焦于对工程师、设计师或者媒体从业者工作和日常生活的研究,而且强调对工厂内外生产科技产品的产业工人进行研究的必要性。今天的脑力劳动者和体力劳动者都需要面对新的信息与通信技术、高强度的工作压力、不稳定的工作环境,甚至是随时可能被取代的命运。因此,扩大数字劳工的内涵和外延,而非使用来自意大利自治马克思主义学派的"非物质劳动"(immaterial labour)概念,有助于我们更好地理解不同劳动形式之间的联系。[②] 虽然"非物质劳动"这一概念在构建新型政治主体方面颇有建树,但它却过于偏重产品的最终形式,而忽略了生产工具与生产资料环节发生的根本性变化,强化了脑力劳动者和体力劳动者之间的对立关系。

数字资本主义同样是资本主义,是后者在新技术环境中的延伸,这是传播政治经济学的基本判断,且业已被大量实证研究结果所证实——资本主义并没有随着传播新科技的发展而改变其通过剥削劳动力实现自我增殖的基本逻辑。特雷伯尔·肖尔茨(Trebor Scholz)指出,在数字资本主义时代,

---

① See Sandoval M. ,Foxconned Labour as the Dark Side of the Information Age: Working Conditions at Apple's Contract Manufacturers in China, *TripleC* ,No. 2 ,2015 ,pp. 1383 – 1399.

② See Negri A. ,*Multitude*: *War and Democracy in the Age of Empire* ,Penguin ,2004.

对劳动的剥削以一种更加隐蔽的形式围绕新型的信息技术和网络平台而展开。① 资本家通过将信息技术作为一种控制的工具,加强了全球范围内有关生产活动的传播与协作,实现了资本主义的空间修复与离境外包,②从而将后福特主义发挥得淋漓尽致——工作被传播新科技进一步切割、细分,知识与技能持续并加速贬值,资本完成了对数字劳工的"去技能化"(de - skil-ling)与弹性雇佣,并通过各种通信工具实现对劳动力在劳动场所内外的无差别监视与控制,这些都构成了数字资本主义条件下的新型劳工议题。

二、政治经济学进路的全球数字劳工研究

传播政治经济学作为马克思主义政治经济学在传播领域的应用和延伸,始终秉持着其母体学科的基本理论出发点之一,即将劳动视为价值的源头,并将对资本主义生产关系的理解建立在资本对劳动力剩余价值的剥削之上,这种理解脱胎于传统生产劳动,延伸到知识劳动,继而扩展至数字劳动。在文森特·莫斯可(Vincent Mosco)看来,"数字领域的大部分工人都在昔日产业工人似曾相识的条件下辛苦工作"③。格雷厄姆·默多克(Graham Murdock)尖锐地指出:"马克思对资本主义的分析直指该制度中的核心矛盾——劳资关系的矛盾"④。他强调,任何回避马克思主义政治经济学分析框架,忽视劳动价值论的新媒体和数字技术研究将无法触及真正的问题。本部分将从四个方面梳理全球数字劳工研究的政治经济学进路和最新成果,它们分别是:制造和服务业中的数字劳工、媒介产业中的数字劳工、产消合一者和玩工,以及数字经济中的劳工组织。

(一)制造和服务业中的数字劳工

传播政治经济学指向的劳动研究并不天然带有脑体之分,即"劳心"与

---

①　See Scholz T. , *Digital Labor*: *The Internet as Playground and Factory*, Routledge, 2012.

②　参见陈世华:《信息政治经济学批判》,《南昌大学学报》(人文社会科学版),2016 年第 3 期。

③　[加拿大]文森特·莫斯可:《传播政治经济学》,胡春阳等译,上海译文出版社,2013 年,第179 页。

④　[英]格雷厄姆·默多克:《导言》,载姚建华主编:《制造和服务业中的数字劳工》,商务印书馆,2017 年,第 9 页。

"劳力"之间并不截然对立,这同样适用于对数字劳动的分析过程。有鉴于此,将包括制造苹果设备的富士康流水线工人在内的制造业中的产业工人纳入数字劳工的研究视野,正是将人类劳动作为一种整体来思考的有益实践,因为数字产品并不是脱离"生产后端"而单独存在的"技术前端"。同样地,新兴经济体在数字价值链的每一个环节都产生了对劳动力的需求,从智能手机部件的日常装配到开发新的操作软件和应用系统。

在此,传播政治经济学者格外关注全球劳动者中因信息技术应用的不平衡而导致的新型的"数字鸿沟"。[①] 在米歇尔·罗迪诺-克劳希罗(Michelle Rodino – Colocino)看来,它主要表现为,特权精英启动并控制数字创新过程;中间阶层负责在现有协议的基础上设计出新的应用程序,大量的数字劳工被安排从事日常的装配和服务工作——数字鸿沟的存在更加固化而非挑战了现有的阶级结构。[②] 这种将概念与执行、创意与生产分开的做法恰好是19世纪数学家查尔斯·巴贝奇(Charles Babbage)思想的延伸,他主张把工作的执行分解为不同的过程,这些过程要求不同程度的技能。企业主可以更精确地根据特定的流程来匹配工资率,绝不支付超过必要的部分,而将劳动过程分解为最基础的重复性操作,又恰恰是"工作降格"(work degradation)和资本将工人"去技能化"的最佳体现。[③]

与此同时,传播政治经济学者致力于在更大的空间范围内对数字劳工进行考量,即将数字劳工的分析置于全球体系进入以数字媒体为基础的积累阶段的背景之下,因为任何一个国家只是全球数字生产与劳动分工的一个环节。也就是说,从全球资本积累和价值链的角度切入,制造业中的数字劳工研究能够折射出资本主义在全球范围内结构性的不平等——安妮贝儿·费鲁斯-科米罗(Anbiel Ferus – Comelo)在她的研究中发现,跨国公司已

---

① See Manzerolle V. , Mobilizing the Audience Commodity: Digital Labour in a Wireless World, E-phemera, No. 4, 2010, pp. 455 – 469.

② See Rodino – Colocino M. , Laboring under the Digital Divide, New Media and Society, No. 3, 2006, pp. 487 – 511.

③ See Braverman H. , Labor and Monopoly Capital: The Degradation of Work in the Twentieth Century, Monthly Review Press, 1974.

经纷纷涌入印度,在各邦政府的默许下,将这个国家训练有素的工人迅速纳入资本化的轨道。这些年轻人被锻造成"唾手可得"的廉价劳动力,为"如饥似渴"的消费者市场生产廉价的手机,而这些手机给跨国公司带来了高额的利润。但同时,他们深陷工作无保障、弹性雇佣、收入极低、缺乏安全保护、没有发展与晋升机会、女工与童工泛滥等困境。不过年轻的产业工人并非全无能动性,在印度工会组织的领导下,他们开始跨越既有的边界,尝试团结其他贫民、草根与社区组织,并将国内外的手机生产者和消费者团结起来,从而为公民政治教育打开了更为广阔的空间。①

　　而在服务业中,知识性的生产因其不需要长距离的物质性迁徙,加速了离境外包(outsourcing)的普遍化,在第三世界国家中大规模出现的呼叫中心就是其中的一例。这个过程与全球通信系统的使用密切相关,其运作成本也随着技术的发展不断降低。在贝弗里·西尔弗(Beverly Silver)等学者看来,这就是资本在面对强大工人运动时作出的普遍反映之一,"将生产转移到具有更为廉价和驯服劳动力的地点",即资本的"空间调整"。② 这种调整对于产品原生产地的国家或地区的劳动者而言,意味着工作岗位的骤减;同时,对于接受离境外包的国家或地区的劳动者而言,也并非一个好消息。恩达·布罗菲(Enda Brophy)发现,接受离境外包的呼叫中心的劳动者饱受低薪、高强度工作压力、不稳定的雇佣关系、僵化的管理体制、冷漠的工作环境以及无处不在的电子监控等问题的"折磨"。呼叫中心的劳动者是信息社会中关于工作的、更广阔的社会转型的缩影,这些转型包括大型企业的重组、外包的普遍化、工作中传播形式的强化,以及弹性雇佣实践的深化。他进一步强调,呼叫中心作为传播生产的隐蔽场所,完美地体现了 20 世纪最后十年间资本在追逐利润时所做的策略调整和风险转嫁。离开了这种传播劳动,

---

① See Ferus – Comelo A. ,Free Bird:The New Precariat in India's Mobile Manufacturing, in Maxwell R. (eds.), *The Routledge Companion to Labour and Media*,Routledge,2015,pp. 119 – 129.

② [美]贝弗里·西尔弗:《劳工的力量》,张璐译,社会科学文献出版社,2012 年,第 4 页。

传播资本主义(*communicative capitalism*)也就不复存在了。[①] 虽然这些信息"灰领"的劳动工具是电脑和电话,其直接工作对象是内容、符号和信息,但他们在低工资、低福利状态下从事重复性劳动这一点上和制造业中的"蓝领"别无二致。

对于离境外包的审视让我们更为清晰地认识到世界政治图景的复杂性和流变性,而在这个过程中起主导性作用的仍是资本的扩张和劳动力的商品化。[②] 存在于离境外包这一制度性安排背后的权力不平等,使苹果公司通过在全球范围内外包消费性电子产品的生产来获得超额利润。[③] 这也是伊曼纽尔·沃勒斯坦(Immanuel Wallerstein)笔下现代世界体系的结构性症候,体现着核心国家对半边陲与边陲国家经济的宰制与剥夺,而是否为已开发的经济地区提供原料和廉价劳动力则是判断该地区是否是边陲经济的重要依据。[④] 但核心与边陲之间的关系不是绝对的、一成不变的,在数字资本主义时代,互联网与科技进步的势头此消彼长,如加拿大、新西兰等国家既可以成为一时的核心国家,也可能在下一波科技浪潮中沦为边陲国家;此外,中国和印度正在从边陲国家转变为核心国家。基于这一视角,当前各国间频繁发生的尖端科技领域的纷争与摩擦就不难理解了。

(二)媒介产业中的数字劳工

随着传播新科技的突飞猛进与媒介生态的变迁,大量媒体从业者积极或被动地卷入数字化进程,数字技术渗透到他们劳动过程、日常生活甚至抗争运动等方方面面。处于全球价值链中的媒介数字劳工也无法摆脱资本的影响。

首先,信息与通信技术的发展加速了媒介产业中数字劳工的商品化进

---

① See Brophy E. , The Subterranean Stream: Communicative Capitalism and Call Centre Labour, *Ephemera*, No. 3/4,2010,pp. 470 – 483.

② See Mosco V. , Here Today, Outsourced Tomorrow: Knowledge Workers in the Global Economy, *Javnost/The Public*, No. 2,2005,pp. 39 – 55.

③ See Chan J. , Pun N&Selden M. , The Politics of Global Production: Apple, Foxconn and China's New Working Class, *New Technology, Work and Employment*, No. 2,2013, pp. 100 – 115.

① 参见[美]伊曼纽尔·沃勒斯坦:《现代世界体系》,郭方等译,社会科学文献出版社,2013年。

程,传播政治经济学者对此保持高度的警惕。这一过程是通过劳动过程的"去技能化"和"再技能化"(re - skilling)实现的。何塞·阿尔贝托·加西亚-阿维莱斯(José Alberto García - Avilés)等学者在对英国和西班牙六家数字化新闻编辑室进行观察和访谈研究的基础上,强调随着数字化新闻运作方式的普及,新闻工作者需要不断生产大量新闻节目以满足二十四小时播报新闻节目的要求,因此他们所具有的包括调查能力在内的诸多"创造性"能力被"操作性"能力所取代。这一取代在导致新闻产品质量持续下降的同时,使新闻工作者彻底沦为高度依附于计算机的"鼠标猴"(mouse monkey)。① 在这种"去技能化"和"再技能化"同时发生的过程中,不只是职业技能与技术角色的界限被模糊了,工作与闲暇、办公室与家庭之间的界限也被消解了。

其次,媒介数字劳工成为"无酬劳工"(free labour)的趋势日益明显,他们被排除在有保障的、稳定的劳动关系之外。大量民族志研究发现,"无酬劳动"是目前资本主义数字经济中创造价值的关键,但在卡琳·法斯特(Karin Fast)看来,它却不是一个全新的概念,并不脱胎于网络化的数字时代,而是受到包括奴隶、学徒、兴趣爱好者和志愿者等在内的人类历史上曾经出现过的七种不同"无酬劳工"类型的影响。② "无酬劳工"正是迎合了资本降低生产成本,同时让劳动者而非企业承担风险的诉求。因此,"无酬劳动"剩余价值的积累过程也是资本和劳动力之间相互建构和交织的复杂的历史的产物。

最后,媒介产业中的数字劳工愈发呈现出不稳定的特征。约翰·兰特(John Lent)通过对美国、马来西亚和菲律宾等国家和地区电影业和图书出版业中的动漫创作者经年累月的民族志研究揭示出,跨国集团和财团推进的全球漫画产业的集中化和商业化一味追逐利润,并不强调漫画的艺术价值。为追求劳动力成本最小化,这些巨头采取了外包的策略,挑动全球劳动

---

① See García - Avilés J. et al. , Journalists at Digital Television Newsrooms in Britain and Spain: Workflow and Multi - Skilling in a Competitive Environment, *Journalism Studies*, No. 1, 2004, pp. 87 – 100.

② See Fast K., Örnebring H&Karlsson M, Metaphors of Free Labor: A Typology of Unpaid Work in the Media Sector, *Media, Culture and Society*, No. 7, 2016, pp. 963 – 978.

分工的变化,不仅使得美国很多漫画创作者失去了工作机会,而且使接受外包的漫画创作者面临诸多困境,导致劳动者"双输"的局面。① 这些困境具体包括:动漫创作者对于自己创作的作品不享有所有权、酬劳微薄、工作紧张等。此外,他们因为政府的管制而不得不时刻进行自我审查,这使他们长期处于不安全和孤立的工作环境之中。

(三)产消合一者和玩工

冯建三曾提出这样一个问题:由"计算机、互联网与手机等新技术条件所复苏、扩大或催生的参与、合作与分享的生产模式,固然蓬勃进行,唯这种有偿、无偿、志愿与非志愿的劳动,究竟是一种偏向让人产生赋权经验的'参与'之旅,还是滑向资本增值的航道,从而遭到资本剥削的成分会浓厚些?"② 实际情况是,新媒体平台的用户生成内容(user – generated content, UGC)已经成为数字资本主义新的剩余价值的增长点,包括用户有意识地上传图片和视频,义务为网站进行宣传、翻译,甚至参加有偿或无偿的众包任务,这些都被用于生产新的可以被商品化的内容,或者成为商品化内容(如广告)的载体。在这种情况下,生产和消费之间的边界因为数字技术而变得不再清晰。一方面,资本将个人的生活方式、欲望和知识等统统裹挟进工作之中;③ 另一方面,工作与闲暇之间边界的消融恰恰对应了马克思笔下资本对劳动的"形式吸纳"(formal subsumption)转化为"实际吸纳"(real subsumption)的过程。④

资本之所以能够做到这一点,是因为"资本对于文化和媒体的控制,即对传播生产资料所有权和产品的控制,(使得)受众劳动的'个体性'被不断

① See Lent J., The Global Cartooning Labour Force, Its Problems and Coping Mechanisms: The Travails of the Marginalised Cartoonist, *Work Organisation*, *Labour and Globalisation*, No. 2, 2010, pp. 160 – 172.

② 冯建三:《从〈传播理论史:回归劳动〉看文化与劳动的关系》,《山西大学学报》(哲学社会科学版),2011 年第 4 期。

③ See Read, J., *The Micro – Politics of Capital: Marx and the Prehistory of the Present*, State University of New York Press, 2003.

④ See Manzerolle V., Mobilizing the Audience Commodity: Digital Labour in a Wireless World, *Ephemera*, No. 4, 2010, pp. 455 – 469.

整合到资本流通和积累的过程之中①。从本质上来说,这个过程是对受众劳动剩余价值的剥夺,诚如乔治·瑞泽尔(George Ritzer)和纳森·尤根森(Nathan Jurgenson)所言,作为生产者的用户虽然被赋予使用生产性资源的权力,但他们所产生的利润和价值,或潜在的利润和价值都归属公司。② 瑞泽尔对亚马逊(Amazon)的研究则更清晰地证明了消费者在消费的过程中还承担了生产者的角色,因为他们自己在网上完成了从选购商品到取货的所有工作,但原本这些工作应该由亚马逊员工来完成,用户的能动性并未换来任何报酬,而他们留下的购买信息却成为大数据,继续进入生产循环。③ 可见,除了用户主动生成的内容,其"数字痕迹"同样也被"吸纳"到商品化过程之中,作为大数据挖掘的对象与算法推送的依据,包括网民的浏览和购买习惯、社交圈子、消费品位,以及其他人口学信息——使企业能够在掌握个人"信息地图"的基础上,更精准地进行研发、更有效地预测和引导市场消费,进而为企业带来更多的利润。在这种情况下,齐齐·帕帕科瑞希(Zizi Papacharissi)认为:"隐私已经成为奢侈品。"④以脸书(Facebook)为代表的社交媒体极力推广信息"公开"与"分享"的理念,用户以牺牲自己隐私为代价换取基于社交媒体的社会交往与资源,他们为数字资本主义注入源源不断的"数据燃料"。⑤

尤里安·库克里奇(Julian Kücklich)较早提出了"玩工"(playbour)的概念,并将其定义为,通过玩耍的形式,在其闲暇时间内创造价值的用户。⑥ 他

① Nixon B.,Toward a Political Economy of ' Audience Labour' in the Digital Era,*TripleC*, No. 2, 2014,pp. 713 – 734.

② See Ritzer G.,Jurgenson N.,Production, Consumption, Prosumption:The Nature of Capitalism in the Age of the Digital Prosumer,*Journal of Consumer Culture*, No. 10,2010,pp. 13 – 36.

③ 参见[德]乔治·瑞泽尔:《赋魅于一个祛魅的世界:消费圣殿的传承与变迁》,罗建平译,社会科学文献出版社,2015 年。

④ Papacharissi Z.,Privacy as a Luxury Commodity,*First Monday*, No. 8.

⑤ See Murdock G.,Political Economies as Moral Economies:Commodities, Gifts, and Public Goods, Wasko J., Murdock G&Sousa H (eds.), *The Handbook of the Political Economy of Communications*,Wiley Blackwell,2011,pp. 13 – 40.

⑥ See Kücklich J.,Precarious Playbour:Modders and the Digital Games Industry,*Fibreculture*, No. 1,2005.

通过对游戏模组①爱好者的研究发现:他们除了每日花费大量的时间在游戏中,还通过使用游戏开发者提供的或自己开发的各种编辑工具来打造专属自己的游戏。首先,玩工(即游戏模组爱好者)是游戏公司重要的创造力来源。他们在不知不觉中,为游戏平台吸引了更多的用户,创造了更多的内容,甚至修改游戏中的漏洞以优化用户的体验。他们自发修改和创作的游戏内容成了游戏产业价值和创新的重要源泉,他们的创造性极大降低了公司在研发和营销上的人力成本和其他费用。其次,玩工是无酬劳动力。一来游戏公司的现有制度并没有将模组爱好者纳入有保障的、稳定的劳动关系之中,其本质是对他们劳动的免费占有;二来游戏模组作为一种"无酬劳动"形式的事实往往被休闲娱乐的意识形态和修辞所遮蔽;三来模组游戏的知识产权牢牢控制在游戏公司而非玩家的手中,同时游戏模组爱好者承担着其活动可能引发的一切经济和法律风险。在现实生活中,游戏公司悄无声息地成了最大的赢家。最后,将休闲活动"劳动化"的普遍实践标志着一种新的资本积累模式的形成,即弹性积累模式,玩工的普遍化与之高度匹配。游戏模组爱好者为资本积累贡献了大量的社会必要劳动时间,已经远远超越了兴趣爱好的范畴,毫不夸张地说,他们是游戏产业的生命线。这一模式正在全球不断扩张和蔓延。②

产消合一者与玩工的原子化状态使其很难形成集体身份认同(collective identity),因为他们中的大多数人并没有意识到自己在"劳动",并为资本创造价值,更遑论组织起来成为自为状态下的劳动阶级。③ 新形式的用工关系往往基于劳动力市场的灵活性而富有活力,但这也导致了劳动者就业身份的模糊化,让他们通常被排除在与雇佣关系相连的保护范围之外。④ 因此,

①　游戏模组,即创作游戏修改版本(Modifications,简称 Mods,音译为"游戏模组")。

②　See Taylor N., Bergstrom K., Jenson J., et al., Alienated Playbour: Relations of Production in EVE Online, *Games and Culture*, No. s, 2015, pp. 365–388.

③　See International Labour Organization (ILO), *The Future of Work We Want: A Global Dialogue*, http://www.ilo.org/global/topics/future-of-work/dialogue/lang--en/index.htm.

④　参见国际劳工组织(ILO):《雇佣关系》(报告五),第 95 届国际劳工大会,转引自袁文全、徐新鹏:《共享经济视阈下隐蔽雇佣关系的法律规制》,《政法论坛》,2018 年第 1 期。

传统劳工组织与工会组织面临着巨大的挑战,如何在新的条件下形成团结(unionization)成了它们亟待解决的难题。数字经济的产生一方面促使传统雇佣关系开始松动,另一方面建立在以往社会化大生产与标准雇佣关系之上的一整套劳工保护制度因为灵活而富有弹性的用工条件和劳动过程而变得支离破碎,与劳动相关的各类法律在面对数字技术发展而产生的这些新现象时已显得滞后和力不从心。

（四）数字经济中的劳工组织

邱林川认为:"互联网是资本的场域、剥削劳工的场域,也是社会的场域、阶级形成和抵抗的场域。"[1]那么数字劳工如何才能更有效地以集体组织的方式改变其不稳定的工作和生活现状呢? 在这个过程中,工会组织和政府可以发挥哪些积极的作用? 例如,加拿大的新闻记者不断面临着大量不稳定的因素,包括因为全职岗位减少导致的自雇从业者规模的急速扩张、薪酬水平的停滞不前甚至持续下降,以及逐渐失去对新闻生产过程的控制等。为改变上述状况,尼科尔·科恩(Nichole Cohen)呼吁加拿大职业作家协会(Professional Writers Association of Canada,PWAC)和加拿大自由工作者工会(Canadian Freelance Union,CFU)在改善新闻记者的工作和生活环境,为他们提供交流平台等方面发挥更大的作用。[2] 与此同时,科恩本人也积极投身于加拿大作家组织(Canadian Writers Group,CWG)。该组织是加拿大历史上第一家建立在代理机构——工会组织合作关系之上、代表自由雇佣的新闻记者权益的代理机构。它努力在加拿大出版商和作者之间建立连接和对话的机制,尤其是在合同与薪酬的协商等问题上做出不可替代的贡献。

科米罗以电子制造行业为例,通过对劳动者集体行动机遇和困境的讨论来探究劳工工会化的可能性。她发现,在全球电子制造行业中,工会化的程度非常低,且工会组织的运作缺乏制度性保障。因此,如果工人运动的组织者希望有效地组织和代表工人,他们就必须与其他行动组织或社会运动

---

① 邱林川:《告别 i 奴:富士康、数字资本主义与网络劳工抵抗》,《社会》,2014 年第 4 期。

② See Cohen N., Negotiating Writers' Rights: Freelance Cultural Labour and the Challenge of Organizing, *Just Labour*, No. 17/18,2014,pp. 119 – 138.

建立广泛的联系,后者可能是非营利性、基于社区的实体组织(如高科技企业中的工会组织致力于联合学校、医院和政府机构中的每一位高科技电子产品消费者),也可能是应对某项具体议题的社会运动,如女权运动、环保运动等。此外,马奎拉团结网络(Maquila Solidarity Network)和国际商业机器公司(IMB 公司)劳工抗争的经验表明,工人之间的个体联系和信息交换有益于冲破资方的信息封锁与掩盖真相的行为,同时更好地向劳动者展示行业内的一般工作条件,以便加速劳工联合的形成。① 在迎接国际劳工组织 100 周年纪念日的全球对话论坛上,来自工会组织的代表充分肯定了工会是适应 20 世纪传统雇佣关系的、有效组织劳动者的工具,但在数字经济不断发展的 21 世纪,因为工作和劳动方式都发生了根本性的变革,以往工会组织保护工人的方式已经略显过时,因此他们主张组织新的团体来保障不同行业中劳动者的权益,包括全球产业链上的工人、个体经营者,以及在数字经济(如媒介产业)中的从业者等。

以上四个领域的研究基本囊括了全球数字劳工研究的政治经济学进路和最新成果。这些研究致力于运用马克思主义理论框架,厘清媒介组织与更为广泛的政治、经济、社会、文化等权力之间的勾连关系,深刻地揭示出数字资本积累和增殖的实质,考察劳动是如何在信息资本主义世界体系中被剥夺与异化,以及国家保护、社会福利和工作稳定性被解构与瓦解的过程。在方法论上,这些研究大多采用质性研究方法,如民族志等,依托大量参与式观察和深度访谈,通过对研究对象进行微观的、切实可感的体察,探讨数字劳动领域的劳动关系、劳动过程、劳动力再生产、阶级意识等一系列经典"老问题"究竟发生了何种"新变化"。将数字资本主义的生产和消费过程有机地结合起来,这不仅开拓了传播政治经济学的视野和方法,使它不囿于宏观层面的批判与宏大理论的生产,而且极大地弥补了行政主义取向的传播学研究的盲点。

---

① See Ferus – Comelo A., Paving the Path Toward the Unionization of High – Tech Sweatshops, Trade Union Responses to Globalization: A Review by the Global Union Research Network, *International Labour Office*, 2007, pp. 51 – 62.

三、中国语境：本土学者的思考与贡献

在经济全球化和网络社会的协同作用下，处于转型期的中国社会同样面临数字劳工大量涌现的现状。如乌尔里希·贝克（Ulrich Beck）等所言，中国经历的是"压缩的现代化"，面临着第一现代性和第二现代性"双重强制"的共时性困境。① 也就是说，与西方社会所谓第三产业在吸纳就业方面已经超越第一产业和第二产业不同，中国仍有大量劳动力处于传统的农业和工业部门，从事体力劳动和物质生产。但与此同时，我们不难发现，受过中、高等教育，集中在城市就业的青年人开始全面转向从事非物质的办公室知识劳动，而如前文所述，当代大部分知识劳动已经必须经由数字技术所中介才能实现，因此即使不能说数字劳动已经成为当前中国主要的劳动形式，劳动的"数字化"所带来的影响仍然是结构性的。这主要是因为：一方面，随着I信息与通信技术成为中国经济的主要增长点，中国的产业结构发生了重大调整，这直接导致在信息产业部门或其他部门中从事信息处理与传播工作人员数量的上升，劳动的数字化与数字劳工规模的扩大在某种程度上已经追赶甚至超越了大部分发达国家。另一方面，随着全球经济一体化的深入推进，中国的数字产业已经与全球其他国家紧密地缠绕在一起，如德温·温赛克（Dwayne Winseck）等学者发现，三大中国互联网公司（百度、阿里巴巴、腾讯）在资本结构、所有权和控制权方面已经完全融入世界经济。三家总部位于美国的风投基金持有百度公司初始资本的近30%，其中最多的为德丰杰全球创业投资基金（Draper Fisher Jurvetson ePlanet）的15.6%，腾讯40%的股权由外国机构投资者持有，这个数字在阿里巴巴则高达47.4%。②

在这样的现实背景下，从数字劳工与当代中国社会转型的语境出发，思考和探索中国的数字劳工问题是极其必要的。但遗憾的是，长期以来，传播

① 参见贝克、邓正来、沈国麟：《风险社会与中国——与德国社会学家乌尔里希·贝克的对话》，《社会学研究》，2010 年第 5 期。

② See Jia L., Winseck D., The Political Economy of Chinese Internet Companies：Financialization，Concentration，and Capitalization，*International Communication Gazette*，No.1，2018，pp.30－59.

劳动一直不是中国传播学界的主要议题,学术耕耘不足,规制劳资关系的现有法律也远远落后于数字劳动领域的实践,使中国数字劳工与传统体力劳动者面临着同样的,甚至更为恶劣的系统性风险,如劳动力商品化,技术变迁对工作场所的宰制,新自由主义工作伦理(如鼓励主动超常加班、知识技能迅速贬值、自我监督与残酷竞争、计件工资与淘汰制度),工作的不稳定性(如劳务派遣和弹性雇佣),社会福利的瓦解(如住房、医疗和教育的商品化所导致的脆弱的抗风险能力),以及孱弱的应对和抗争(与传统工人和农民颇为不同的是,知识劳工遇到劳动纠纷时往往采取辞职、换工作等个体化策略而非集体行动来解决问题,当然也有极少的例外)。在与网络平台的力量对比之间,数字劳工处于明显的劣势。此外,大量产生实际价值的"观看"和"玩乐"劳动尚未被视为劳动。

一部分中国学者就上述问题进行了回应,为中国的数字劳工研究做出了开拓性的贡献,如邱林川[1]、潘毅[2]、洪宇[3]等对信息与通信技术制造业中数字劳工的研究,孙萍等对中国小型互联网公司 IT 程序员身份认同与传播实践的研究[4],曹晋[5]、姚建华[6]对中国出版产业中编辑人员的研究,刘昌德对中国台湾地区报业记者"去技能化"的研究[7],胡绮珍、曹晋、张楠华等对中

① 参见邱林川:《新型网络社会的劳工问》,《开放时代》,2009 年第 12 期。

② See Pun, N., Chen J, Global Capital, the State, and Chinese Workers:The Foxconn Experience, *Modern China*, No. 4,2012,pp. 383 –410.

③ See Hong Y., Labor, *Class Formation and China's Informationized Policy of Economic Development*,Lexington Books, 2011.

④ See Sun P., Magasic M., Knowledge Workers, Identities, and Communication Practices:Understanding Code Farmers in China, *TripleC*, No. 1,2016,pp. 312 –332.

⑤ 参见曹晋:《知识女工与中国大陆出版集团的弹性雇佣制度改革》,《传播与社会学刊(香港)》,2012 年第 4 期。

⑥ See Yao J.,*Knowledge Workers in Contemporary China:Reform and Resistance in the Publishing Industry*,Lexington Books,2014;Yao J., Precarious Knowledge Workers in China's Social Transformation—A Study of Editors in the Chinese Publishing Industry,*The Journal of Chinese Sociology*,No. 1,2017,pp. 63 –81.

⑦ See Liu, C.,Deskilling Effects on Journalists:ICTs and the Labour Process of Taiwanese Newspaper Reporters, *Canadian Journal of Communication*, No. 3,2006,pp. 695 –714.

国大陆和台湾地区网络字幕组成员的研究[①]、吴鼎铭对于本土网络视频众包生产的研究[②]、张志华等对网络直播平台主播的研究[③]、梁萌对平台经济中家政人员的研究[④]，陈玉洁对滴滴司机的劳动与行动主义的研究[⑤]，胡慧等对网络文学平台上网络作家群体的研究[⑥]，贾文娟等对中国娱乐资本盘剥实习生的研究[⑦]，以及赵月枝团队对缙云淘宝村的研究[⑧]。一方面，越来越多的学者将他们的本土劳工研究植根于中国独有的丰富且充满活力的日常实践土壤之中，帮助劳动者发声，增加他们的曝光率，体现了马克思主义的基本学术品格。另一方面，作为互联网大国，中国的互联网巨头是否应该为全球最大的网民群体支付红利？ 国家是否应该介入监管，改革数字生产资料（如数据、平台）的所有制，使其在一些方面体现出社会主义公有和"传播公地"的特色？ 这些问题都亟待本土学者进一步的探讨和研究。

四、理论反思与未来研究

通过以上梳理，我们不难看到，中西方数字劳工研究者在劳动过程、劳动控制、抵制剥削和异化等方面取得了一定的成果，但学理探索和对数字劳工进行理论化的进程却是永无止境的。当前研究仍存在局限和盲点，这些

---

① 参见胡绮珍：《中国字幕组与新自由主义的工作伦理》，《新闻学研究（中国台湾）》，2009 年第 101 期；曹晋、张楠华：《新媒体、知识劳工与弹性的兴趣劳动——以字幕工作组为例》，《新闻与传播研究》，2012 第 5 期。

② 参见吴鼎铭：《网络"受众"的劳工化：传播政治经济学视角下网络"受众"的产业地位研究》，《国际新闻界》，2017 年第 6 期；吴鼎铭：《作为劳动的传播：网络视频众包生产与传播的实证研究——以"PPS 爱频道"为例》，《现代传播》（中国传媒大学学报），2018 年第 3 期。

③ 参见张志华、董欣佳：《劳动力商品化视角下的网络直播》，《文艺理论与批评》，2018 年第 1 期。

④ 参见梁萌：《强控制与弱契约：互联网技术影响下的家政业用工模式研究》，《妇女研究论丛》，2017 年第 5 期。

⑤ See Chen J., Thrown under the Bus and Outrunning It! The Logic of Didi and Taxi Drivers' Labour and Activism in the On‐Demand Economy, *New Media and Society*, No. 6, 2017, pp. 1 –21.

⑥ 参见胡慧、任焰：《制造梦想：平台经济下众包生产体制与大众知识劳工的弹性化劳动实践——以网络作家为例》，《开放时代》，2018 年第 6 期。

⑦ 参见贾文娟、钟恺鸥：《另一种娱乐至死？ ——体验、幻象与综艺娱乐节目制作过程中的劳动控制》，《社会学研究》，2018 年第 6 期。

⑧ 参见赵月枝：《中国与全球传播：新地球村的想象》，《国际传播》，2017 年第 3 期。

部分既是未来研究值得关注的,也是数字劳工研究新的学术生长点和理论创新之可能的源泉。

首先,通过借鉴迈克尔·布洛维(Michael Burawoy)的理论,未来数字劳工研究可以考虑转向政治—经济—文化联合分析的理论框架,将意识形态问题纳入研究视野,关注在数字劳工的劳动过程中,劳动者的生产同意是如何形成的,即"数字劳动版本"的"制造甘愿"(manufacturing consent)是如何运作的,[①]不仅从经典马克思主义的理论指引出发,而且在劳动价值论的基本前提下展开政治经济分析,聚焦于数字劳工的"劳动"与生产政体(production regime)之间的互动关系。这一思考路径以及政治—经济—文化联合分析的理论框架尤其适用于创造性地阐释产消合一者与玩工是如何"心甘情愿"地耗费大量时间与精力为新媒体产业贡献劳动成果的。其核心是召唤劳动者的主体性,关注他们的个人体验,以及探讨他们如何参与自我剥削和异化的过程。[②]

其次,未来数字劳工研究,特别是本土的研究还应尝试将考察范围扩大至生产场所之外的领域,将劳动者劳动力再生产的全部过程作为整体来分析,如他们的地缘特征、教育程度、生活方式、社会保障、后代哺育、老人赡养、社会关系,甚至情感生活等各种面向,即从"生产的政治"迈向"生产的政治"与"生活的政治"并重的理念。在工作场景之外,数字劳工并不直接受到资本和国家的控制,学校教育、同乡支持、社区生活都使他们得以突破狭隘的生产政体,意识到自身受到压迫的不合理性,进而"锻炼组织能力、建构团结网络"。[③]

最后,未来数字劳工研究应注意研究对象所具有的主体多样性,也就是说,笼统的"劳工"一词很难精准描述实际上十分复杂的劳动者群体,男工/

① See Burawoy M., *Manufacturing Consent: Changes in the Labor Process under Monopoly Capitalism*, University of Chicago Press, 1979.

② See Burawoy M., *The Politics of Production: Factory Regimes under Capitalism and Socialism*, Verso Books, 1985, p. 10.

③ 参见汪建华:《生活的政治:世界工厂劳资关系转型的新视角》,社会科学文献出版社,2015年,第13页。

女工、移民/本地人、全职工/临时工/派遣工之间的差异非常巨大。在劳资关系与生产政治中，也并不只有阶级抗争和工人运动这一种抵制模式。保罗·约翰斯顿(Paul Johnston)提出，全球化时代的劳工运动强调劳动者在阶级立场以外的多元化的利益和身份，与公民权运动、性别平等运动等其他诉求的社会运动汇聚与合流，这样才能最大限度地发挥其改造社会的潜能，同时共同追求社会公共福利与公正的劳动和生活环境。[1]

姚建华

(复旦大学新闻学院副教授)

徐偲骕

(上海大学文化研究系讲师、上海大学中国当代文化研究中心研究员)

---

[1]　See Johnston P., The Resurgence of Labor as Citizenship Movement in the New Labor Relations Environment, *Critical Sociology*, No. 1/2, 2000, pp. 139 – 160.

灵活就业、新型劳动关系与提高可雇佣能力[*]

伴随着"互联网+"新经济新业态,被认为是非正规就业、非标准就业的灵活就业也注入了新内容,劳动供应方式越来越多样、越来越灵活,劳动关系和劳务关系的辨识也因此越来越复杂、越来越困难,进而对作为劳动法规基石的劳动关系提出了许多待解的新课题,有关灵活就业的工作性质、从属程度、权益边界和保障方式均需审慎认定。建立"互联网+"新型劳动关系的一个迫切要求就是制定针对不同领域不同工作的专门劳动法规,以保证协调和处理有关纠纷时有法可依。政府和工会系统还必须重视有更高能力要求的劳动者"可雇佣性"问题,为他们提供切实可行的能力建设途径和社会保障条件,以增强灵活就业者的"灵活安全性"。

中国的经济发展正进入一个从规模数量向优化质量提升结构转变的新阶段,国家明确支持这个新阶段的新就业形态;"互联网+"的就业模式及其所具有的开放性、兼容性和灵活性特点,已经使得我国"互联网+"就业无论就技术水平、应用范围还是就业规模均居世界前列。从 2007 年到 2016 年这十年,以创新为主要特征的新经济(包括新产业和新业态)年均增长 16.1%(其中新业态年均增长 20.6%),是同期全国经济增长率的 1.9 倍,在新经济

---

　* 本文原载于《复旦学报》(社会科学版),2019 年第 5 期。

中就业年均增长 7.2%（其中新业态就业年均增长 7.7%），是同期全国就业增长率的 22 倍。2016 年，新经济占总 GDP 比重达到 14.6%，在新经济中的就业占总就业比重达到 10.1%；新经济带动其他行业增加值占 GDP 比重为 8.1%，就业占总就业比重为 6.4%，产生了明显的拉动效应。[①] 值得注意的是，新经济新业态新就业也导致劳动关系包括形态、主体和权益保障都发生了深刻变化，传统的劳动者维权方式和工会组织形式面临新的挑战。

一、劳动力市场变局的灵活就业兴起

在许多国家，经过劳动阶级长期抗争和旷日持久的劳资博弈，终于形成了相对平衡的劳动力市场。然而在后冷战不期而至的全球化进程中，人们谈论得比较多的是资本的流动性增强了，其实劳动的流动性也在不断增强，出现了越来越多的"灵活就业"（Flexible Obtain Employment 或 Flexible Employment）。就业的灵活性和降低社会保障水平是不得不适应全球化竞争的主要办法。"劳动力市场的灵活性是指面对经济的变化，就业量或工作时间（劳动投入）或工资（劳动成本）进行相应调整的灵活程度。"[②]劳资双方都表现出短期化行为的机会主义意向，劳动力市场的关系契约正快速向交易契约转变，充满了灵活性和不确定性。

通常的灵活就业主要包括临时工、固定期限的合同工、劳务派遣工、非全日制工和老年工，但伴随着互联网技术的发展，"互联网＋"灵活就业或利用网络平台的灵活就业比例越来越高；"平台-个人"或"企业—平台—个人"连接的灵活就业方式来势迅猛，数量、规模和影响力不断扩大，并明显区别于传统的灵活就业方式。"互联网＋"灵活就业是所谓"零工经济"（Gig Economy），且经常与"共享经济"（Sharing Economy）、"平台经济"（Platform Economy）混用的主要劳动形态，它利用互联网和数字移动终端配置劳动资

---

① 参见中国社会科学院人口与劳动经济研究所：《人口与劳动绿皮书：中国人口与劳动问题报告 No.18——新经济新就业》，社会科学文献出版社，2018 年。

② ［德］桑德林·卡则斯、伊莲娜·纳斯波洛娃：《转型中的劳动力市场：平衡灵活性与安全性——中东欧的经验》，黄安余译，中国劳动社会保障出版社，2012 年，第 1～2 页。

源,通过在线平台(Online Platform)从事各种工作,具有就业灵活、工作时间和场所不固定和工作安排去组织化等特点。研究表明,平台灵活就业者受教育程度要高于传统灵活就业者,年轻化趋势更加明显,就业方式更容易被女性所接受,对外地户籍的劳动者也更有吸引力。[①] 但是灵活就业者的工作满意度差异非常大,这种差异主要取决于他们的个人意愿,以及年龄、性别、受教育水平和技能水平。

根据麦肯锡全球研究院(MGI)《独立工作:选择、必要性和零工经济》研究报告(2017 年),全球范围零工经济劳动者占劳动人口总量的比例已经达到16%(2005 年是 10%);2016 年,欧美 15 个国家这样的自由职业者有 1.6亿,还有 20% ~ 30% 的人或多或少也从事独立非传统的工作。虽然优步(Uber)、来福车(Lyft)与爱彼迎(Airbnb)等被炒得很火,但大部分还是流入了建筑、交通、家政和个人服务领域,医疗、法律和创意产业也是吸引他们的地方。[②] MGI 估计,中国现在有 300 万个零工经济从业者,到 2025 年这个数字很可能增长 20 多倍,从业者将突破 7200 万。《2018 德勤全球人力资本趋势报告》提供的数据是:在美国,有超过 40% 的劳动者受雇于"非传统用工安排",例如临时工、兼职或者零工,这个百分比还在稳步上升,过去五年增加了 36%。在要求受访者预测 2020 年其所在企业的员工构成时,有 37% 的受访者预计合同工会增加,33% 预计自由职业者会增加,28% 预计零工会增加。迫于改善服务、快速应变和发现新技能的压力,人力资源和企业领导正在加快尝试规划并优化劳动力生态系统。[③]

"互联网 +"灵活就业,如网络直播、付费阅读的创作和编辑、视频制作和分享很受年轻人欢迎。以美国维密欧(Viemo)、法国 Dailymotion、中国快手为代表的视频制作和分享平台参与者每日数以千万计,快手注册用户超

---

① 参见詹婧、王艺、孟续铎:《互联网平台使灵活就业者产生了分化吗? ——传统与新兴灵活就业者的异质性》,《中国人力资源开发》,2018 年第 1 期。

② https://www.mckinsey.com/featured – insights/employment – and – growth/independent – work – choice – necessity – and – the – gig – economy.

③ https://www2.deloitte.com/cn/zh/pages/human – capital/articles/global – human – capital – trends – 2018.html.

过 7 亿,每天生产 1000 多万条新内容,日活跃用户也超过了 1 亿。我国网络直播用户已有 3.44 亿(将近网民的一半),不过更多的是通过网络平台移动终端,主要在快递、交通、家政、维修等服务行业从事灵活工作。灵活就业的种类不断丰富,覆盖领域不断扩大,不但有劳动密集型岗位,也有中高端技术类岗位,人工智能、大数据、云计算、区块链等技术的应用对后者有很大需求,还有律师、财务、人力资源等专业性较强的职能型岗位,如兼职的讲师、律师、短期合同工、执业顾问,等等。[1] 除了自由职业者,还有为数不少的全职工作者也在灵活就业,他们在 Uber 和 Lyft 上注册网约车司机,在易贝(eBay)上买卖二手物品,在 Airbnb 上出租民宿……还有报道称全球四大会计师事务所之一的普华永道(PwC)宣布于 2019 年 2 月开始,在香港、内地和澳门正式全面落实"灵活工作"制度。[2]

新兴技术的推广刺激了新经济发展,人们对产品和服务的个性化要求也在不断提高。"互联网+"平台和应用还向传统产业领域渗透进行重组,催生新的经济业态、新的企业组织形式,新的灵活就业方式,将传统"企业-员工"雇佣方式转变为"平台-个体"或"企业—平台—个体"连接方式,越来越多的工作被转包或外包给自由职业者或小型团队,变成无数个 gig(本义是临时出演的工作,接近"跑龙套"的意思)。国家信息中心《中国分享经济发展报告(2017)》表明,2016 年,我国参与分享经济活动的人数超过 6 亿人(比 2015 年增加 1 亿人),提供服务人数约 6000 万(比 2015 年增加 1000 万人),占我国劳动力人口的 6% 以上。可见这两年无论新业态参与者还是就

① 根据上海外服集团的《灵活用工业务现状与趋势报告》(2017 年),从行业上看,灵活用工主要集中在制造业(12.9%)、互联网行业(11.2%)和批发零售行业(9.5%);从岗位上看,灵活用工使用率最高的岗位依次为前台(49.6%)、IT 人员(46.12%)和办公室行政人员(45.69%);从地域上看,上海、北京和广州的灵活用工比例最高,全国一半以上的灵活用工出现在那里(57.5%),其中又以上海最高(35.9%)。灵活用工岗位主要分为"通用型岗位"和"专业型岗位",前者即各行业、各领域都会设置的具有支持性、管理性和职能性的岗位,后者需要特定行业背景或职业技能的岗位。在专业型岗位中,高学历人才集聚,硕士以上学历员工占比达 19.25%;在通用型岗位中,本科以上学历员工也已超过半数,达到 51%。这两种岗位都更青睐年轻员工,40 岁以下员工比例均超过了 80%。参见叶赟:《灵活用工时代到来》,《劳动报》,2019 年 4 月 8 日。

② "普华永道 2019 年 2 月起执行'灵活工作'制度"(中国会计视野),http://news.esnai.com/2018/1217/183846.shtml。

业提供者的增长速度都相当可观。

"互联网+"零工经济大大增强了就业的灵活性,包括:灵活的时间(非全日制用工),灵活的雇佣形式(如劳务派遣),灵活的服务形态(业务外包),以及大量涌现的灵活就业(网络平台用工),体现了新经济形态及产业结构调整的新趋势。国际劳工组织注意到这个新趋势,不再坚持原来的单向倡导(非正规就业向正规就业),而鼓励双向道路(正规就业也可以转向非正规就业)。尽管零工经济并非今天才有,但它现在改变了原先较低技能的阶层属性,快速融入高附加值、高透明度的创新企业和商业模式。近40年来美国企业的内部研发活动比例下降了50%,并且还在继续下降,但它们的研发费用及其与年销售额之比却在上升,说明许多公司的研发已不再是封闭式的了,而是通过外包,由来自世界各地的自由职业者来完成这些研发。当然劳资双方理解的灵活性是很不一样的,雇主关心的是如何随行就市支付劳动报酬,以及更灵活地雇佣或解雇员工,而不必承担他们的保障费用;而对于受雇者来说,灵活性带来了更多的选择性和更大的自主权,但也要面对不可预期的各种变化。

二、催生"互联网+"新型劳动关系

正规的劳动力市场致力于劳资关系的平衡,双方都要获得保护,政府在其中扮演了一个积极的角色,除了推进劳动(资)关系制度化、法律化,还通过制定组建工会、工资谈判、雇佣及解雇管理、失业工伤救济等政策来协调劳资权益纠纷,缓解劳资冲突。[①] 劳动立法、集体协议、司法裁决共同确立了"标准劳动关系"(全职、单一雇主和工资收入),促使劳动关系稳定化。

但是越来越多的灵活就业并不符合标准劳动关系,而与传统的灵活就业更不同的是,"互联网+"灵活就业,"不仅仅是一种新的就业方式,还是以技术的根本性变革为基础的产业模式和企业形态的根本性转变在劳动力市

---

① 参见 ILO:2009. *Protecting people and promoting jobs. A survey of country employment and social protection policy responses to the global economic crisis (Geneva).*

场的表现。技术进步为新经济形态的发展提供了条件，改变了传统的生产方式和产业组织方式，从而影响劳动者的就业方式"①。灵活就业及其所从事的零工经济，提高了劳动就业率，降低了交易成本，盘活了劳动资源利用，因此得到不少国家政府的扶持和推广。"灵活就业岗位的需求旺盛反映出劳动者对灵活性方面的诉求。教育扩展改变了劳动力结构和人力资本水平，一方面劳动者的议价能力不断上升，利益诉求由过去依赖资本，强调薪酬、工时和福利等方面的规范统一，转向强调参与共享生产收益平衡工作与生活的灵活状态。另一方面，政府通过培训来对抗失业、收入不平等的策略不再那么有效。"②灵活就业同时也意味着劳动（资）关系的深刻变化。麦肯锡报告认为，通过研究人们赚取收入的所有方式以及独立工作（相当于灵活就业）带来的挑战，形成的要点：一是数字平台正在改变独立工作，其建立在无处不在的移动设备，通过接触工人和客户群，利用实时信息来制造更多信息以进行有效匹配——目前这些在线市场被 15% 的独立工作者使用；二是尽管有其好处，但独立工作涉及一些权衡——在福利、收入保障措施、获得信贷、培训和证书等问题上还有更多工作要做。③

　　早些时候，人们就提出相对于就业合规性的"非正规就业"（Informal Employment）和相当于标准就业的"非标准就业"（Non – Standard Employment）问题。非正规就业除了就业于"非正规部门"（The Informal Sector），还通常包括其他对技术要求不高的行业。这实际上反映了人们更关注的是工作（Jobs）而不是部门的趋向。由于"互联网 +"带动了许多新型服务行业，

---

① 王娟：《高质量发展背景下的新就业形态：内涵、影响及发展对策》，《学术交流》，2019 年第 3 期。

② 纪雯雯、赖德胜：《网络平台就业对劳动关系的影响机制与实践分析》，《中国劳动关系学院学报》，2016 年第 4 期。

③ https://www.mckinsey.com/featured – insights/employment – and – growth/independent – work – choice – necessity – and – the – gig – economy.

非正规就业因此获得了很大空间,而被灵活就业①概念取而代之。我国的非标准就业情况在早几年主要涉及传统的灵活就业,从业者临时工作多、工资水平低、工作满意度差、工作权益保障和社会保险覆盖率都不如人意。② 与标准劳动关系不同,灵活就业可以同时建立多个劳动关系,工作时间、场所都不固定,劳动关系的从属性被削弱了。"由于雇佣方式的变化、劳动时间和劳动地点的灵活化、付酬方式的多样化等因素,使得劳动者对于用人单位的从属性变弱。劳动者个体的独立性,使得组织从属性变弱;雇佣方式的变化使得劳动者的人格从属性变弱;劳动者能力的提高使得劳动者经济从属性变弱。"③各种灵活就业方式弱化了劳动法规所依托的劳动关系人格从属性、组织从属性、经济从属性,因而出现的新情况找不到相应的法规依据。

与此同时,劳动者的就业观念也发生了很大变化,在"互联网+"时代,年轻人更容易接受网络平台的就业机会,这些"平台-个体"或"企业—平台—个体"连接模式完全不同于原来劳动力市场的契约关系,一些公司会通过平台找到其他公司的员工来解决本公司的项目问题,也可以通过平台来完成以前靠自己几乎不可能完成的项目。"互联网+"连接模式改变了雇佣方式和就业形态,趋于更加灵活的劳务关系。人们注意到,一方面是随着制造业转型升级,技术工人招聘门槛和薪资待遇不断升高,合格产业工人供不应求;另一方面是快递、外卖、网约车等新兴服务业释放了大量较低门槛的工作岗位,年轻人有了新的就业选择,他们纷纷离开流水线重新就业于这些行业。美团点评研究院报告表明,美团骑手的31%来自去产能产业工人,

① 参见《中华人民共和国社会保险法释义》(全国人大常委会法工委、国务院法制办组织编写),按照有关政策文件的规定,"(灵活就业)主要是指在劳动时间、收入报酬、工作场所、保险福利、劳动关系等方面不同于建立在工业化和现代工厂制度基础上的传统主流就业方式的各种就业形式的总称",包括非正规部门就业、自雇型就业、自主就业和临时就业等形式。http://www.mohrss.gov.cn/fgs/syshehuibaoxianfa/201208/t20120806_28571.html。

② 参见王永洁:《国际视野中的非标准就业与中国背景下的解读——兼论中国非标准就业的规模与特征》,《劳动经济研究》,2018年第6期。作者认为,"非标准就业,包括非全日制用工、多方雇佣关系(典型的是劳务派遣)、临时性雇佣(以完成一定工作任务为期限的用工和季节性用工)和非雇佣关系用工(隐蔽性雇佣或依赖性自雇)"。非雇佣关系用工大量出现在网络平台经济活动中。

③ 涂永前·《应对灵活用工的劳动法制度重构》,《中国法学》,2018年第5期。

16%为餐饮业从业人员,13%为个体户和小生意人;从外卖骑手的学历看,高中及以上学历比例为66%,其中大学生的比例为16%。高达24%的骑手保持着学习阅读的习惯。[①] 这在以前是难以想象的。

在劳动关系中,劳动主体形式平等而实质不平等,因此要通过国家(政府)干预来保障劳动者基本权益。劳动关系具有人身隶属性或从属性,即管理、监督和指挥与被管理、监督和指挥的依附关系。灵活就业更接近劳务关系,而后者的当事人没有那些限制,也不受劳动法约束,是平等的民事关系,适用民法和合同法相关条款。我国原劳动和社会保障部2005年《关于确立劳动关系有关事项的通知》提出劳动者的工作属于"用人单位业务的组成部分"也被认为形成雇佣关系,放宽了对用人单位的规定限制,但类似网络平台是否属于业务组成部分则语焉未详,因此网约工是否适用劳动关系就引起许多争议。

灵活就业以弹性工作时间、不固定场所、不稳定薪酬为特征,因此它们的业务范围比较模糊、人事管理比较疏离、薪酬待遇比较多样等难以为现行劳动关系所容纳。"互联网 +"灵活就业更趋灵活性、多样化,进一步增加了它们究竟是劳动关系还是劳务关系的辨识及其权益保护的难度。虽然在理论上,只要受雇的工作及收益有某种从属性,就应签订劳动合同,属于劳动关系,适用劳动法;而如果只是劳务关系,有关协议就应避免体现劳动关系特征的条款,在协议履行中,也要避免出现管理、监督与指挥行为。"劳动关系认定与否并不取决于业态或商业模式,即使在'互联网 +'带来的新业态或新商业模式中,仍然有从属性劳动与独立劳动及中间类型之分,尽管由当事人双方选择签订劳动合同或其他协议,但劳动关系认定所看重的依然是劳动用工事实是否构成劳动关系,而不是双方签约时的'认识'。"[②]问题是,

---

① "中国劳动力新变局:年轻人宁愿送外卖,农民工大量回流中西部"(澎湃·问政),https://www.thepaper.cn/newsDetail_forward_3326681;"钱和自由一个也不能少,这届年轻人宁愿送外卖也不去工厂"(南周知道),http://www.infzm.com/content/147614。这就可以解释,有的外卖小哥获得《中国诗词大会》冠军,或者获得世界拳击组织(WBO)世界112磅职业拳王。

② 王全兴、王茜:《我国"网约工"的劳动关系认定及权益保护》,《法学》,2018年第4期。

新业态的灵活性和流动性,自由职业、多重兼职和流动创业甚至使就业与失业之间的边界也模糊不清了;目前的劳动关系,"是假定在标准就业的基础上,即劳动者与用人单位存在直接雇佣关系。但是对于隐蔽性雇佣和依赖性自雇等用工形式,对于劳动关系的认定、调整以及用工单位职责和义务的明确等方面,尚缺乏充分的法律依据"①。面对这些新情况,劳动法规既要鼓励企业创新经营方式,又要保护劳动者合法权益不受损害,就必须根据灵活就业的特点建立特殊规制,为灵活就业者提供适当保护,包括失业保险、工伤补偿、退休待遇,以及其他各种劳动保障,帮助他们在发生争议时能够取证并有效维权。②

国际劳工组织 2015 年《世界就业与社会展望》报告指出,当前世界经济无法提供足够的工作岗位,全球失业人口已超过 2 亿,人们不得不放弃传统的全职工作模式,现在持有长期雇佣合同的就业者只有 26.4%,有临时或定期雇佣合同的也只有 13%,两者加起来不到四成。③ 尽管灵活就业提供了更多的就业机会,但与劳动供应相匹配的需求并没有出现大幅度增长,劳动力供应过剩的情况依然存在,激烈的竞争仍将迫使灵活就业者降格以求,待遇问题、保障问题使他们普遍缺乏安全感,还要遭遇中间环节(代理商)的转包盘剥;而且他们即便处在同一平台也很少与同事交流,很难形成身份认同,集体行动的能力也比较弱——这些都是新型劳动关系必须认真对待的。

三、重要的是提高可雇佣能力

马克思认为,资本和劳动的灵活性,是"以劳动的确定形式无关紧要为前提"的。"一方面,分工和机器赋予劳动能力以片面性,另一方面,这种劳

---

① 王永洁:《国际视野中的非标准就业与中国背景下的解读——兼论中国非标准就业的规模与特征》,《劳动经济研究》,2018 年第 6 期。

② 近年网约工劳动争议发现,涉及部分行业如网约车的许多案件被认定为劳务关系,另外如快递、外卖等行业的案件大多被认定为劳动关系。

③ 参见章志萍编译:《国际劳工组织发布最新报告:2015 年世界就业与社会展望——日益变化的工作性质》,《社会科学报》,2015 年 7 月 9 日;参见《国际劳工组织就全球劳动力市场广泛存在的不安全性发出警告》,http://www.ilo.org/beijing/information - resources/public - information/press - releases/WCMS_369656/lang - - zh/index.htm。

动能力只作为任何一种劳动的现实的可能性和资本相对立(这就使资本同它在行会工业中的不发达形式有了区别),劳动投向这个方向还是投向另一个方向,要看在这个或那个生产领域里能获得什么样的利润,因此,各种不同的劳动量能够从一个领域转到另一个领域……资本主义生产的特征是,资本和劳动的灵活性,生产方式的不断变革,从而,生产关系、交往关系和生活方式等方面的不断变革,与此同时,在国民的风俗习惯和思想方式等等方面也出现了很大的灵活性。"①马克思的论述有助于我们领会劳动雇佣关系(不一定职业化)不同于劳动关系(资本使用劳动力,具有较强的从属性)。

　　对于资本而言,大量工作可以由灵活就业者来做,企业可以通过网络来进行异地化管理,不但降低了支付固定工资的劳动成本,还减少了缴纳社会保障税费。一段时间以来,美国企业向世界各地输出工作岗位,而忽略了本土劳动者的工作机会,也不曾想用什么方法来帮助他们……这种局面客观上造就了特朗普上台的社会基础。

　　而对于劳动者来说,他们看好灵活就业是因为可以部分平衡工作和生活的关系,传统的全职就业稳定性和安全感下降,也促使较多的新生代劳动者愿意灵活就业,他们利用个人的经验、技能和兴趣,投身多样化和灵活性的工作状态,寻找更适合自己的生活方式。事实上,有的灵活就业者具备很出众的技能,他们之所以选择灵活就业,是因为这种就业带来的丰富性、自由度和更高薪酬。但对于大多数灵活就业者,哪怕是送一份外卖,骑手也要受"四座大山"压迫:平台要订单,商家要销量,物流要收入,用户要准时;况且各种就业歧视比比皆是,大量使用灵活就业和临时工也滋长了"内部人员"的特权。② 灵活就业还对劳动者维权产生了不利影响:弹性工作使每周工作小时难以实施,加班加点成为常态;劳动契约关系越来越淡化,出现了五花八门的临时合约;各种规避劳动法规的行为层出不穷,而相应的惩戒措施却频频失灵;雇佣关系复杂化导致集体谈判难以进行,集体行动更是无从

---

①　《马克思恩格斯全集》(第26卷),人民出版社,1974年,第490页。
②　参见[丹]哥斯塔·艾斯平·安德森:《转变中的福利国家》,周晓亮译,重庆出版社,2003年,第27页。

谈起;网络平台不愿意承担劳动关系要求的责任成本,灵活就业的社会保障问题越来越突出,等等。2007 年,欧盟委员会《应对 21 世纪挑战的劳动法现代化》绿皮书将"劳动力市场灵活安全"列为欧盟社会政策议程的重要议题——要灵活性,还是安全性(主要表现为长期受雇的工作安全,就业能力不断提高的就业安全,即便失业也能获得保障的收入安全),抑或兼顾两者的灵活安全性(Flexicurity)。

一般认为,灵活就业增强了流动性,而流动性增加了不安全感。面对全球化条件的就业竞争,以及"互联网 +"技术和产业更新换代,就业的不确定性、不稳定性已成常态,"可雇佣性"(Employability)这个概念受到了重视。"可雇佣性是关于获得最初就业、维持就业和获取新的就业所需要的能力。"①在我国,可雇佣性包括就业技巧、胜任能力、宏观环境和用人单位的态度要求等因素。"可雇佣性的前提是个人需要具备相应的知识、技能和态度,与职业需要的匹配状况决定了个人是否适合选择某种职业,是否具备如愿的可能性。"②而且可雇佣性不仅仅取决于劳动者自身,还要关注宏观环境(主要是劳动力市场供需结构)和组织态度(用人单位的管理文化等),这就要求具备对环境变化和组织需要有所预测并有相应准备的能力,包括终身学习的能力。"工作岗位对技能的要求更加多样性和复杂化,岗位之间的职责界限变得模糊,工作地点及时间弹性化,这些变化更依赖于员工主动性工作行为。可见,员工的可雇佣能力越强,其人力资本和社会资本越丰富,其选择和转换的空间越广,就业的灵活性更强,提升可雇佣能力是培养灵活性和适应性员工的关键。"③也就是说,聚焦个人进入劳动力市场的技能、潜能和应变能力的可雇佣性,实际上就是劳动者的就业竞争力。

灵活的劳动力市场产生了积极的就业效果,但总有相当一部分人因为

---

① 谢晋宇主编:《可雇佣性能力及其开发》,格致出版社、上海人民出版社,2011 年,第 14 页。
② 宋国学:《基于可雇佣性的职业选择:理念、框架与趋势》,《中国人力资源开发》,2007 年第 6 期。
③ 凌玲:《新型雇佣关系背景下雇佣关系稳定性研究——基于可雇佣能力视角》,《经济管理》,2013 年第 5 期。

可雇佣能力较弱而无法就业。"就当前的就业政策而言,真正的挑战并不在于工资向下调整的普遍灵活性,而在于为能力有限的劳动力创造就业机会,并在必要时为他们提供培训机会。"①为灵活就业者提供包括地方就业计划、专业技能培训、法律援助和求职帮助服务等公共品就十分重要了,这些举措都是为了促进灵活就业的意愿、机会和能力。如果说,传统的灵活就业主要集中在低技能的辅助性领域,从业者往往是因为缺乏技能而被迫选择灵活就业,新业态则要求有更高的适应"互联网+"时代的专业知识、技能水平和交往能力,这就对增强可雇佣性提高可雇佣能力的培训内容和服务方式有很大的主动性需求。②

近年来,各国纷纷推出更宽松更灵活的劳动力市场政策,转向更积极的人力资源投入,以适应全球化竞争与"互联网+"时代的到来。当代中国也不例外,我国劳动力市场新旧矛盾交织在一起,一方面,计划经济痕迹未除,仍然存在城乡有别、体制内外有别的劳动力市场;另一方面,市场经济体制改革不断推进,劳动力供需的结构性矛盾越来越尖锐。但无论如何,要进入劳动力市场的劳动者只有具备较强的可雇佣能力,才能促进充分就业,并在实现就业灵活性的同时增强他们应对风险的能力。

在大多数经济合作与发展组织(OECD)国家,95%以上的大企业、85%的中型企业、至少65%的小企业员工都会使用互联网,这些国家还具备宏观掌握灵活就业技能供需、技能配置及其使用情况的调查与监测系统,为调整劳动力市场的灵活就业管理提供咨询参考和决策依据。中国虽然是后来者,但新经济、新业态的灵活就业发展势头强劲,有些技术应用还走到了世界前列,但在有关管理、监督和法制等领域还有许多工作亟待改进,当前主

---

① [德]弗兰茨·克萨韦尔·考夫曼:《社会福利国家面临的挑战》,王学东译,商务印书馆,2004年,第81页。

② 相比于传统劳动者,新生代劳动者更注重直观利益和个人价值,他们的开放性、学习和应变能力比较强,更关心自己的工作兴趣及发展机会,因此也就更容易接受从关系契约到交易契约的转变,更容易适应劳动力市场的灵活性和流动性,但他们往往以"自我"为中心,热衷于网络交流而不擅长与现实生活的他人打交道,人际交往的能力也比较弱,这就不利于团队合作,这些需要适当干预的心理建设也构成了提高可雇佣性的培训内容。

要是积极寻求与世界银行、OECD 等国际组织合作,构建并不断完善中国技能调查与监测系统;高度重视"互联网 +"灵活就业的职业技能培训和人力资源开发,提高灵活就业者的就业和职业转换能力。考虑到平台企业往往缺乏人力资本投入的积极性,灵活就业就更需要公共就业服务特别是公共性职业培训的服务,包括建立与平台企业合作的公共服务机制,安排有平台企业参与的服务筹资计划,开发"互联网 +"灵活就业的平台信息服务品种等等。在制度层面,要抓紧制定适应新型劳动关系的劳动法规,认定不同业态主体的权责边界,加强监管力度,保障灵活就业者的合法权益。2017 年,国务院印发《关于做好当前和今后一段时期就业创业工作的意见》提出要完善适应新就业形态特点的用工和社保等制度,但这些制度的落实还必须配备更有针对性和可操作性的实施细则。

世界劳工运动的一个重要成果,就是劳动者的工资和福利不再由资本说了算,或简单取决于劳动力供求关系,而是由组织起来的劳工力量(工会)以及劳资双方的博弈实力和谈判技巧决定。但是"互联网 +"灵活就业去组织化的特点瓦解了从业者的谈判能力,虽然现在灵活就业者还是少数,但其扩大态势不容小觑,发展速度不可低估,有关劳动纠纷也与日俱增……如果今后越来越多的劳动者的工作场所不再是车间和办公室——这种可能性绝非夸大其词,就必须刷新灵活就业劳动者和劳动关系的定义,以及想办法团结和组织他们进行维权。

事实上,分散的灵活就业者更加需要有组织的渠道和保护。我国目前参加工会的资格是"以工资收入为主要生活来源或者与用人单位建立劳动关系",这里的"工资收入"就应该包括灵活就业者的劳动收入,而"用人单位"和"劳动关系"的内含还有待扩展。"互联网 +"时代的新型劳动关系对我国工会组织依法协调劳动关系,维护劳动者合法权益带来了许多新课题。尽管近年不时有为"互联网 +"灵活就业量身定制互联网劳动法的呼声,但应该看到,"互联网 +"新型劳动关系也不可能改变劳动关系的本质特征,即雇主(用人单位)劳动管理、监督和指挥的约束性,劳动者仍然处于从属性地位,但由此产生的雇佣双方责任、权利和义务及利益分配又比较接近劳务关系。

我国现在涉及就业的《劳动法》(1995 年实施)、《劳动合同法》(2008 年实施)、《就业促进法》(2008 年实施,2015 年修正)和《工会法》(1992 年实施,2001 年、2009 年修正)都是适用宽泛的法律,已经越来越不适应现在劳动关系复杂化和灵活就业多样性的需求。"劳动合同法和劳动基准大多一般法而少特别法,且社会保险与劳动关系捆绑,这成为劳动法适用范围难以扩宽的重要制约因素。"[1]互联网技术的发展和应用使大量工作从内容到方式更加灵活,雇佣关系更加复杂,灵活就业更加多样,劳动关系的"从属性"更加模糊,因此很有必要根据劳动力市场供求和就业结构新变化,在宪法和专门法所确立的最基本劳动权利(这些权利必须得到严格保护)之外,扩大权利主体的含义,充分认识这种新型劳动关系的特点及其与传统劳动关系的关系,调整现行劳动法规政策的适用范围;针对灵活就业的特殊群体、特殊行业、特殊需求提出相应的劳动标准及专门法规政策,建立线上线下相辅相成的利益诉求表达渠道和维护机制。作为中国所有劳动者的代言人,中国工会还要"强化服务意识,提升服务能力,挖掘服务资源"[2],创新工会组织形态,创新服务与维权相结合的工作机制,并利用网络平台优势,把灵活就业者吸收到各级工会及开展的活动中来,或通过行业工会、社区工会等形式提高他们的组织化程度。

关于灵活就业者的维权,包括如何确定有关最低小时工资、加班费、工伤赔偿等劳动保障要求;在涉及跨国劳动争议或纠纷中,最低劳动标准究竟是以雇主还是以劳动者所在国的标准为依据? 都是首先需要厘清的权益内容。在我国,已经有一些网络平台与第三方商业保险公司开展合作,根据不同岗位需求,开发雇主责任险、账户安全险等个性定制的保险产品,探索灵活就业中各种意外和风险问题的解决办法;第三方的征信机构也在尝试建立灵活就业的诚信档案,鼓励平台提供从业者的行为数据和各种指标,以便

①　王全兴、王茜:《我国"网约工"的劳动关系认定及权益保护》,《法学》,2018 年第 4 期。
②　习近平:《习近平在中央党的群团工作会议上的讲话——切实保持和增强政治性先进性群众性开创新形势下党的群团工作新局面》,《人民日报》,2015 年 7 月 8 日。

政府通过这些数据掌握实际劳务交易情况,根据它们的业绩收缴社会保障税费。我国目前社会保障所含各种保险均以劳动合同为基础,并根据劳动者收入水平缴纳税费,灵活就业的劳动关系松散,收入水平难以衡量,许多从业者因为各种原因没有参加社会保险①;不同地区社会保障规定和实施也存在不小差异,这又对跨地区灵活就业或更换工作的社会保障新增加了难度。对此,中国社会科学院人口与劳动经济研究所《人口与劳动绿皮书(2017)》②建议,应当充分考虑就业方式的调整,对我国税收制度进行改革,并建立居民收入大数据收集制度,综合家庭结构、就业类型,在完善个人所得税申报体系的同时,增强税收和社会保障的互通机制建设,建立自由职业者"按税定保"的社会保障制度,提高社会保障的覆盖率。社会保障体系的保护伞性质,不仅对灵活就业者有强制参保的要求,做得好坏更有赖于是否提供了有激励性的公共政策和便利措施,本身也是社会主义国家政府民生事业和社保机构义不容辞的责任。各种社会保险也要加快从劳动法支撑的社会保障体系,转向劳动法、民法和社会保障法共同维系的社会保障体系。

肖　巍

(复旦大学马克思主义学院教授、博士生导师)

---

① 根据中国就业促进会《网络创业就业统计和社保研究项目公告》(2014 年)的调查,有32.7%的企业网店店主、42%的个人网店店主、75.6%的个人网店受雇员工没有参加社会保险。

② 参见中国社会科学院人口与劳动经济研究所:《人口与劳动绿皮书:中国人口与劳动问题报告 No.18——新经济新就业》,社会科学文献出版社,2018 年。

下 篇

工会工作与职工队伍

重大突发公共卫生事件应对中的工会作为与思考
——以工会参与新冠肺炎疫情应对为例[*]

新冠肺炎疫情引发的重大突发公共卫生事件,对我国经济社会发展和群众日常生活产生了重大影响,是对中国国家治理体系和治理能力的一次大考。疫情发生后,中国工会积极响应党和国家号召,团结动员广大职工群众投身疫情防控及复工复产复市工作,为战胜疫情、恢复生产做出了积极努力。文章从工会自身的性质、角色、职能出发,围绕新冠肺炎疫情背景下各级工会组织的应对实践进行研究,以期为完善工会参与应对重大突发公共卫生事件的制度与机制提供参考。

突发公共卫生事件,是指突然发生,造成或者可能造成社会公众健康严重损害的重大传染病疫情、群体性不明原因疾病、重大食物和职业中毒以及其他严重影响公众健康的事件。① 新冠肺炎疫情是新中国成立以来在我国发生的传播速度最快、感染范围最广、防控难度最大的一次重大突发公共卫生事件,对我国经济社会发展和群众日常生活产生了重大影响,是对中国国家治理体系和治理能力的一次大考。疫情发生后,中国工会积极响应党和国家号召,团结动员广大职工群众投身抗疫防控及复工复产复市工作,为战胜疫情、恢复生产做出了积极努力。回顾工会在本次疫情中的应对实践,总

---

* 本文原载于《工会理论研究》(上海工会管理职业学院学报),2020 年第 2 期。

① 国务院:《突发公共卫生事件应急条例》,http://www.gov.cn/banshi/2005 - 08/02/content_19152.htm.

结应对经验,找出存在问题,明确改进路径,对于进一步提升中国工会应对重大突发公共卫生事件的能力和水平具有重要意义。笔者从工会自身的性质、角色、职能出发,围绕新冠肺炎疫情背景下各级工会组织应对实践进行的研究,以期为完善工会参与应对重大突发公共卫生事件的制度与机制提供参考。

一、中国工会参与新冠肺炎疫情应对的做法与经验

按照中央部署和全国总工会的要求,全国各级工会从工会自身职能和定位出发,自觉服从服务于抗疫工作大局,直接参与面上防控工作、强化医疗救治支援、关心关爱一线职工、助力企业复工复产、加强职工宣传引导、维护劳动关系和谐稳定,在疫情防控、城市运行、市场供应、权益维护、舆论引导等工作中发挥了重要作用,彰显了中国工会在重大疫情危机中的担当和作为。

(一)主动融入国家和地区疫情防控工作大局,形成疫情防控工作一盘棋

疫情危机发生以来,党中央高度重视,习近平总书记亲自指挥、亲自部署,连续做出重要指示和批示。全国总工会明确要坚决贯彻落实习近平总书记重要指示和讲话精神,第一时间发出《关于抗击新型肺炎疫情的倡议书》①,通过远程会议、政策发布等形式多次对全国工会防控工作提出具体要求,号召全国工会系统及广大职工群众参与疫情防控工作。

全国总工会发挥源头参与作用,加强与最高人民法院、国家人社部、发改委、工信部等党政、司法部门联手协作,出台疫情背景下涉及职工就业、劳动关系、企业发展等方面的政策和措施。各级工会在同级党委、上级工会的统一领导下,积极融入所在地区(单位)防控工作大局,很多工会组织作为成员参与所在地区(单位)疫情防控领导小组,在疫情防控中及时提出工会的

---

① 参见《中华全国总工会关于抗击新型肺炎疫情的倡议书》,http://www.acftu.org/template/10041/file.jsp? aid=99685。

意见和建议。有的工会还参与新闻发布会,回应社会和职工关切的问题。各级地方工会也大多成立了疫情防控领导小组,工会主要负责人亲自挂帅,积极贯彻上级决策部署,研究落实本地区工会抗击疫情工作的对策和措施,并通过电视电话、网络视频等各种形式,及时学习传达中央和全国总工会精神,部署本地区工会抗疫工作。可以看出,全国工会系统在党中央的坚强领导下,积极履行职责,了解大局、融入大局、服从大局,自觉将疫情防控工作作为当前最重要的政治任务,把抗击疫情作为践行初心和使命的"主战场",全方位投入疫情防控工作,成为全国抗击疫情的一支重要力量。同时,全国工会发扬"一方有难、八方支援"的优良传统,积极捐款捐物支持湖北工会、武汉工会的抗疫工作。

(二)发挥工人阶级主力军作用,团结动员广大职工在疫情防控工作中攻坚克难

中国工人阶级在长期的中国特色社会主义建设的伟大实践中,逐渐形成了信念坚定、立场鲜明,艰苦奋斗、勇于奉献,胸怀大局、纪律严明,开拓创新、自强不息的伟大品格。各级工会组织在疫情危机应对中,积极动员广大职工群众立足岗位,奋发作为,工人阶级先进性与主力军的优势得到充分体现。广大医务工会动员医护职工,无惧生死、不负重托,坚守在抗击疫情第一线,是打赢这次疫情阻击战、阵地战、决胜战的最美"逆行者"。在火神山、雷神山医院的快速建设中,中建三局工会、中建五局工会动员上万名产业工人投入工程建设,在短时间内克服物流、场地、食宿等种种困难,为我国疫情防控抢得时间,创造了中国奇迹。在保障群众日常生活秩序中,铁路、公路、电信、移动、联通、电力、邮政、环卫等产业工会,充分调动产业工人立足岗位建功立业的积极性,确保供水、供电、供气、交通、环境卫生等不因疫情而运转失序。面对防疫需要,不少国有企业、民营企业紧急转产,原来从事汽车、服装等行业的产业工人经过短暂培训即可转入新战场,跨界生产口罩、防护服等紧缺物资,为中国和世界抗击疫情提供坚强保障。中国制造强大的生产能力、齐全的配套能力、高效的应变能力及中国产业链的综合优势,在工人阶级的共同努力下得到了充分体现。

（三）坚持职工为本,切实做好职工会员的关心关爱及慰问帮扶工作

疫情发生后,中国工会及时关心关爱、慰问帮扶广大职工群众,真正成为职工信赖的贴心人、娘家人。按照全国总工会的通知,各级工会及时设立了疫情防控工作专项资金,专门用于疫情防控保障和关心慰问等专项工作,突出对医护人员的关爱,坚决贯彻中央《关于全面落实进一步保护关心爱护医务人员若干措施的通知》。[①] 在评选表彰方面,全国总工会和各省市工会明确向抗击疫情的一线医务人员倾斜;在帮扶慰问方面,各级工会纷纷加大援鄂医疗队和战斗在防疫一线医护人员的关爱慰问力度,同时协助照护医护人员家属。例如,截至 2020 年 2 月 24 日,湖北工会不断增加医务人员慰问频次,慰问各类医务人员达 13 万人次。[②] 广东、上海工会专门与保险公司签订协议,努力让医护职工及其家属放心开展防疫工作。福建工会针对医护人员推出疗休养、子女看护等八项专项关心关爱举措。江西工会将爱心捐赠物资变成"爱心礼包"送到医护人员家庭,并送上免费理发等温馨服务。各级工会还将出租车、餐饮、商业、宾馆、旅游等受疫情影响较大的一线职工及邮政、快递、运输、环卫等提供抗疫保障的职工作为重点关心对象,深入调研,开展慰问工作。在上海工会的呼吁下,出租车驾驶员的每月"份子钱"在疫情期间相应降低,环卫工争取到了相应的防疫保险。同时,各级工会主动关爱患病职工,上海、广东、北京等省市总工会明确,将新冠肺炎列入工会互助保障重大疾病范畴,开通新冠肺炎保障金给付快速通道,为患病职工提供实打实的关怀。此外,不少地方工会组织还将参加抗疫一线的职工纳入疗休养对象,促进一线职工的身心健康。

（四）坚持主动依法科学理性的维权观,积极做好疫情危机背景下的劳动关系稳定及职工权益维护工作

新冠肺炎疫情导致交通受限、物流阻隔、企业停工,劳动关系、职工就

---

① 参见《中央应对新型冠状病毒感染肺炎疫情工作领导小组关于全面落实进一步保护关心爱护医务人员若干措施的通知》,http://www.gov.cn/zhengce/content/2020-02/23/content_5482345.htm。

② 参见《湖北工会已投入 2 亿多元关爱一线防疫人员》,http://k.sina.com.cn/article_3198471403_bea4cceb02000q757.html。

业、企业经营面临诸多挑战。全国总工会高度重视疫情背景下的劳动关系和谐稳定,与人社部等部门联合下发了《关于做好新型冠状病毒感染肺炎疫情防控期间稳定劳动关系支持企业复工复产的意见》①,全国总工会办公厅下发了《关于做好新冠肺炎疫情防控期间支持企业安全有序复工复产和劳动关系协调工作的通知》②,对疫情期间的工资支付、居家办公、稳岗就业、集体协商及工会法律监督等工作提出具体要求,明确要解决好涉及职工切身权益的劳动关系问题。上海市总工会继续落实"零门槛""应援尽援"法律援助工作要求,并会同上海市企联、上海市工商联联合发布了《关于在疫情防控期间做好企业集体协商工作的工作提示》③,就疫情期间集体协商的原则、代表产生、协商内容和形式等进行明确。广东工会通过线上答问等形式帮助企业职工解答劳资纠纷法律问题。江苏工会发布维权预警提示,对企业工会经费"减、免、缓"政策等进行具体操作明示。宁夏工会通过律师组团讲微课,为广大职工解答疫情期间的劳动关系疑难问题。

(五)坚持正确导向,加强职工科学防疫宣传及思想教育引领

面对疫情防控中出现的各种杂音及谣言,各级工会充分运用报纸、网站、微信、微博等多种阵地和渠道,坚持正面引导、主动发声,唱响主旋律,弘扬正能量。上海工会统筹《劳动报》、申工社及各级工会微信公众号等传统媒体与新媒体,加强新冠肺炎知识普及、自我防护知识介绍、科学防控知识宣传,引导职工消除恐慌、积极应对;大力宣传习近平总书记重要讲话与指示精神,宣传中央决策部署,形成全国上下一心、全力抗疫的良好氛围;大力宣传广大职工群众、各级工会组织的"抗疫"故事,让身边人教育身边人、感动身边人。辽宁工会组织职工采取原创诗词、书画、朗诵等艺术形式,通过

---

① 参见《人力资源社会保障部 全国总工会 中国企业联合会/中国企业家协会 全国工商联 关于做好新型冠状病毒感染肺炎疫情防控期间稳定劳动关系支持企业复工复产的意见》,http://www.acftu.org/。

② 参见《全总办公厅就做好新冠肺炎疫情防控期间支持企业安全有序复工复产和劳动关系协调工作下发通知 协助做好稳就业工作 切实维护职工合法权益》,《工人日报》,2020年3月3日。

③ 参见《关于在疫情防控期间做好企业集体协商工作的工作提示》,《新民晚报》,2020年2月18日。

音频、视频等讴歌抗疫战线上的先进事迹。针对一些职工面对疫情存在的焦虑、恐惧心理,贵州、福建等工会开通心理援助服务热线,加强对疫情防控知识的传播和指引,坚定职工战胜疫情的信心。与此同时,河北等工会还运用网上"工匠学院"、在线课堂等形式,提供各类形势教育、技能培训视频,引导职工在抗疫的同时学习中央抗疫的政策和精神、提升职业技能。北京、上海工会开发了抗疫微课堂,就疫情背景下的劳动关系、权益维护、经费使用、心理疏导与工会作为等内容进行授课,为广大工会干部及职工提供特殊时期的特殊课程。通过教育引导,广大职工群众增进了对疫情防控的形势、政策、任务的了解,增强了自觉支持、积极参与抗击疫情的主动性、能动性与必胜信心。此外,各级工会在推荐评选劳模、五一劳动奖章等荣誉中,也将参加抗疫一线职工作为重点对象,营造崇尚英雄、争做英雄的良好氛围。

（六）直面疫情挑战,积极组织工会志愿者及劳模工匠参与群防群治

防控重在一线,各级工会响应党委号召,安排工会干部赴一线开展工作。湖北作为疫情防控重灾区,湖北省总工会专门成立武汉市防疫工作组下沉社区,与社区网格员一起深入居民家中送菜、送物资、买药。湖北一些地区的工会干部,直接参与所在社区防控工作,有的还当上了楼组长。上海工会召集专职工会干部志愿者不仅下沉社区,还到医院、机场等重点区域,协助开展相关疫情防控工作;同时,动员广大劳模、工匠投身抗疫一线。湖南省各级工会派选工会干部进入企业,担任驻企防疫联络员,帮助企业抓疫情防控,并协助开展相关工作。云南省总工会下属的工人疗养院还承担了湖北滞留昆明游客安置观察任务,努力为他们做好服务工作。浙江省总工会发动工会干部、工会志愿者、劳模先进、职工群众全面参与疫情防控工作。

（七）服务企业发展,有效推动企业有序复工复产复市

各级工会坚持促进企业发展、维护职工权益的工作原则,深入调研企业复工复产中的具体问题,纷纷推出一系列服务企业发展、支持企业复工复产的举措。全国总工会率先出台了支持企业复工复产的相关政策,各省、直辖市总工会也及时出台相关文件。如北京市总工会出台了《关于进一步支持

企业复工复产保障职工权益的若干措施》①,天津市总工会下发了《关于推动企业复工复产助力疫情防控和经济社会发展"双胜双赢"的通知》②,海南省总工会出台了《关于做好疫情防控期间保障职工权益支持企业复工复产的十条措施》③,浙江省总工会制定了《深入开展"三服务"活动,助力企业疫情防控和复工复产工作方案》④,31 个省级工会通过工会经费减免、扩大工会经费慰问支出等综合性举措为企业复工复产提供工会方案。对于地(市)、县、街镇总工会及广大基层工会来说,则主要是推动相关政策落地,因地制宜解决企业的急难愁问题。浙江各级工会通过"工会服务专员""复工服务小分队""三服务工作组"等形式,着力把服务落在企业复工复产的关键点、紧要处。上海、广东、河南、安徽、福建等各级工会对节后企业用工难、用工荒等问题进行深入调研,通过网络招聘等形式帮助企业解决用工难题,并为企业在疫情防护、劳动保护方面提供支持。辽宁省盘锦市总工会联合保险公司,为复工企业提供"平安复业无忧"保险。甘肃工会与福建工会实行爱心接力,连接甘肃到福建的务工火车专列,助力企业复工复产。

(八)凝聚思想共识,号召各级工会、职工与企业共克时艰

突如其来的新冠肺炎疫情,给大多数企业带来了不同程度的冲击,餐饮、旅游、宾馆、商业、外贸及劳动密集型的制造业受到的影响尤为突出。疫情一发生,全国总工会即发出倡议书,号召全国各行各业的广大职工和各级工会干部迅速行动起来,为做好疫情防控工作贡献智慧和力量。全国总工会还明确要求,各级工会要广泛宣传协商理念,采取发布指导意见、开展线上讲座、向企业发出提示函等方式,向企业与职工宣传"有事好商量、遇事多商量"的理念,引导职工发扬工人阶级识大体、顾大局的优良传统,关心企业

---

① 　参见《北京市总推出"九项措施"支持复工复产保障职工权益》,http://acftu. workercn. cn/110/202002/24/200224102525265. shtml。

② 　参见《关于推动企业复工复产助力疫情防控和经济社会发展"双胜双赢"的通知》,http://www－main. tjftz. gov. cn/bsq3/system/2020/03/06/010131465. shtml。

③ 　参见《海南省总工会十条措施做好疫情防控期间职工权益保障》,https://www. sohu. com/a/377073322_100117618。

④ 　参见《浙江省总工会组建服务小组深化"三服务"活动 深入企业以"五送"助"两战"》,http://www. acftu. org/template/10041/file. jsp? aid＝99844。

生存发展、帮助企业战胜困难。在全国总工会号召下,各级工会充分借鉴在应对金融危机时的有效经验,积极引导广大职工与企业抱团取暖,共渡难关。上海等工会明确提出,工会要把企业面临的困难挑战和应对措施,通过各种形式及时向职工公开,争取职工的理解和支持,并通过协商方式引导职工与企业形成命运共同体。广东工会明确要求各级工会牢牢把握"同舟共济、共克时艰"的要求,通过集体协商保障职工权益、促进企业发展。河北、贵州等工会要求发挥劳模先进、工匠人才带头示范作用,大力弘扬劳动精神、劳模精神、工匠精神,以实际行动带动广大职工在各自岗位上勇担当、讲奉献,助力企业有序发展。北京、湖南、浙江、重庆、宁夏等省(区、市)工会则通过协调劳动关系三方委员会向企业和职工发出倡议,号召风雨同行、携手共济。

中国工会在参与新冠肺炎疫情应对中,按照党中央的决策部署,见事早、行动快、动员广、措施实,形成了全国工会合力抗疫的良好局面,为疫情防控工作做出了积极的贡献(见表1)。

表1 中国工会参与新冠肺炎疫情应对举措汇总

疫情阶段	工会应对举措	实施主体
疫情全程	学习宣传贯彻习近平总书记重要讲话及党中央决策部署	各级工会组织
	加强防疫知识普及、职工思想教育引导	各级工会组织
	利用工会媒体阵地及时宣传中央政策、抗疫先进事迹等	各级工会组织
	关注疫情背景下的劳动用工、就业及职工权益维护工作	县级以上工会组织
	畅通12351及职工援助服务渠道	县级以上工会组织
	开展职工心理咨询与疏导	各级工会组织
	通过多种渠道调研了解情况及时向有关部门反映	各级工会组织

疫情阶段	工会应对举措	实施主体
疫情初期	向职工及工会组织发出倡议书	全总及省级工会组织
	参与本级疫情防控指挥部工作	县级以上地方工会组织
	成立本地区工会疫情防控工作领导小组	县级以上地方工会组织
	会同国家及本地有关政府部门出台疫情期间有关职工就业、劳动关系、权益维护的文件	全总及省级工会组织
	成立工会疫情防控工作专项资金	各级工会组织
	明确将新冠肺炎列入重大疾病互助保障计划	全总及省级工会组织
	开展向武汉等地区捐赠抗疫资金、物资活动	省级工会组织
疫情中期	动员医务人员积极参加病人救治工作	各级医务工会
	动员交通、环卫、通信等行业职工做好抗疫保障工作	各相关工会组织
	动员建设等行业职工推进应急医院建设	各相关工会组织
	动员相关企业加班加点生产防疫物资	各相关工会组织
	组织动员本地职工赴湖北抗疫	省级总工会
	组织动员工会志愿者参与属地社区、医院等防疫工作	各级工会组织
	动员劳模、工匠等发挥模范作用协同抗疫	各级工会组织
	做好医护、快递、环卫等抗疫一线职工关心慰问工作	各级工会组织
	做好出租、餐饮等受疫情影响大的行业职工的关心工作	各级工会组织
	利用工会疗养院资源提供人员隔离场所	省级以上工会

续表

疫情阶段	工会应对举措	实施主体
疫情后期	会同相关部门出台稳定劳动关系及支持复工复产的政策	全总及省级工会组织
	参与地方政府新闻发布会发布工会有关政策与信息	省级工会组织
	参与做好职工返岗复工各项工作	各级工会组织
	推动企业做好疫情期间的集体协商工作	各级工会组织
	引导职工与企业抱团取暖共渡难关	各级工会组织
	加强工会劳动法律援助,维护职工权益	各级工会组织
	参与化解劳资矛盾及群体性劳资纠纷,构建和谐劳动关系	各级工会组织
	搭建网络招聘等平台,服务企业招工与职工就业	县级以上工会组织
	创作音乐、诗歌、摄影、影视及文学作品等讴歌抗疫事迹	各级工会组织
	开设工会抗疫微课堂,宣讲有关劳动用工及保护政策	县级以上工会组织
	开展抗疫一线职工疗休养工作	县级以上工会组织
	推荐评选疫情防控先进集体及个人	各级工会组织
	回顾总结工会抗疫工作,完善工会应对疫情危机工作预案	各级工会组织

注:根据工会参与疫情防控公开报道资料梳理汇总而成,实际举措包括但不限于此。

二、中国工会参与新冠肺炎疫情应对的若干启示

在应对新冠肺炎疫情中,中国通过世界侧目的防控举措,在短时间内逐步将危机化解,赢得了世界各国的积极评价。世界卫生组织总干事谭德塞认为:"中方行动速度之快、规模之大,世所罕见,这是中国制度的优势,有关经验值得其他国家借鉴。"[①]在这场人民战争、总体战、阻击战中,工会积极履职,主动作为,也是中国工会制度优势的体现。

---

① 《世卫组织评价中国抗击疫情行动:速度之快、规模之大,世所罕见》,http://m.gmw.cn/baijia/2020 – 01/30/1300908279.html。

（一）工会参与重大疫情危机应对，必须坚持自觉接受党的统一领导

中国共产党领导是中国特色社会主义最本质的特征，是中国特色社会主义制度的最大优势。工会是党领导下的工人阶级的群众组织，政治性是工会组织的灵魂，是第一位的。保持和增强工会工作的政治性，关键是必须自觉坚持党的领导。坚持党的领导，是工会的历史选择和优良传统，也是工会的政治立场和政治原则。自觉接受中国共产党的领导，团结引导职工群众听党话、跟党走是中国工会的政治责任。从工会组织的诞生、发展和实践看，在革命、建设和改革开放的各个时期，中国工会就始终紧紧团结在党的周围，始终同党中央在思想上政治上行动上保持高度一致。新冠肺炎疫情发生后，党中央高度重视，迅速作出部署，全面加强对疫情防控的统一领导。正是党中央的坚强领导、统一指挥，总揽全局、协调各方，科学决策、精准施策，举国发动、齐心协力，我国才迅速地扭转疫情蔓延发展势头，打赢武汉保卫战、湖北保卫战，迎来全国抗疫的胜利。工会在参与这次疫情危机处置中，始终坚持自觉接受党的统一领导，坚决贯彻落实习近平总书记的重要讲话和指示精神，坚决贯彻落实党中央的决策和部署，坚决贯彻党的意志和主张，自觉维护党中央权威，把疫情防控工作作为当前最重要的政治任务，发挥好党和职工群众的桥梁纽带作用，团结动员广大职工投身疫情防控工作。中国工会的政治性，在这次抗疫过程中得到了充分体现和检验。

（二）工会参与重大疫情危机应对，必须坚持全心全意依靠工人阶级的方针

工人阶级是我国的领导阶级，是我国先进生产力和生产关系的代表，是我们党最坚实最可靠的阶级基础。在党的领导下，我国工人阶级在革命、建设和改革的各个时期充分发挥主力军作用，做出了彪炳史册的杰出贡献。党的十八大以来，以习近平同志为核心的党中央，将全心全意依靠工人阶级基本方针放到更加重要的位置，明确指出不论时代怎样变迁，不论社会怎样变化，我们党全心全意依靠工人阶级的根本方针都不能忘记、不能淡化，我国工人阶级地位和作用都不容动摇、不容忽视；明确要将之体现到党和国家政策制定、工作推进的过程中。在这次疫情大考中，我国工人阶级再次发挥

了主力军作用，成为打赢疫情防控阻击战的"硬核"力量。无论是抗疫一线的医护人员，还是参与火神山医院、雷神山医院和其他方舱医院建设的建筑工人，以及确保社会秩序正常运转的各类职工群体，他们不畏风险、走在前列、勇挑重担，全力做好重点防疫项目建设、交通运输、物资生产、服务保障、复工复产等工作，充分体现了工人阶级特别能吃苦、特别能奉献、特别能战斗的崇高精神，充分体现了工人阶级的组织性、纪律性和大公无私、团结互助的优良品质，充分证明工人阶级不愧为坚持中国道路的柱石、弘扬中国精神的楷模和凝聚中国力量的中坚。中国工会是工人阶级的群众组织，工会在应对重大疫情危机时，就要按照工会组织先进性的要求，团结动员职工群众贡献智慧和力量。

（三）工会参与重大疫情危机应对，必须坚持工人阶级和工会组织的团结统一

列宁曾说过："工人阶级的力量在于组织。"①与资本主义国家工会不同的是，中国坚持工人阶级和工会组织的团结统一，全国建立统一的中华全国总工会，这是中国工会的一大特点。在这次疫情大考中，工人阶级团结统一的特点，在中国集中力量办大事的制度优势中得到充分体现。中国工会坚持不分民族、种族、性别、职业、地域、宗教信仰、教育程度，最广泛地、最大限度地将职工群众组织起来，实现了工人阶级和工会组织的团结统一。因此，在党中央的号召下，工会组织与广大职工就能即时响应，以主力军姿态投入抗疫防护、复工复产第一线。这与资本主义国家和地区的多元工会制度存在较大的差异。一些国家和地区内部政党掣肘、工会组织多元，职工利益分化，在应对疫情危机时往往难以达成最大共识、形成集中力量、汇成总体效能，复制中国抗疫经验就显得相对困难。长期以来，一些敌对势力总是想方设法对我国职工队伍进行渗透和破坏，意图建立"第二工会""民间工会""独立工会"。通过这次疫情大考，中国工会将更加清醒地认识到，必须旗帜鲜明地维护工人阶级和工会组织的团结统一，这是中国工人阶级和工会组

织的力量所在。

（四）工会参与重大疫情危机应对，必须坚持构建和谐稳定的劳动关系

劳动关系是生产关系的重要组成部分，是最基本、最重要的社会关系之一。劳动关系是否和谐，事关广大职工和企业的切身利益，事关经济发展与社会和谐。中国工会坚持"促进企业发展、维护职工权益"的工作原则，在维护全国人民总体利益的同时，更好地表达和维护职工的具体利益，教育引导广大职工与企业抱团取暖、共克时艰。这与西方工会往往只是片面地强调职工眼前利益而不顾企业生存发展的做法明显不同。中国工会作为国家治理的重要主体之一，结构性嵌入国家治理体系中。从法团主义视角来看，工会组织被赋予参与国家治理的重要角色与功能，其相应也要承担教育引导联系的会员服从于社会整体秩序及利益。这也是中国工会履行教育职能的内在要求。中国工会作为劳动关系的重要一方，作为职工利益的代表者和维护者，在履行维护职责时必须准确把握好"维护什么、怎样维护"的问题。特别是这次疫情危机给企业经营、群众生活造成较大困难，对劳动关系稳定带来较大冲击。例如，延长假期的工时计算、隔离期间的工资支付、疫情引起的企业裁员等问题，都直接涉及职工的切身利益，受到职工的高度关切。在这次疫情大考中，全国总工会出台了相应的指导意见，指导各级工会充分发挥三方协商机制和集体协商在协调劳动关系中的作用，维护职工队伍稳定，助力企业复工复产。各级工会则重点通过创新集体协商方式，平衡企业发展与职工维权的关系，探索了工会微课释疑、街镇工会上代下指导协商、成功协商案例推广等各具特色的工作方式。同时，对于损害职工合法权益的问题，特别是对疫情期间欠薪等损害职工切身利益的问题，工会组织坚持原则，旗帜鲜明而且快速及时地帮助职工维权。总之，面对疫情期间的劳动关系问题，中国工会维权的原则性与灵活性得到充分体现。

（五）工会参与重大疫情危机应对，必须立足于工会自身职责、资源与优势

坚守自身职责与功能定位，用好资源发挥优势，是一个组织生存发展的内在逻辑，也是一条基本规律。深入分析此次重大疫情危机应对过程，中国

工会始终坚守群团组织的基本定位,紧紧围绕自身职责开展工作。中国工会的基本职责是维护职工合法权益、竭诚服务职工群众,此外还承担建设、参与、教育等职能。

工会参与疫情防控应对,不能脱离工会自身的职责和定位,只有将党政所盼、职工所需、工会所能有机结合,才能取得实效。面对疫情快速变化,各级工会没有偏离自身的职责范围、离开所联系的职工群众去开展工作,而是牢记自身定位,坚决贯彻党的群众路线,一方面围绕党政疫情防控大局搞好"公转",另一方面又针对不同职工群体特点提供相应服务搞好"自转",将"公转"和"自转"有机结合起来,真正做到了习近平总书记所强调的"不论职能如何拓展,基本定位要守住不放,不要种了别人的地、荒了自己的田"①。同时,重大疫情危机应对中,中国工会注重充分利用自身的资源和优势。中国工会有政治优势、组织优势、制度优势、群众优势、资源优势,这些优势在这次疫情防控中得到了充分显现。工会团结动员广大职工听党话跟党走就发挥了工会的政治优势;中国工会的团结统一、工会源头参与疫情防控等,则是工会的制度优势所在;全国各级工会组织上下协同、亿万职工会员众志成城,彰显了工会的组织优势和群众优势;工会充分利用自身的人力、财力、物资资源支持抗疫,体现了工会的资源优势。

特别值得一提的是,中国工会在重大疫情危机应对中,始终坚持实事求是的原则,注意根据疫情发展情况,把握不同阶段的主要矛盾和矛盾的主要方面,找准工作切入点,从而更好地履行职责、用好优势。例如,在疫情暴发初期,各级工会重在宣传教育引导职工重视疫情、科学防护,密切关注疫情对企业、职工的影响;在抗疫攻坚阶段,组织动员广大职工群众投入抗疫斗争及保障工作,并做好抗疫一线职工的关心关爱工作;在疫情平稳好转阶段,各级工会又转向推动企业复工复产、倡导劳资双方集体协商、引导企业与职工抱团取暖、维护劳动关系稳定、动员职工群众建功立业等。

---

① 《习近平关于社会主义政治建设论述摘编》,中央文献出版社,2017年,第215页。

三、完善工会参与重大突发公共卫生事件应对机制的思考

改革开放以来,中国已经发生多起重大突发传染病疫情危机。中国工会在党的统一领导下积极参与疫情应对,工会组织的独特作用得到充分体现。同时,我们也发现工会在应对中还存在不少困难和问题,如工会制度化参与各级疫情防控领导小组或指挥部还不到位、工会内部自上而下"一竿子到底"的信息传输还不够畅通、各地工会应对危机的经验和做法还没有进行很好的总结。这次新冠肺炎疫情来势之猛、影响之大、动员之广,给工会组织应对疫情提供了实践场,也给工会组织总结应对经验、完善应对措施及制度机制提供了很好的契机。

(一)切实将工会纳入重大突发公共卫生事件应对的重要主体

习近平总书记指出:"工会是党联系职工群众的桥梁和纽带,工会工作是党的群团工作、群众工作的重要组成部分,是党治国理政的一项经常性、基础性工作。"①党的十九届三中全会也明确将形成"联系广泛、服务群众的群团工作体系"作为"构建系统完备、科学规范、运行高效的党和国家机构职能体系"的四大体系之一,"推动人大、政府、政协、监察机关、审判机关、检察机关、人民团体、企事业单位、社会组织等在党的统一领导下协调行动、增强合力,全面提高国家治理能力和治理水平"。② 可以看出,中央是将工会作为国家治理体系的重要主体来定位的。重大疫情危机往往会影响到职工的生产和生活,理应在相关的应对领导机构中吸收工会作为成员单位,以便在重大政策决策中听取工会的意见。早在 1985 年,中共中央办公厅就发文明确"吸收工会参加涉及职工利益的各项重大改革的领导机构"③。《国务院关于

---

① 习近平:《在庆祝"五一"国际劳动节暨表彰全国劳动模范和先进工作者大会上的讲话》,《人民日报》,2015 年 4 月 29 日。

② 参见《中共中央关于深化党和国家机构改革的决定(2018 年 2 月 28 日)》,http://www.gov.cn/zhengce/2018 - 03/04/content_5270704.htm。

③ 《中共中央办公厅、国务院办公厅转发全总党组〈关于工会参加党和政府有关会议和工作机构的请示〉的通知》,《中国工会四十年资料选编(1948—1988)》,辽宁人民出版社,1990 年,第1114 页。

全面加强应急管理工作的意见》也明确:"要切实发挥工会、共青团、妇联等人民团体在动员群众、宣传教育、社会监督等方面的作用,重视培育和发展社会应急管理中介组织。"①但必须承认的是,工会组织的地位和作用,在不同层级、不同地方还是不平衡的,受到的重视程度不一。这就导致有的地方在研究决定有关企业、职工、劳动关系的重大问题时,并未将工会纳入相应的议事决策机构,重大疫情应对中也是如此。在这次疫情应对中,有的地方由于没有工会参与疫情应对领导小组或指挥部,缺少代表职工的工会声音,往往在劳动关系处理、职工权益维护、一线职工防疫物品统筹等方面存在一定的缺陷。因此,建议从中央到地方的重大疫情应对领导小组或指挥部应将同级工会纳入成员单位,议事决策中听取工会组织的意见和建议。

(二)完善工会参与重大突发公共卫生事件应对的法律保障

目前国家在突发公共卫生事件方面的法律法规还是比较健全的,如《突发事件应对法》《传染病防治法》《突发公共卫生事件应急条例》等。然而遗憾的是,这些法律法规中并没有将工会等群团组织纳入危机应对组织体系,没有明确相应的职责和任务,甚至"工会"两个字都没有出现。目前,工会参与危机应对更多的是靠自身的政治责任驱动。工会作为工人阶级的群众组织,其自身组织体系健全,联系职工密切,对于宣传、组织、动员、凝聚职工具有天然优势,而这些正是在包括重大疫情在内的应急处理中迫切需要的。党的十八届三中全会提出,要完善和发展中国特色社会主义制度,推进国家治理体系和治理能力现代化。这就必须推进良法善治,完善法律制度体系,提高治理效能和水平。现代社会治理是多元治理,仅靠政府难以打天下,需要动员社会多元力量进行自治与共治,而中国工会显然是这多元力量的重要主体之一。因此,建议以本次新冠肺炎疫情应对为契机,全面审视我国已出台的关于突发公共卫生事件、应急管理方面的法律法规,将工会等群团组织的力量整合到应急管理体系中,明确相应的职责和任务,从而真正形成应

---

① 《国务院关于全面加强应急管理工作的意见(2006 年 06 月 15 日)》,http://www.gov.cn/xxgk/pub/govpublic/mrlm/200803/t20080328_32730.html。

急处理的合力。

（三）完善工会应对重大突发公共卫生事件的工作预案

应急预案是对突发事件如自然灾害、重特大事故、环境公害及人为破坏的应急管理、指挥、救援计划等，对于迅速有效应对突发事件具有极其重要的作用。当前，各类法律法规中要求制定应急预案的主体往往是政府部门，而对工会等群团组织没有明确要求。例如，《突发事件应对法》①明确，"国家建立健全突发事件应急预案体系"，而制定预案的主体是国务院及有关部门、地方各级人民政府；《传染病防治法》②也仅要求"县级以上地方人民政府应当制定传染病预防、控制预案"；《突发公共卫生事件应急条例》③明确，"国务院卫生行政主管部门"和"省、自治区、直辖市人民政府"要分别制定全国及本行政区域的突发事件应急预案。

不过《国务院关于全面加强应急管理工作的意见》④对制定预案的主体进行了拓展，《意见》指出："各地区、各部门要根据《国家总体应急预案》，抓紧编制修订本地区、本行业和领域的各类预案，并加强对预案编制工作的领导和督促检查。"笔者认为，此处的"各地区、各部门"理应包括各级工会组织，特别是县级以上地方工会组织及大型企业（行业、产业）工会组织。

从实践来看，工会组织尽管是群团组织，没有行政职责，但工会又是国家治理体系中的重要主体之一，有其自身资源、优势，在应急处置中往往发挥着不可忽视的作用。无论是群体性劳资纠纷处理、重大安全生产事故处理，还是突发自然灾害及公共卫生事件应对，都可以发挥工会组织的作用。工会都不能成为危机应对的缺席者、旁观者。因此，笔者建议各级工会组织要根据国家和所在地区应急预案，结合工会自身职责和定位，制定相应的工

---

① 参见《中华人民共和国突发事件应对法》（2007 年 8 月 30 日第十届全国人民代表大会常务委员会第二十九次会议通过），https://www. mem. gov. cn/fw/flfgbz/201803/t20180327_231775. shtml。
② 参见《中华人民共和国传染病防治法》（2013 修正），https://www.66law.cn/tiaoli/152783.aspx。
③ 参见《突发公共卫生事件应急条例（2003 年 5 月 12 日中华人民共和国国务院令第 376 号发布）》，http://www. safehoo. com/San/Manage/201001/38316. shtml。
④ 参见《国务院关于全面加强应急管理工作的意见（2006 年 06 月 15 日）》，http://www. gov. cn/xxgk/pub/govpublic/mrlm/200803/t20080328_32730. html。

作预案,并与同级行政预案有效衔接。这样,重大突发应急事件一旦产生,工会就能立即行动,有条不紊推进应急工作。

(四)加强工会应对重大突发公共卫生事件的工作研究

工会组织作为社会治理的重要主体之一,在重大疫情危机中,怎样结合自身职责定位、优势、资源参与疫情抗击,怎样结构化嵌入所在地区疫情防控工作大局,怎样当好职工利益的代表者和维护者,怎样处理好维护职工长远利益与眼前利益的关系,怎样处理好维权与维稳的关系,怎样履行好维护权益与教育引导的关系,怎样根据危机事件的事前、事中、事后的不同阶段性特点开展工作,怎样将全国各地的有益探索与经验上升到规范性操作指南等,都需要组织力量进行专题研究。建议工会或社会有关机构将工会参与重大疫情或危机事件处理作为研究课题,找出工会参与应对的职责、路径、策略、措施、手段等,总结经验和规律,明确关键环节,并以研究带动工会应急预案的制定、相关制度和机制的完善等。目前这方面的工作还十分缺乏,各类媒体、报刊上蜂拥而至的是抗疫动态的介绍,而全面、理性分析和思考的不多。从中国知网搜索可知,当前对工会组织应对重大突发事件研究的文章几乎没有。实践—理论—实践,是人类社会认识和发展的内在逻辑。因此,非常有必要将这么多年来工会参与重大疫情等突发事件的做法和经验进行研究,总结经验和规律,并将成功做法固化为制度和机制。这对工会参与推进国家治理现代化具有积极意义,也是我们"从战争中学习战争"的必由之路。

李学兵

(上海工会管理职业学院副院长)

李友钟

(上海工会管理职业学院党委副书记、院长)

群团改革背景下上海工会干部队伍建设状况与对策研究[*]

工会干部是党的干部队伍的重要力量,加强工会干部队伍建设,是工会事业兴衰成败的关键,也是工会组织持续深化改革、落实改革目标任务的重要组织保证。2015 年群团改革以来,上海各级工会按照改革要求,在干部队伍建设方面进行了领导班子实行"专挂兼"、机关工作人员"2＋1"、加强工会社工队伍建设等探索和实践,但同时存在专职干部数量与面临的工作任务不匹配,工会干部职业发展通道、培养通道较狭窄,挂职干部产生培养、使用激励机制尚不完善,兼职工会主席履职机制仍待优化,工会社工管理使用及激励发展机制仍需健全,工会干部专业水平亟待提升等建设发展问题,对此,文章提出了相关对策建议。

工会干部是党的干部队伍的重要力量,加强工会干部队伍建设,是工会事业兴衰成败的关键,也是工会组织持续深化改革、落实改革目标任务的重要组织保证。为深入分析群团改革以来上海工会干部队伍建设现状,本课题组先期在上海市总工会研究室、组织部、基层工作部、宣传教育部的大力支持下,采用问卷调查、座谈交流、实地走访和文献分析等方法,共回收工会干部有效问卷 1371 份(含非公企业工会干部有效问卷 365 份)、工会组织有效问卷 92 份;面向各级各类工会干部共召开 10 场座谈会;整理汇总上海工

---

* 本文原载于《工会理论研究》(上海工会管理职业学院学报),2019 年第 4 期。

会统计大数据,收集市总工会、16个区总工会、部分局(产业)工会、街道(园区)工会、基层工会干部队伍数据信息,对群团改革以来上海工会干部队伍建设的经验和做法,对当前工会干部队伍建设面临的瓶颈和难题进行剖析,并就如何在群团改革、工会改革背景下进一步加强工会干部队伍建设提出相关对策建议。

一、上海工会改革实践中推进干部队伍建设的主要举措

上海工会历来高度重视干部队伍建设,特别是2015年群团改革以来,上海各级工会按照改革要求,围绕建设德才兼备、精干高效、活力充沛的工会干部队伍目标,在干部队伍建设方面进行了诸多有益的探索和实践。

第一,市、区总工会领导班子实行"专挂兼"。《上海市总工会改革实施方案》明确,改革市、区总工会领导班子结构,按专职、挂职、兼职干部各占一定比例配备领导班子。为落实方案要求,上海市总工会和各区总工会领导班子于2016年上半年调整到位。市总工会主席班子构成为"1 + 4 + 2 + 2",即主席1人、专职副主席4人、挂职副主席2人、兼职副主席2人。全市16个区总工会领导班子基本按照"1 + 2 + 1 + 2"模式,即主席1人(由区人大常委会副主任兼任)、专职副主席2人、挂职副主席1人、兼职副主席2人配备。在挂职兼职副主席的配备上,16个区的34名兼职副主席中18人为劳模代表,另有部分工匠、行业领军人物和优秀农民工任挂职、兼职副主席。

第二,机关工作人员实行"2 + 1"使用机制。工会改革推行后,上海市总工会、区总工会机关工作人员由专职干部、兼职干部、工会志愿者三类人员组成。机关新进专职干部均实行遴选制,由遴选委员会按照程序,从基层群团组织、企事业单位、"两新"组织中选任,实行先聘任后录用。在2016和2017年度两次遴选中,上海全市工会系统共推出30个科级及以下工会专职干部职位,共有627人报名,经遴选选拔,一批熟悉基层工作的人员进入市区两级工会专职干部队伍,拓宽了工会干部来源渠道。同时,从企事业单位、社会组织等基层一线中选拔了一批志愿者,补充工会机关工作力量,完善工会干部构成结构。

第三，加强市、区两级工会干部班子建设。提高基层一线人员在市、区两级工会常委、委员中的比例，增强工会组织的代表性和广泛性，是上海工会改革的一项重要举措。上海工会第十四次代表大会后，市总工会层面的基层委员比例由 20.7% 提高到 40.1%，常委中基层一线人员的比例由 11.8% 提高到 25%。各区总工会也视具体情况提高了工会决策机构中基层一线人员的比例。2018 年 7 月，上海市总工会制订《关于加强市工会代表大会代表和市总工会委员履行职责的意见（试行）》，就加强代表委员在工会代表大会闭会期间履行职责作了进一步明确，提出"每次召开委员会全体会议，邀请一定比例的代表列席；召开涉及全市工会面上重大工作以及与基层工会和职工切身权益相关的主席办公会、专题工作会议，视情况邀请代表委员参加；每年开展重点工会工作项目督查时，市总工会邀请一定比例的代表委员参与督查"等实施意见。

第四，强化基层工会工作力量建设。上海工会改革中，市区两级都以"硬指标"的形式，对增强基层工会力量提出了相应改革举措，包括：实施机关编制"减上补下"。2016 年初，上海市总工会机关精简 53 个编制，全部下沉到街镇（园区）工会，其中市总机关 13 名年轻干部"带编"到街镇总工会工作，充实街镇工会力量；各区总工会也通过挂职、外派等多种形式把年轻机关干部下沉到街镇、园区、基层服务站等基层一线。加强职业化社会化工会工作者队伍建设。为解决基层工会"无人办事"问题，市、区两级工会共同出资，为区域性、行业性工会联合会配备职业化社会化工会工作者。上海工会社工队伍由 2015 年 9 个区、553 人增加到 2018 年 14 个区、1310 人。同时在制度层面上，相继制订出台《关于上海职业化社会化工会工作者队伍建设的指导意见》和《关于加强社会化工会工作者培训的实施办法》，对职业化社会化工会工作者的招聘录用、薪酬管理、岗位资格、职业发展、业务培训等方面进行制度设计。

第五，加强工会干部作风建设和能力建设。建立作风建设长效机制。2017 年上海市总工会健全完善《机关领导干部直接联系基层和职工工作制度》，明确局以上领导干部全年下基层时间不少于 60 天，处级领导干部全年下基层时间不少于 50 天。加大工会干部培训力度。强化分层分类抓好各级工会干部培训力度,探索举办工会干部轮训提高班、街镇工会主席培训班等,将社会化工会工作者初任培训班的培训时长由原来的一周延长至一个月。发挥上海工会学院工会干部教育培训主阵地作用。根据工会改革方案,上海工会管理职业学院剥离学历教育功能,以培训教育工会干部为主业主责,培训对象上聚焦各级工会干部特别是市总委员、新上岗工会主席、非公企业工会主席和职业化社会化工会工作者等骨干人群,致力为上海工会干部建设和工运事业发展提供人才保障与智力支撑。

二、群团改革以来上海工会干部队伍的现状与结构

上海工会统计大数据显示,截至 2018 年底,上海全市基层工会组织数为46304 个,基层工会会员数为 697.08 万人。与此相对应的各级工会组织共有专兼职工会干部 201259 名,其中专职工会干部 9321 名、兼职工会干部191938 名,专兼职比达 4.63:95.37;专职工会干部与工会会员数之比为 1:748。性别构成上,男女比例适中,专职工会干部中女性占 41.24%,兼职工会干部中女性占 49.54%;年龄构成上,专职工会干部中年龄在 36—50 岁之间的占 47.04%,35 岁及以下占 27.13%,51 岁及以上占 25.82%;学历构成上,专职工会干部中本科及以上超过六成,其中大专及以下占 36.73%、本科占 55.76%、研究生占 7.51%。结合工会统计大数据,根据工会干部所处的工会组织层级分布,群团改革实施后上海工会干部队伍基本情况分析如下:

(一)市总工会干部队伍情况

按照 2016 年初群团改革核定的市总机关"三定"方案,上海市总机关编制数从 135 个减为 82 个,机关工作人员实行专职、挂职及志愿者"2+1"使用机制。截至 2018 年 9 月,市总工会实有专职干部 82 人。2018 年 4 月,从国有企业、非公企业、社会组织中集中选用了 20 名挂职干部,安排在市总各业务部室从事各重点项目工作。2016—2018 年,市总机关分批招募工会工作志愿者,协助市总相关部室开展阶段性重点工作,现有志愿者 10 名。

（二）区局（产业）工会干部队伍情况

根据群团改革的统一部署，各区总工会按照上下对应、服务职工、精简高效的原则，对工作机构、干部队伍进行了优化调整。各局（产业）工会则根据全市工会改革、国企工会改革等方案，结合各自实际推进工会干部队伍建设改革。截至 2018 年底，全市 16 个区总工会领导班子成员共 125 人，其中主席 16 人、专职副主席 29 人、挂职副主席 16 人、兼职副主席 34 人、其他职务 30 人。16 名区总工会主席全部按同级副职配备，均由区人大常委会副主任兼任。除领导班子成员外，16 个区总工会机关共有专职工会干部 351 人、挂职干部 21 人、其他身份 20 人，平均每个区总工会干部数为 24.5 人，在专职工会干部身份上，包括公务员编制、事业编制、工会社工、挂职干部等几大类别，其中公务员编制、事业编制合计占 76.9%。在全市 106 个局（产业）工会中，领导班子成员共 354 人，其中主席 100 人、专职副主席 103 人、副主席兼经审主任 34 人、挂职副主席 2 人、兼职副主席 48 人、经审主任 67 人。除领导班子成员外，局（产业）工会本级共有工会专职干部 367 人，每个局（产业）工会平均仅有专职干部 3.5 人。

（三）街镇、园区（开发区）工会干部队伍情况

街镇、园区（开发区）工会是"小三级"工会架构中的基础组织，加强街镇、园区（开发区）工会力量配备是上海群团改革、工会改革的一个重点举措。截至 2018 年 8 月，上海共有 214 个街道、199 个各类园区（开发区）。街镇、开发区（工业园区）工会干部队伍大致包括工会主席、工会副主席和工会专职干部三类：①工会主席。街镇总工会共有工会主席 214 名，其中专职从事工会工作的有 17 名；园区（开发区）共有工会主席 196 名，其中专职从事工会工作的有 20 名（市级以上开发区 4 名、区级以下开发区 16 名）。②工会副主席。街镇总工会共有工会副主席 252 名，其中专职工会副主席 220 名、兼职工会副主席 30 名。兼职副主席一般由街镇所属相关部门负责人、大型企业工会主席、劳模先进等组成。园区（开发区）共有工会副主席 208 名，其中专职工会副主席 23 名、兼职工会副主席 185 名。专兼职副主席身份多源，有机关公务员、有事业单位身份、有开发公司或大型企业工会主席及社

会化工会工作者等。③其他工会专职干部。全市街镇总工会共有工会专职干部 967 名，园区（开发区）共有工会专职干部 216 名（包含社会化工会工作者、从事工会工作的党群社工、工会组建指导员等）。

（四）基层工会干部队伍情况

"强基层"是上海群团改革、工会改革的核心要求。当前上海基层工会主要包括国有企业工会、事业单位工会、非公企业工会、村居工会、楼宇工会、街面工会、社会组织工会及其他组织工会，属于工会系统中的基层组织。截至 2018 年底，全市工会基层组织共有专兼职工会干部 168912 名，其中专职工会干部 4954 名、兼职工会干部 163958 名，专职工会干部占比仅为 2.93%，明显低于全市工会干部中的专职干部占比。

（五）上海工会干部的结构性特点

（1）70 后、80 后各占约 1/3。被调查的上海工会干部平均年龄为 42.79 岁，60 后、70 后、80 后占比分别为 26.11%、34.21%、32.97%，90 后也逐步进入工会系统工作，占比为 3.72%。与其他群体相比，社会化工会工作者的平均年龄最低，平均年龄为 34.48 岁，80 后已成为工会社工的中坚力量，占比超过五成，达到 56.74%，90 后正逐步成长，占比为 18.64%。

（2）本科以上学历为主。调研结果显示，近八成工会干部的学历为本科及以上，本科占比为 60.69%，硕士研究生和博士研究生的占比分别为 17.36% 和 1.24%。

（3）党员占比超过七成。被调研人员中，七成以上（73.60%）的工会干部为党员。党员占比最高的为局（产业）工会系统，党员占比达 92.07%；党员占比最低的是社会化工会工作者，仅 24.29%，这与这支队伍相对年轻、多为应届大学毕业生直接进入工会系统工作有一定的关系。

（4）五成以上具有工会领域相关资格证书。调研结果显示，56.09% 的工会干部有工会领域的相关资格证书。其中，工会主席上岗证是占比最高的资格证书，为 26.04%；其次为劳动关系协调员（师），占比为 14.44%。作为一个新兴群体，社会化工会工作者有相关资格证书的比例最高，达到 88.52%，其中工会社会工作者证书的占比最高，为 54.08%，其次为劳动关系协调员和助理社工师,分别为 38.94% 和 32.78%。

表1　上海工会干部职业资格获得情况(占全部工会干部的比例,单位:%)

	总体	市总工会	区总工会	局(产业)工会	街道/镇、园区工会	基层工会	工会社工
助理社工师/社工师	6.05	4.51	6.06	1.98	15.98	5.72	43.93
劳动关系协调员(师)	14.44	20.30	15.15	13.66	21.46	8.72	38.94
集体协商指导员	3.43	1.50	4.04	2.86	8.22	1.63	—
工会主席上岗证	26.04	12.03	13.13	38.11	15.98	29.16	
心理咨询师	3.87	5.26	4.55	6.39	0.46	1.91	0.84
法律职业资格	2.70	5.26	5.05	3.30	1.37	0.54	—
其他	16.92	22.56	18.69	22.69	10.05	10.90	6.99
工会社会工作者	—	—	—	—	—	—	54.08
以上皆没有	43.91	42.86	50.51	32.82	48.40	51.77	11.48

(5)社会化工会工作者已成为上海工会干部的重要力量。截至 2018 年 10 月,上海已有 14 个区建立了职业化社会化工会工作者队伍,共约 1310 人。社会化工会工作者队伍一般任职于街镇总工会、区域性行业性工会等小三级工会;工作岗位主要为基层工会社工,占比达 80.37%,任区域性行业工会主席、副主席的占比为 8.66%,任街镇(开发区)工会副主席的占比为 0.50%。从社会化工会工作者的结构特征看,一份 2018 年 8 月对全市职业化社会化工会工作者的专项问卷调查显示,女性约占七成(69.22%);年龄结构上,平均年龄为 34.48 岁,80 后是中坚力量,占比达 56.74%,90 后占比为 18.64%;学历和专业结构上,大多数社会化工会工作者为大学本科及以上学历,占比达 68.72%,专业主要为与工会工作关联度较高的社会学、法学、心理学等;管理方式上,主要以区总工会社工机构为主,占比达 79.03%,在未设立区总工会社工机构的区,则以社区社工中心或街、镇党群办管理为主,占比分别为 5.82% 和 8.65%。

表2 社会化工会工作者结构情况(占全部工会干部的比例,单位:%)

	指标	占比		指标	占比
性别	男	30.78	政治面貌	中共党员及预备党员	24.29
	女	69.22		共青团员	14.14
年龄	50后	0.33		民主党派	0.17
	60后	2.16		群众	61.40
	70后	22.13	学历	中专/高中	0.83
	80后	56.74		大专/高职	30.45
	90后	18.64		大学本科	67.22
工作岗位	基层工会社工	80.37		硕士及以上	1.50
	项目(小组)负责人	2.16	管理机构	区总工会社工机构	79.03
	行业工会副主席	2.50		社区社工中心	5.82
	行业工会主席	6.16		街、镇党群办	8.65
	街镇(开发区)工会副主席	0.50		区民政局	6.49
	其他	8.32		平均年龄	34.48岁

三、上海工会干部队伍建设存在的问题与瓶颈

对于当前上海工会干部队伍建设中存在的主要问题,上海市工会第十四次代表大会报告作了明确表述,提出在适应群团改革、工会改革要求中,工会干部队伍在作风能力建设、本领能力储备、干部教育管理等方面还存在不足。笔者根据调查,梳理分析了当前上海市工会干部队伍建设中反映出来的几方面瓶颈问题。

(一)工会干部特别是专职干部数量与面临的工作任务不匹配,工会岗位事多人少的现象较为突出

近年来,上海从业人员数、职工数基本保持稳定,但工会专兼职干部数量特别是专职干部数量却逐年减少,工会干部与工作对象间的匹配度出现一定程度失衡现象。统计数据显示:2014年全市工会专职干部1.6万人,兼职约21万人;2015年专职工会干部1.46万人,兼职20.4万人;2016年专职

工会干部1.39万人,兼职19.9万人;2017年专职工会干部1.03万人,兼职19.6万人;2018年专职工会干部0.93万人,兼职19.2万人;专职工会干部数下降率整体趋势明显高于全市工会会员数的下降率。

调研座谈中一些区局(产业)工会反映,专职干部较之前几年明显减少,个别产业(集团)工会干部较5年前减少了近一半,目前1名工会干部要"对口"上级多个部门,时常感觉疲于应对。究其原因,一是据问卷调查显示,56.60%的单位将工会组织与其他部门合署办公,削弱了专职从事工会工作的力量;二是一些单位将群团改革的减少编制简单地理解为减少工作人员和力量,在减少本单位专职工会干部职数后,并没有配备相应的挂职、兼职工会干部或志愿者;三是一些单位工会专职干部退休后,就"只出不进",导致专职干部逐年减少。一些国有企业反映工会岗位多年未补充新人,工会干部存在年龄断层现象。一些局(产业)工会也反映存在年龄结构老化、梯队建设滞后等问题。

由于地方工会特别是区、街镇工会干部数量不足,基层工会干部特别是非公企业的工会干部基本上都是兼职,事多人少的矛盾较为突出。从非公企业工会干部情况看,调研显示,能够全职从事工会工作的非公企业工会干部仅占4.74%;每周有1—3天固定时间从事工会工作的,占7.91%;完全利用业余时间的,占24.11%;而结合业务工作一起处理的,占56.52%;还有在职工有诉求时就处理一下的,占5.93%;其他占0.79%。从兼职的身份类型看,目前本市非公企业工会主席主要由中层正职领导兼任,占比接近60%,通常是人力资源主管,由企业副职领导兼任的比例占15%左右,其余25%左右都由专业技术人员或一般管理人员兼任。如何处理好业务工作和工会工作的冲突是兼职工会主席必须面对的问题。调研过程中,很多非公企业工会主席表示,自己的工作负荷非常大,需要兼顾业务工作和工会工作。调研中,60.47%的非公企业工会干部将"业务工作与工会工作有冲突"作为自身履职的最大问题;"工作强度大或难度大"和"工会兼职工作带来的压力"是非公企业工会干部的主要压力来源。

由于现有工会干部配备不足,部分单位为了应对这一情况只能采用借调人员补足工会岗位的方式。本次调研结果显示，仅39%的单位工会未借调工作人员。

（二）工会干部职业发展通道、培养通道较狭窄

群团改革以来，上海工会干部交流渠道得到较大拓展，发展通道得到明显提升。但调查显示，职业生涯前景预期不明仍然是困扰广大工会干部的主要问题。调研中，在回答"对当前本职工作感到最不满意之处"时，44.78%的工会干部选择了"职业发展空间有限，晋升机会少"，位列第一。工会干部对职业发展预期不明的主要原因在于职业发展通道、培养通道相对狭窄。调研结果显示，33.56%的工会干部认为内部轮岗频次较慢、很慢或不了解，43.55%的认为外部轮岗频次较慢、很慢或不了解。

据调查反映，由于薪酬体系和职业发展通道等限制，导致一些干部特别是年轻干部不愿从事工会工作。有部分国有企业、事业单位在人才队伍建设中，考虑将一些优秀人才放在工会岗位培养使用时，许多被安排的培养对象明确表达不愿转岗到工会工作。在不少单位中，工会工作岗位的薪酬比单位内部其他岗位低，而且较少有或没有职业晋升设计，不少干部长期在一个岗位上工作。调研中，对于最期盼的激励措施，有47.34%的干部选择了"因人适用，多创造施展才华的空间"，有40.48%的干部选择了"提高岗位职级"。可见，工会干部的职业发展路径有待进一步探索完善。

对于非公企业工会干部而言，他们表示更渴望得到上级工会的肯定与支持，希望得到上级工会更实在的权益保护。调研中，非公企业工会干部认为，"发放工会工作津贴""评选五一劳动奖章等荣誉称号时给予倾斜性政策""落实应得待遇"是最能激发非公企业工会主席工作积极性的前三项保障措施。

（三）挂职干部产生、培养、使用、激励机制尚不完善

群团改革后，根据工作需要，一批具有丰富群众工作经验、专业特长的年轻干部被选派到工会机关相关部室挂职，挂职的时间普遍为2年。从目前的挂职选派做法看，体制内干部的选派大多通过与有关机关、国有企业、事业单位沟通协商，经召开座谈会、个别面谈、征询单位和个人意见、履行组织

程序等工作环节后完成选派。体制外干部则在市社会工作党委支持下，经向社会发布通知、个人报名、综合评价、征询所在单位和个人意见、面试等环节后完成选派。在选派过程中，一些体制内单位对群团改革的重要意义认识还不够、参与选派的积极性不高；个别事先已初步"锁定"的挂职干部，出于对个人职业发展的疑虑，最终放弃挂职机会。从体制外单位选派挂职干部工作也遇到了一些瓶颈，特别是不少于 2 年的挂职期限、"全职全责全权"的挂职要求，使部分非公企业主和干部本人"望而却步"。更值得关注的问题是，一些经选派产生并在工会机关积极履职作为的挂职干部，在完成 2 年挂职期后的激励使用机制尚不健全，挂职锻炼中产生出的优秀人才未纳入全市干部队伍培养使用总盘子统筹考虑，在一定程度上挫伤了挂职干部的积极性。调研同时发现，个别单位选派的挂职干部仍要从事原单位的工作，其主要精力还是放在原单位，成了实际上的兼职干部。如何对挂职干部进行科学使用和管理、充分发挥挂职干部的作用还有待进一步研究。

（四）兼职工会主席的履职机制仍待优化

目前，从市总工会层面，兼职副主席履职机制明晰且落实情况良好，而区局（产业）工会层面则呈现不平衡状态。据了解，上海 16 个区总工会和部分局（产业）工会领导班子配备了兼职副主席，但兼职副主席的履职情况不尽相同。以区总工会为例，有的参与了区总主要工作，有的参与区总重要会议和重大活动，有的甚至还分管了区总有关部室；但也有个别同志并未参与区总实际工作。调研中，一些兼职工会主席提出，当前兼职工会主席履职范围、履职职责尚未从制度层面予以明确，履职机制、履职清单均还未建立，影响了兼职工作效果的达成。在这些制度尚未明确的情况下，兼职工会主席如何处理好本职工作和兼职工作的关系，如何在兼职岗位上履职和发挥作用，各区局（产业）工会的做法与探索不尽相同，效果也各有不同。

（五）社会化工会工作者管理使用及激励发展机制仍需健全

虽然社会化工会工作者已成为推进上海工会工作的中坚力量，但在队伍建设上也存在着一些问题。

一是力量配备仍有较大缺口。按照 2000 ~ 3000 名会员或 30 ~ 50 家企业配备 1 名社工的标准,全市从事工会工作的社会化工会工作者数量仍存在很大缺口。

二是队伍建设形式多样,管理服务差异较大。社会化工会工作者的管理模式目前主要有区总工会社工机构管理、区民政局管理、社区社工中心或街镇党群办管理三种方式。从社会化工会工作者对于管理模式的满意度评价来看,由区总工会社工机构管理的工会社工满意度较高,职业认同感和身份归属感较强;而采用区民政局、社区社工中心或街镇党群办管理的工会社工满意度较低,很多一线社会化工会工作者表示工作过程中因为没有专门管理机构或没有编制而感到没有身份归属感。

三是待遇不高,队伍不稳定。据了解,大部分社会化工会工作者的月收入在 4000—5000 元,其薪酬待遇与社区工作者收入存在差异。一些社会化工会工作者反映,街道中各类社工在一个办公室工作,有的是公务员,有的是事业编制,"同工不同酬"现象一直存在,工会社工的收入偏低且没有明确的上升渠道,工作积极性受到影响。有的社工兼任工会主席,虽然做了大量工作,但在社工定级定档中没有被高看一眼,工资收入也没有增加一点;有的工会扶持的社会组织,购买服务经费来源有限,工会工作者的收入几年没有提高,与所服务区域企业同类人员相比差距太大。由于这些原因,目前这支队伍人员流动性较大,一些单位年度流失率达四分之一。

调研显示,当前工会社工的职业发展路径与职业规划还未在制度上得到明确,以致对工会社工的身份接受度不高、地位认可度不高。"工作相对稳定"是工会社工从业动机的首选,占比达 52.08%;工会社工对工作的总体满意度仅为 58.57%,其中满意度较高(超过 70%)的方面是工作稳定性和人际交往,而满意度较低(低于 35%)的方面是工资报酬、福利奖励、晋升通道和职业前景;工会社工对于"我是基层工会的办事人员""我是工会联系职工群众的基础一环""工会社工是开展工会工作的中坚力量"三个观点的认同感较高,认同度均高于 90%,而对于"工会社工是受人尊敬的职业"的认同感较低,认同度仅为 53.08%。由于没有明确的上升空间与奋斗路径,缺乏科学有效的岗位配置、职业资格、职称级别、薪酬标准、岗位流动等职业发展制度体系,工会社工对于岗位的信任感和安全感较低,用一位受访工会社工的话来说:"我们看不到未来,不知道将来会做到哪一步。"

（六）工会干部业务素质、专业水平亟待提升

调查显示,目前工会干部队伍中,综合行政管理类人员较多,而专业人才比较缺乏,尤其缺少熟悉劳动法律法规、社会保障政策、集体协商谈判、互联网应用等专业知识的干部,"运动型"人员占比高、专业力量配备不足。当前工会干部队伍综合素质能力与群团改革后对工会工作创新发展提出的新要求、职工群众对工会的新期盼还不相匹配。

从问卷数据看,工会干部表示最需要提高的能力排名前三项分别是运用法律政策能力（60.54%）、群众工作能力（48.43%）、改革创新能力（44.93%）,最需要参加的培训排名前三项的是工会工作政策和操作流程（61.49%）、劳动法律知识（58.28%）、工会工作方法和技术（55.58%）。提高分析研究、运用法律政策、改革创新和把握大局等方面的能力,是工会干部普遍反映亟须提高的能力。调研结果还显示,约一成（9.77%）的工会干部从未参加过相关培训;每年未参加过脱产工会业务培训的工会干部占比为24.43%。一些干部表示,工会开设的各类干部专题培训班还存在培训内容不够丰富、培训方式不够新颖、培训组织不够有力、培训效果不够明显等问题,针对工会特点制定的干部培训体系建设有所滞后。

四、加强上海工会干部队伍建设的对策与建议

2018 年 7 月相继召开的全国组织工作会议、上海组织工作会议,分别对加强干部队伍建设提出明确要求。其中,中共中央办公厅印发的《关于进一步激励广大干部新时代新担当新作为的意见》强调,要大力教育引导干部担当作为、干事创业;要鲜明树立重实干重实绩的用人导向;要充分发挥干部考核评价的激励鞭策作用;要切实为敢于担当的干部撑腰鼓劲;要着力增强干部适应新时代新发展要求的本领能力;要满怀热情关心关爱干部;要凝聚形成创新创业的强大合力。上海市组织工作会议强调,上海的干部需要具备"充满激情、富于创造、勇于担当"的特质。中国工会第十七次全国代表大

会则明确提出，要"优化干部成长路径，打造专职为主、兼职挂职相结合的干部队伍。建立健全工会干部思想教育、激励保障和考核评价机制。培养一大批劳动经济、劳动法律、劳动关系、信息技术等方面专门人才，打造一支高素质专业化的工会干部队伍。"

加强上海工会干部队伍建设，必须全面贯彻《关于进一步激励广大干部新时代新担当新作为的意见》《关于适应新时代要求大力培养选拔优秀年轻干部的意见》要求，认真回顾总结群团改革及工会干部队伍改革工作中的经验与问题，明确指导思想，加强顶层设计，优化建设理念，完善制度机制，锻造一支与上海工会改革事业发展相适应的素质优良、结构合理、党政放心、群众信赖的年轻化、知识化、群众化的工会干部队伍。

（一）进一步加强党对工会干部队伍建设管理的组织领导

各级党委要切实高度重视党的群团工作、工会工作，高度重视工会人才队伍的管理、培养、交流、选拔、使用。要更充分地把工会干部队伍建设工作纳入"党管干部"的总盘子统筹安排，加快完善、推进落实工会干部培养选拔的相关配套政策制度。

第一，进一步完善工会干部协管制度。要加强顶层设计，建议由市委有关部门牵头，制定加强和改进工会干部协管工作的规范性文件，进一步明确新时代协管工作的原则和任务、同级党委和上级工会工作职责、协管范围、领导班子配备要求、工作流程等内容，为工会深化改革提供组织保障。要落实协管要求，切实依照《上海市总工会改革实施方案》关于进一步规范双重领导制度的要求，严格落实"工会组织换届选举时，同级党组织推荐领导班子人选应与上一级工会充分协商，取得一致意见；上一级工会应协助同级党组织对协管范围内的领导班子成员进行考察，或由同级党组织通报考察情况；候选人名单应由同级党组织发函至上一级工会，经相关程序讨论同意并复函后，依法履行民主程序"等有关协管规定。要加大协管工作宣传力度，工会组织要主动向各级党委和组织部门宣传干部协管制度，强调工会协管工作的重要性和必要性，提高党组织对干部协管工作的重视程度，变被动协管为主动跟进，推动上级工会和同级党组织在工会领导班子人选上共同把好关、选好人。

第二,进一步畅通工会干部培养交流渠道。按照中央和上海市委提出的"选人坚持五湖四海、用人树立鲜明导向"等要求,将工会干部人才队伍建设纳入"党管人才"总盘子统筹考虑,进一步深化工会干部队伍资源统筹。建议在市、区组织部门的支持下,结合工会事业发展与干部队伍建设需要,拟定工会干部培养使用规划,拓宽干部交流渠道,加大工会系统内外干部和岗位资源的统筹力度,在全市平台上综合比选,好中选优、优中选强,着力选用有群众基础、充满激情、富于创造、勇于担当的干部,努力营造人尽其才、才尽其用的工会干部队伍建设良好局面。坚持树立鲜明的选人用人导向,逐步建立人才发现机制,注意从工会系统的各类先进人物评选中物色一批,或从基层选派的挂职干部中挑选一批,加强优秀干部储备。

(二)进一步按照群团改革要求,完善兼挂职干部产生及履职机制

要继续按照改革要求,以工会换届和届中调整为契机,积极选配好专职、挂职、兼职副主席,增强工作力量、优化领导班子结构,不断完善兼职、挂职工会主席及工会干部的产生及履职机制。

第一,进一步完善兼职副主席履职机制。针对当前存在的兼职工会副主席职责不明确问题,建议由上海市总工会牵头,总结群团改革以来相关区局(产业)工会的做法经验,制订完善兼职副主席的履职机制与办法,明确兼职副主席履职目标、工作职责、任务清单、具体要求和评价办法,切实推进兼职副主席融入工会主体工作、具体工作,发挥好兼职副主席在充实工会干部力量方面的作用。

第二,进一步健全机关挂职干部培养使用及管理长效机制。建议在市、区组织部门的支持下,在相关委办局的参与下,进一步全面建立"优秀后备干部到群团组织挂职制度",把工会等群团岗位作为各级党政优秀后备干部特别是缺乏群众工作经历的年轻干部锻炼成长的平台。各级党委应进一步重视和支持群团改革,更多地把优秀年轻干部"放手""放心""精准"地选派到工会挂职,锤炼作风、增长才干;进一步探索打通挂职干部向专职干部队伍流动渠道,运用好挂职期考评、考察成果,积极发现、物色一批优秀人才,

为工会专职干部遴选奠定基础,使组织推荐覆盖面更加广泛,人才储备更加充分。此外,要尽快出台挂职锻炼满两年干部的接续培养使用机制,切实将其中涌现出来的优势人才,纳入全市干部队伍总盘子统筹培养使用,确实为挂职干部解决好到群团组织长才干、受锻炼、求发展问题,确实使挂职干部成为专职干部的"储备库""蓄水池"。各级工会机关在健全挂职干部的管理机制上,要推进标准化管理,探索建立挂职岗位工作手册,以便新进挂职人员尽快熟悉工会业务,适应岗位要求;要建立专业化、系统化培养培训机制。组织挂职干部参加工会专业知识培训,不定期地开展座谈会,为其提高履职能力、交流履职体验搭建平台。

（三）进一步强化工会干部的培养、选拔、激励机制

优化干部培养路径,促进年轻干部加快成长。对年轻干部要前瞻布局,在数量充足、质量优良两方面下功夫,加大工会系统年轻干部、后备干部培养力度,不论资排辈,抓好干部专项调研工作成果转化,有计划地组织优秀年轻干部多岗位锻炼,不断增强干部解决实际问题、处理复杂矛盾和做好群众工作的能力。在保持干部队伍相对稳定的前提下,探索适时分批选派机关年轻干部到业务相关单位挂职,重点强化实践锻炼,提升专业能力。

第一,进一步改进工会干部选拔任用制度。把综合素质、工作表现和才能岗位匹配度放在选干部、配团队的首位,重点考虑是否有利于提升维护服务职工群众能力,能否创造性地完成工会重点工作;突出面向基层、面向实践、面向群众的用人导向,强化复合任职经历。进一步改进完善干部综合考核评价机制,以突出职工评价、会员评价为主导,构建包括评估办法、激励机制、反馈提升制度等一整套的绩效管理体系,为人才脱颖而出提供制度支撑保障。

第二,进一步优化对非公企业工会干部的激励保障制度。针对非公企业工会干部队伍建设面临的现实问题,要坚持问题导向、实践导向,逐步完善相关机制制度,研究制定、适时出台《非公企业工会工作条例》,进一步明确非公企业工会组织在企业中的地位、作用和工作范围内容;明确非公企业工会干部在企业中的地位与权益以及具有可操作性的从事工会工作的时间

等规定;研究制定非公企业工会干部权益保障机制和考核激励机制,为广大非公企业工会干部履职尽责营造更良好的制度环境,为更多有作为的非公企业工会干部在岗位中脱颖而出创造良好氛围。

(四)进一步拓展社会化工会工作者职业晋升通道

拓展职业晋升通道是提升工会社工前进动力的最有效手段。调研显示,47.8%的工会社工希望与社区社工对接,30.4%的工会社工希望可以通过遴选进入区总、市总参照公务员序列,15.8%的工会社工希望在工会系统内晋升。建议从打通工会社工职业化专业化晋升通道及畅通优秀工会社工进入党政机关、事业单位这两个路径,拓展社会化工会工作者职业发展的两种通道。

针对目前社会化工会工作者队伍管理模式多样、工作评价不精准的实际,建议工会联合财政局、人社局、民政局等部门制定有关意见,从队伍人员要求、经费保障、工作职责、考核评价、教育培训等方面加以规范。要进一步完善工会社工薪酬体系建设,以"体现工会专业人才价值"为指导思想,设计多层次全方位的工会工作者薪酬机制。以"合理的薪酬结构、合理的增长机制、合理的市场比较"为原则,参照《社区工作者职业化薪酬体系指导意见》,采取与学历、资历、资格、业绩、岗位等多种指标相结合的方式,"以岗定薪、以绩定奖、按劳取酬",设立合理的薪酬标准,并参照国家有关机关、事业单位增资调整政策,建立健全正常的工资增长机制。

(五)进一步完善工会干部培训体系建设

在市级党政系统干部培训层面上,工会要在市级层面积极参与各类党政领导干部的培训工作,引导各级各类干部重视和支持工会工作,会同市委组织部、市委党校编写以"工人阶级和工会工作"为主题的党员领导干部系列专题知识读本,争取在市、区党校举办的培训班、轮训班上安排工会工作课程,通过培训使党员领导干部统一思想,明确责任,重视支持工会工作,重视培养工会干部,切实发挥工会组织作用。

在工会干部系统培训层面上,要着眼于打造"职工信得过、靠得住、离不开"的工会干部队伍,进一步完善工会干部培训的内容与形式,体现时代特征、上海特色、工会特点。要结合学习宣传贯彻党的十九大、中国工会十七大精神,强化思想政治素质培训,加强党的路线方针政策、社会主义核心价值观、党史国史工运史、中国特色工会发展道路等方面的教育培训,引导广大工会干部增强"四个意识",牢固坚持工会工作的正确政治方向;要强化工会专业化能力培训,增强工会组建、集体协商、民主管理、社会保障、劳动保护、财务经审等业务知识学习;要结合工会工作实际,有针对性地开设经济、哲学、历史、科技、文学、艺术、社会管理、"互联网+"等领域课程,满足不同层次工会干部的培训需求。

进一步发挥上海工会管理职业学院的培训主体作用。加强各级各类工会干部培训的体系建设,从教材编写、课程建设、师资建设、轮训制度多方面入手,认识和把握工会干部教育培训的规律,积极推进培训方式的改革与教学方法的创新。要抓好包括市区两级总工会委员、街镇(园区)工会干部、新上岗工会干部、国企工会主席、非公企业工会主席、工会法律工作者、社会化工会工作者、工会积极分子等各类工会干部队伍的培训,满足多层次、多元化、多阶梯的培训需求;要在不断做实学院基地培训、委托培训、送教上门的基础上,结合智慧工会建设,运用"互联网+"信息手段,拓展开发多技能、多学科、多知识的网络培训,促进各级各类优秀工会人才脱颖而出,培养形成一支数量广泛的工会主席、工会干部后备军,为新时代上海工会干部队伍建设提供生机勃勃、取之不竭的人才源泉与发展动力。

邹卫民

(上海工会管理职业学院研究部部长,上海市工人运动研究会秘书长)

孙　岩

(上海工会管理职业学院研究部讲师)

宋紫薇

(上海工会管理职业学院教学部讲师)

工会在党治国理政中的地位、
功能与实现路径研究

党的十九届五中全会提出,到 2035 年基本实现国家治理体系和治理能力现代化;习近平总书记多次强调工会在党治国理政中的重要性。文章从劳工结社的角度、党的阶级基础的角度和中国社会治理实践的角度分析了工会在党治国理政中的地位;接着重点从法团主义的视角和委托-代理理论的角度论述了工会在党治国理政中所具有的联结功能、代表功能、维护和服务功能;最后将工会在国家治理体系现代化中实现其重要功能的路径总结为参与国家政治建构、促进国家经济建设、推进职工队伍发展、加强工会组织自身建设等方面。

党的十八届三中全会提出促进国家治理能力现代化①;党的十九大报告在此基础上进一步提出,完善共建共治共享的社会治理格局,构建党委领导、政府负责、社会协同、公众参与、法治保障的社会治理体系。② 党的十九届五中全会提出,到 2035 年基本实现国家治理体系和治理能力现代化,人民平等参与、平等发展权利得到充分保障,基本建成法治国家、法治政府、法治社会。中国工会是在中国共产党领导下的职工群众自愿结合的组织,联系着当今社会广大的劳动者,是广大职工群众的利益代表者和维护者,所以工

---

① 党的十八届三中全会提出:"创新社会治理,必须着眼于维护最广大人民根本利益,最大限度增加和谐因素,增强社会发展活力,提高社会治理水平,维护国家安全,确保人民安居乐业、社会安定有序。要改进社会治理方式,激发社会组织活力,创新有效预防和化解社会矛盾体制。"

② 参见张善柱:《国家治理体系现代化中的工会参与》,《天津行政学院学报》,2018 年第 3 期。

会组织在社会治理体系现代化中的参与既属于社会协同的范畴,也属于公众参与的范畴,应该是社会治理体系重要的组成部分。习近平总书记指出:"工会是党联系职工群众的桥梁和纽带,工会工作是党的群团工作、群众工作的重要组成部分,是党治国理政的一项经常性、基础性工作。"①研究工会在党治国理政中的地位、功能及实现路径,对于发挥工会组织的功能作用,推进工运事业及党和国家大局工作具有极其重要的意义。

一、工会在党治国理政中的地位

(一)从劳工结社的角度看:工会是职工群体行使结社权并参与社会活动的重要平台

从人类学的角度看,人在本质上就是一种群居型动物,是一种在生存中需要交往、并且只有通过交往才能生存得更好的动物。从历史的角度上看,人类历史就是人与人之间的交往和联系不断变化的过程。对此,马克思在《关于费尔巴哈的提纲》一文中指出:"人的本质并不是单个人所固有的抽象物,在其现实性上,它是一切社会关系的总和。"②离开人群,离开社会关系,人便不复为人。人的自然生存状态是如此,人生存于其中的政治社会、法律社会更是如此。人类为了自己的生存,需要过社会生活;而人类为了过社会生活,便需要各种各样的社会组织形态。所以人类某些具有共同利益的群体的联合应该是人的基本权利。《世界人权宣言》③《经济、社会和文化权利国际公约》④《结社自由和保护组织权公约》⑤《公民权利和政治权利国际公

① 习近平:《在庆祝"五一"国际劳动节暨表彰全国劳动模范和先进工作者大会上讲话》,《人民日报》,2015年4月29日。

② 杨晓敏:《结社权形成之必然性分析》,《理论界》,2007年第10期。

③ 参见《世界人权宣言》第二十条规定:"人人有权享有和平集会和结社的自由;任何人不得迫使隶属于某一团体。"

④ 参见《经济、社会和文化权利国际公约》第八条规定:"劳动者有权组织工会和参加他所选择的工会,以促进和保护他的经济和社会利益。"

⑤ 参见《结社自由和保护组织权公约》第二条规定:"凡工人及雇主,无分轩轾,不需经过事前批准手续,均有权建立他们自己意愿建立的组织和在仅仅遵守有关组织章程的情况下加入他们自己愿意加入的组织。"第四条规定:"行政当局不得解散工人组织及雇主组织或停止他们的活动。"

约》①以及我国宪法②的相关条款都规定了人人享有集会和结社的自由。

　　而工会正是基于这种结社权背景下的一种社会团体。结社权是工会制度的法律前提和基础；工会是法律层面上的结社权在社会生活中的具体体现和应用。一个社会集团力量的大小，往往不取决于它所包含成员数量的多少，而取决于它的组织程度或组织形态。劳动者在与雇主的交往中，在组织程度上存在天然的劣势，因此通过某种形式提高劳动者的组织化程度是其改变自身弱势、拥有和雇主相匹配地位的必然选择。单个雇员在企业主交涉时是微不足道的，只有组织起来，才能在劳资谈判中取得较为有利的地位。所以工会是广大劳动者为了维护和争取自身合法利益而自觉联合起来成立的社会组织，其主要目的是为了通过这种组织方式，加强内部的团结，将个体工人分散的力量集中、整合起来，以期在抗衡处于优势地位的雇主时具有更多的话语权，从而更好地维护自身的利益。这正是工会产生和存在的根本出发点和最终目的。

　　在市场经济条件下，工人阶级的利益必须有相应的社会组织来代表，在当今中国，这个代表者就是由中华全国总工会领导下的各级工会组织。工人对组成自己群体利益代表的需要是客观存在的，如果现有的各级工会组织不能很好地代表和维护工人利益，工人群体就必定会转向某些他们认为能代表自身利益的组织，而这些组织是鱼龙混杂、难以预料的。所以，工会缺席的市场经济绝对不能健康发展，它只会压抑工人的力量，使工人阶级的要求和愿望通过别的渠道表达出来。为了使工人阶级的愿望和诉求能够得到合理有序的表达，就需要工会积极地参与到社会治理体系中来，代表最广大职工群众的利益，从源头的立法参与到与资方的具体协商和谈判，有效行使职工群众赋予的权力，为职工群众谋福利和争利益。

---

　　①　参见《公民权利和政治权利国际公约》第二十二条规定："人人有权享有与他人结社的自由，包括组织及参加工会以保护其利益的权利"。
　　②　参见我国现行宪法第三十五条规定："中华人民共和国公民有言论、出版、集会、结社、游行、示威的自由。"

（二）从党的阶级基础的角度看：工会是国家治理历史发展的中坚力量

中国共产党是工人阶级的先锋队，中国工会是在中国共产党领导下的职工自愿结合的群众组织。工会是党联系广大职工群众的桥梁和纽带，是国家政权的基础和支柱。在革命、建设、改革的各个历史时期，工会组织始终坚持党的领导，发挥自身职能优势，团结带领广大职工群众共同实现着党在各个时期的历史任务。

1920 年 11 月 21 日，上海机器总工会成立，这是我国第一个革命性的工会组织。1925 年 5 月 1 日，中国共产党领导下的中华全国总工会成立。在革命和战争年代，工会组织的主要任务是开展积极的阶级斗争以及动员发起工人运动；其主要目标是通过工人运动，协助推翻当时的国民政府及其利益集团的统治，以期改变中国社会运行的根本制度，从而为实现维护工人权益奠定制度基础。新中国成立后以及社会主义三大改造期间，工会组织的主要任务是在共产党的领导下，协助政府开展"三反五反"等革命运动，参与到私营企业的国有化运动中，帮助政府完成社会主义改造任务；并协助基本恢复正常生产，争取了良好的经济环境。社会主义改造基本完成以后，我国进入了社会主义建设时期。在高度集中的计划经济体制下，工会组织的社会任务主要是团结动员广大的职工群众积极参加社会主义生产和建设，主要工作方式是：组织工人开展各种劳动竞赛，帮助工人和企业总结先进的操作方法和成功经验并加以推广，协助企业行政发放职工慰问品，帮助政府救济困难职工。

自改革开放以来，尤其是随着经济改革的逐步深入，劳动关系的市场化程度越来越高，劳动者不再终生工作在一个单位，而是劳动力市场上自由择业的个体，工人对单位的依附程度降低；企业的社会功能逐渐被剥离，企业越来越重视经济功能和生产效率。企业和劳动者从过去的利益基本一致变成了更大程度上的利益对立，这导致劳动者的劳工意识和阶层意识逐渐形成。同时，伴随着市场化的经济改革，各项劳动法律法规陆续出台，企业和劳动者在经济活动时有了更健全更具体的法律依据；全社会的劳动法制理念得到了提升，劳动者依据相关劳动法律法规维护自身权利的意识不断增强,劳动者和企业的矛盾不断涌现。当个体劳动者发现自己在与企业博弈时处于劣势,而如果自己和周围劳动者群体组织企业后就具有了更多的博弈能力时,劳动关系会逐渐由个别劳动关系向集体劳动关系发展,劳资矛盾就会逐渐发展成影响社会和经济发展的首要因素。而工会在调节、缓解劳资矛盾方面则具有天然优势。工会组织发挥自己联系广大劳动者的优势,引导劳动者将自发的、无序的甚至是非理性的利益诉求和维权行为转化为组织化的、有序的、理性的利益表达和维权行动,已成为有效处理劳资矛盾、形成和谐劳动关系、改善社会治理、构建和谐社会的必然选择。

(三)从治理实践的角度看:工会是现代化国家治理体系的重要参与主体

党的十八届三中全会提出创新社会治理体系、实现社会治理体系现代化;党的十九大报告提出,要构建党委领导、政府负责、社会协同、公众参与、法治保障的社会治理体制。工会是劳动关系领域最重要的社会组织,工会组织所具有的天然优势是劳动关系领域其他社会组织无法比拟的,如工会与党政的良好互动关系,工会对职工技术协会、劳模协会和职工文体协会等社会组织有着重要的领导和指导作用,工会与共青团、妇联等其他群团组织有着紧密的联系和合作关系,工会自上而下的组织机构非常健全,有畅通的诉求反映渠道。更重要的是,工会的力量源泉不仅仅来自其自身,更来自背后成千上万的普通劳动者。工会既有"人多势众"的数量优势,又有把劳动者个体分散意愿集合成整体力量的组织优势。构建共建共享共治的现代化社会治理体系,工会的参与是可行的、重要的和必须的。

二、工会在党治国理政中的功能——法团主义的视角

法团主义是一种国家与社会合作的现代治理模式。[1] 依据法团主义的

---

[1]　参见卢元芬在《国家治理现代化的法团主义路径探析》(《治理研究》,2018年3月15日)一文中,根据史密特的定义,认为"法团主义,作为一个利益代表系统,是一个特指的观念、模式或制度安排类型,它的作用是将公民社会中的组织化利益联合到国家的决策结构中"。其特点是"这个利益代表系统由一些组织化的功能单位构成,它们被整合进一个有明确责任(义务)的、数量限定的、非竞争性的、有层级秩序的、功能分化的结构安排之中。它得到国家的认可(如果不是由国家建立的话),并被授权给予本领域内的绝对代表地位。作为交换,它们在需求表达、领袖选择、组织支持等方面,受到国家的相对控制"。

理论框架,工会是广大职工群众自愿结合的组织,是一种社会团体,它的社会位置是中介性的,即连接国家和自己代表的社会成员(职工),将前者的意志传递到自己的组织成员中去,将后者的需求传达到体制中去,以实现在国家治理总体目标实现状态下的自身组织利益最大化。所以工会的角色不应当是利益对抗式的,而应当是利益协调式的。一方面,工会需要代表其成员利益,通过组织和协调,将成员内部分散的、多样化的诉求达成一致并将共同的利益诉求传达到决策体制中去,在这个过程中,工会应当管理并约束其成员的活动,使之提高理性化和组织化水平;另一方面,工会的代表性地位和权利,获得国家的确认和保护,使之成为统一的、唯一的特定职业人群即广大职工群众的代表者,并被接纳进入有关的决策咨询过程,在这个过程中,工会需要服从国家的整体利益,将一部分组织利益让渡给国家整体利益,以获得国家的确认和保护。从这个角度分析,工会在党治国理政中的功能可以分为三大部分:联结功能、代表功能、维护和服务功能。

(一)联结功能

根据法团主义的理论,社会组织的基本功能就是可以把组织内分散的个体联结起来,使组织内分散的甚至是非理性的利益表达转变为组织化的理性的利益诉求;在社会治理中的重要功能是把弱小的个体力量通过一定的规则转变为强大的组织力量,并凭借组织的力量与其他组织在相互博弈过程中达到利益均衡;在国家治理体系中最重要的功能就是将抽象的整体的国家和具体的分散的社会个体联结起来,使国家的整体利益与个体的特殊利益之间更容易达成妥协、统一。所以,工会的联结功能主要体现在三个方面:一是将单个的职工个体联结起来,使其成为组织中的一员,有组织力量可以依赖;二是使职工群体更有组织化,增强了职工群体与资本一方的博弈力量,也为职工群体和其他社会群体的平等交流提供了一个平台和渠道;三是使职工群体的利益诉求得到组织化的表达,更好地参与到国家治理体系中。具体到中国工会,更是如此。中国工会是中国共产党领导下的工人阶级群众组织,从理论上讲,中国共产党是精英政党,是国家政治建构的领导力量,是广大社会群体中的少数,所以在精英和普通职工之间需要一个联结点。而工会就是在无产阶级政党领导下的工人阶级群众组织,恰恰可以发挥党联系职工群众的桥梁纽带作用。在党和国家推进治理现代化的今天,工会的这种联结作用是不可或缺的。

美国学者亨廷顿认为,公民的政治参与水平与社会的政治稳定程度之间的关系到底是正相关或负相关是不确定的,需要取决于一个中间变量,即政治制度化的水平,政治制度化是指政府对公民利益诉求进行回应的能力。① 结合中国的现实情况,经过改革开放四十多年的高速发展,中国公民的物质生活需求得到了极大的满足,与此同时,公民的政治参与意识、权利保护意识、利益诉求等也上升到了一个新的层次,普遍希望能在国家治理以及社会治理中有更多的发声机会。具体到职工群体,由于经济下行和经济发展转型的双重影响,劳动关系领域可能会出现劳资关系紧张、职工的合法权益时而遭到侵害、集体劳动争议不断出现的情况,工会在国家发展大局和职工群体利益之间的联结功能就显得尤为重要。工会在站稳职工立场、维护职工利益的前提下,要引导职工有序、合理的利益诉求和表达,把职工分散的、无序的利益表达总结成组织化的有序的利益诉求,并从工会的角度提出可操作的解决方案,进而使其反映在人大立法和政府决策之中,从而能够有利于从国家和政府层面回应、解决职工诉求。从这个角度上看,工会的联结作用使其实际上充当了政府和职工之间中介的角色,帮助政府更加及时有效地回应职工的诉求,从而提高了政治制度化的水平,有助于维护国家的政治稳定,也有助于保护职工的政治参与积极性。

(二)代表功能

根据法团主义的理论,社会组织代表着一部分社会群体的利益诉求,工会就是职工群众利益的代表者,所以工会的一个重要功能就是代表功能。工人是受雇于生产资料所有者(雇主),并以工资的形式取得劳动报酬的体力劳动者和脑力劳动者。市场经济条件下的雇员,无论是资源占有能力,还是讨价还价能力,抑或是僵持对峙能力,相对于雇主而言始终处于弱势,加

---

① 参见张善柱:《国家治理体系现代化中的工会参与》,《天津行政学院学报》,2018 年第 3 期。

之雇员的单个行动不足以维护其自身利益,团结起来组成工会与雇主抗衡,就成为雇员的必然选择。所以,工会与工人的关系,就是组织和个人的关系,工会代表工人,实质上就是工会通过组织或集体的力量来代表会员和职工利益,维护职工合法权益的关系。

委托—代理理论认为,因存在交易成本、交易风险以及不同产权主体之间的信息不对称和其他素质方面的差异(如知识、技能、经历等的不同),为了使交易双方的利益最大化或效用最大化,占据劣势地位的产权主体(工人)就可能把某些权益或权力部分或全部委托给另一优势主体(工会),委托—代理关系便告成立。① 这种关系如果转换为政治性话语,就是工会与工人之间的代表与被代表关系。具体说来,工会作为劳方的利益代表,其代表功能主要体现在如下两个方面:首先是对内的代表功能,即工会组织要获得广大会员的认可和授权,使其能够代表广大劳动者的利益。其次是代表组织对外的利益表达功能,因为工会组织对外表达的必须是群体的整体利益,所以需要先进行内部的利益整合。工会组织首先要充分了解成员的利益需求,在此基础上需要对成员的利益需求进行划分,保留合理的诉求,剔除掉不合理的诉求;在某些时候还需要对其内部成员的利益关系进行协调,因为某些成员所要求的利益也可能会损害组织内的其他成员的利益;最后对分散的利益需求进行有机整合和归纳提炼,形成群体共同的利益需求,最大限度地维护绝大多数成员的利益。

(三)维护和服务功能

根据法团主义的理论,社会组织代表其成员,将成员内部分散的、多样化的诉求达成一致并将共同的利益诉求传达到决策体制中去,而且组织需要管理并约束其成员的活动,使组织内分散的成员的个体需求转化为组织化的理性化的诉求。这就要求组织能够充分地代表、团结和管理其内部成员,使组织内的绝大多数成员能够充分地信任组织。对于工会组织来说,就

---

① 参见张丽琴、龙凤钊:《功能协调型:国家治理体系中的工会功能定位》,《兰州学刊》,2016年第3期。

是工会能够代表最广大的职工群众,职工群众能够充分信任工会、依赖工会,愿意紧紧地团结在工会的周围,依靠工会来实现自己的利益诉求。而要想得到广大职工群众的信任和依靠,就必须切实回应职工群众的需求,切实维护职工群众的各项利益,服务职工的需要。通过积极有效的维护服务工作,为职工群众争取到实实在在的权益,解决广大职工群众的困难,才能使职工始终信任工会,才能使职工自觉地在工会的组织体系内理性地表达诉求。

职工是人民群众的重要组成部分,其受雇于用人单位,以自身体力或脑力劳动获取劳动报酬。在市场经济条件下,职工在资源占有能力、信息获取能力、谈判议价能力和僵持对峙能力方面相较于用人单位始终处于弱势地位,职工以个人行动很难维护其自身利益,所以广大职工团结起来组建工会,以团体的力量与用人单位相抗衡,成为职工的必然选择。目前,国内社会正面临转型的关键时期,职工群体内部出现了一定的阶层分化,在思维理念与利益取舍方面都存在着严重的差异,劳动就业、收入分配、社会保障等方面的需求和矛盾更加具有多样性和复杂性。所以更需要工会组织,站稳职工立场,有效地收集诉求和应对诉求,要在充分尊重社会分工这一先决条件下,凭借工会的组织功能,建立组织化的单元,进而创新利益配置途径、利益聚合途径、利益传输途径及利益表达途径,从根本上维护职工群众的利益。

三、实现路径

工会在国家治理体系现代化中的重要地位和功能有以下四个实现路径:

（一）参与国家政治建构

工会要想维护职工利益、代表职工发声、把国家和职工群体联结起来,就必须积极地参与国家的政治建构。工会可以从源头参与、基层民主、社会监督、服务国家其他战略(如外交战略、构建人类命运共同体)等维度参与国家政治建构。

1. 源头参与

根据工会法的规定,工会组织可以参与国家机关对与职工相关的法律、规章的组织起草或修改;县级以上政府的重要工作部署或行政措施需要听取同级工会的意见和要求;劳动关系方面的重大问题要由劳动三方协商机制来研究解决。① 这些法律为工会的利益表达提供制度化的途径,为工会在保护职工利益上的源头参与提供了制度保障。工会应积极参与同职工利益相关的法律法规制定和实施工作,抓住立法、修法等关键环节,提出工会的主张建议。深入研究新时代、新形势下各类职工群体在劳动就业、社会保障、福利待遇、安全生产等方面的需求变化,聚焦技术工人、小微创业者、公共服务人员、新型就业人群、农民工等重点群体,加大对"互联网＋"业态下劳动关系调处、法律保护、援助服务及群体性劳资纠纷化解等工作力度。运用"两会"及劳动关系三方等各类平台机制,呼吁推动最低工资标准及社保、福利等各项民生保障政策的调整完善,更好地回应职工群众的意见呼声和利益诉求。

2. 推动基层民主

法律法规赋予了工会代表职工进行集体协商、签订集体合同的权力,也赋予了工会带领职工参与企业民主管理的权力。在现实中,要通过各种制度安排,保障和落实基层工会组织与单位的平等协商权和民主管理权,以使工会组织在企业能够更好地维护职工的合法权益。首先,工会组织要代表职工群众积极参与所在单位的重大事项决策。遇到企业有重大事项需要决策时,工会要事先开展广泛调研,收集职工意见和建议,并进行归纳梳理,形成有利于职工根本利益的工会建议或提案;然后要快速有效地把工会的建

---

① 参见《中华人民共和国工会法》第三十三条规定:"国家机关在组织起草或者修改直接涉及职工切身利益的法律、法规、规章时,应当听取工会意见;县级以上各级人民政府制定国民经济和社会发展计划,对涉及职工利益的重大问题,应当听取同级工会的意见;县级以上各级人民政府及其有关部门研究制定劳动就业、工资、劳动安全卫生、社会保险等涉及职工切身利益的政策、措施时,应当吸收同级工会参加研究,听取工会意见。"第三十四条规定:"县级以上地方各级人民政府可以召开会议或者采取适当方式,向同级工会通报政府的重要的工作部署和与工会工作有关的行政措施,研究解决工会反映的职工群众的意见和要求;各级人民政府劳动行政部门应当会同同级工会和企业方面代表,建立劳动关系三方协商机制,共同研究解决劳动关系方面的重大问题。"

议或提案传递给企业管理方,并积极争取在重大事项的决策措施中使工会的意见被采纳;事后要监督各项决策措施的执行和落实情况,确保在实际执行中不会损害职工群体的利益。其次,扎扎实实推进集体协商、签订具有约束力的集体合同。集体协商是工会代表职工群众利益与企业雇主的正式谈判,工会必须根据实际情况,站稳职工立场,有理、有据、有节地就职工的各项权益及企业的收益分配等问题同企业谈判,最大限度地为职工争取利益,签订有效的可操作的集体合同。在谈判和签订的过程中,要保障职工群众的知情权、参与权、表达权和监督权。最后,在企业层面,工会组织可以在内部形成规范,约束会员的行为,引导成员着眼于整体利益和长远利益;在行业层面,工会组织制定、维护行业规范和职业道德标准,实行职工群体的自我规范,通过规范和约束增强合力和凝聚力,通过集体理性来增强工会组织的行动力和威慑力。

3. 加强社会监督

工会要加强社会监督,推动政府实现善治。根据政治学的一般原理,政府的存在是必要的,如果没有政府维持秩序并提供公共物品,社会就会陷入"自然状态",但政府作为公共组织同样具有"经济人"的特点,同样会追求自身利益最大化。[①] 如果没有组织或制度来制约或监督政府,政府的公共权力就会无限扩展,政府的机构就会无限膨胀,政府的运行效率就会越来越低下,公共权力就会自觉不自觉地侵害到公民的私人权益。党的十九大报告提出,保障人民知情权、参与权、表达权、监督权。健全依法决策机制,构建决策科学、执行坚决、监督有力的权力运行机制。工会对政府的监督属于社会监督,因为工会属于群团组织,是广大职工自愿结合的群众组织,群众组织的监督出发点必然是为了维护组织的群体利益,是对政府行政的真实的监督,不会走过场。此外,工会对政府的监督属于有组织的监督,与分散的个体对政府的监督效能相比,工会监督具备更强的力量和保障。工会可以借助组织的资源和优势,把职工个人分散的监督力量整合起来,在通过制度

___

① 参见张善柱:《国家治理体系现代化中的工会参与》,《天津行政学院学报》,2018 年第 3 期。

化的渠道表达职工群体的整体利益时更有力量,更能引起政府的重视。

4.服务国家其他战略

工会是作为一个群众组织,可以从民间参与的角度服务于国家的其他战略,如以民间组织身份为推动新时代的国家外交战略。积极发挥工会民间外交优势,讲好中国故事、中国工人阶级故事、中国工会故事。充分发挥工会对外交流交往优势,完成好配合国家重大外事工作的任务;积极参与国家"一带一路"倡议,加强与"一带一路"沿线国家广大职工以及劳工组织之间的交流与合作;积极参与全球劳工治理,不断提高我国在国际劳工事务中的话语权和影响力,为推动构建人类命运共同体做贡献。

(二)促进国家经济建设

我国仍是世界上最大发展中国家,在推动经济可持续发展、全面提升产品质量、由制造业大国转向制造业强国的进程中,工会应聚焦发展大局,积极组织、动员职工参与国家经济建设,在实现国家利益提升的同时实现职工个人利益的增加。在目前的经济发展形势下,工会应重点通过组织劳动竞赛和推进产业工人队伍建设来引导和带领职工群体参与国家经济建设。

1.组织劳动竞赛

组织劳动竞赛是工会组织、动员、引领广大职工参与社会经济建设的最重要的途径。在这个过程中,工会可以鼓励、引导职工群众不断地学习新知识,掌握新本领和新技术,从而使广大职工自觉地服务于国家的经济建设战略。在当前,中国由制造业大国向制造业强国转型的过程中,在国家鼓励创新、提升制造品质的经济背景下,工会要深入开展全国引领性劳动和技能竞赛,引导广大职工开展提升质量、优化操作、节能降耗、技术创新等多种劳动和技能竞赛,积极投身国家的自主创新战略和国家品牌战略。工会组织的劳动竞赛,要坚持重心下移,以国有企业为引领,以非公企业为重点,聚焦创新创业创造,广泛发动各级工会开展具有时代特征、区域特色、行业特性和单位特点的竞赛活动,深化班组(团队)竞赛,为职工建功立业、创新创效提供宽广舞台。在实际操作中,一方面,工会要通过各种措施,激励职工广泛参与,扩大劳动竞赛的影响力和覆盖面;另一方面,更重要的是要切实提高职工的受益度,使职工通过劳动竞赛有切实的获得感和成就感。不但使企业通过劳动竞赛提高了效率和品质,更要努力把劳动竞赛和职工创新活动打造成提升职工技能、增加职工收益、稳定职工队伍的有效载体。

2. 推进产业工人队伍建设

产业工人队伍的数量和素质直接决定着中国制造品质的高低。推进产业工人队伍建设是现阶段国家的大政方针①,所以工会参与国家经济建构的另一个重要途径就是大力推进产业工人队伍建设。各级工会可以在各级党委的统一领导下,充分发挥工会牵头作用,加强对产业工人队伍建设改革的政策协调和工作推进,形成党委领导、政府负责、工会推动、各方参与的产业工人队伍建设改革工作格局。贯彻政治上保证、制度上落实、素质上提高、权益上维护的要求,着力推动产业工人收入待遇提高、技能素质提升、职业发展通道顺畅。工会还要及时总结产业工人队伍建设改革的成功经验和做法,适时开展政策跟踪评估和督促检查,确保各项政策的落实和实施效果的提高。

(三)推进职工队伍发展

工会是职工自愿结合的群众组织,促进职工会员的成长发展是工会组织的天然使命,职工素质提升了,对于实施科教兴国、人才强国战略都具有极其重要的地位,这也是工会在治国理政中重要作用的体现。

1. 思想观念引导

发挥工会的"大学校"作用,加强对职工的思想观念引领。坚持以社会主义核心价值观教育职工,帮助广大职工树立正确的世界观、人生观、价值观,推动培育自尊自信、理性平和、积极向上的社会心态。可以通过职工理想信念教育和"中国梦·劳动美"专题教育,引导职工群众增强主人翁意识,踊跃投身改革发展实践。充分激发职工群众的劳动热情和创造活力,不断焕发广大职工历史主动精神和伟大创造力量。工会可以实施职业道德培育建设。推动职业道德教育纳入各类职工群体的岗前培训、日常培训之中,促

---

① 《新时期产业工人队伍改革方案》明确提出,要把产业工人队伍建设作为实施科教兴国战略、人才强国战略、创新驱动发展战略的重要支撑和基础保障,纳入国家和地方经济社会发展规划,造就一支有理想守信念、懂技术会创新、敢担当讲奉献的宏大的产业工人队伍。

进社会主义核心价值观在广大职工中落细落小落实。创新职业道德建设载体、搭建基层学习交流平台，努力构建体现新时代特征、富有不同行业内涵的职业道德建设体系和行为规范。深入开展职工职业道德建设标兵评选表彰活动，建设一批职业道德建设示范基地，引导广大职工树立崇高的职业理想，形成良好的职业作风和严格的职业纪律。

2. 弘扬劳模精神和工匠精神

工会要大力弘扬劳模精神和工匠精神，积极营造劳动最光荣、劳动最崇高、劳动最伟大、劳动最美丽的社会氛围。工会要做好全国和各省市劳模先进、五一劳动奖状（奖章）等的推选表彰活动，用工人阶级的优秀品质、模范行动鼓舞全体职工群众。工会还可以推动劳模工匠精神进园区、进企业、进班组、进社区、进学校，形成尊重劳动、尊重知识、尊重人才、尊重创造的时代氛围。工会还可以加强与党校、职业院校、开放大学等的合作，为劳模工匠搭建切磋技艺、交流经验和研修深造的平台。工会要探索运用社会力量开展劳模服务各项工作，加大对劳模特别是困难老劳模的关心帮扶力度，动员全社会尊重劳模、崇尚劳模、学习劳模、争当劳模。

3. 提升职工技能水平

工会应为职工搭建素质能力提升平台，不断提高职工能力和素质，以适应经济转型升级对职工素质、结构和规模的要求。工会可以实施职工学校推进计划，帮助广大职工群众学习新理念、新知识、新技能；实施职工技能登高计划，推进技能晋级、带教师傅奖励等项目，着重在重要产业、重点区域、重大工程中培养职工高精尖人才；实施职工科技创新计划，以一线职工为主体，广泛开展岗位创新活动；以劳模工匠人才为主体，以重大科技项目开发为内容，大力开展科研攻关活动。工会应开展好职工科技节、优秀发明选拔赛，深入实施授权发明专利奖励项目，积极组织职工创新成果参加从国家到地方的各级创新成果评选活动以及国际国内发明展览活动，进一步激发职工群众的创新创造活力。

（四）加强工会自身建设

按照组织行为学的观点，一个组织的发展壮大离不开自身的建设和进步。所以工会组织也应与时俱进、深化改革,不断加强自身建设,才能真正在国家治理体系现代化中发挥作用。根据组织行为学中的组织变革和发展理论,组织自身的建设可以从四个维度进行:结构维度、人员维度、技术维度、环境维度。

1. 结构维度

组织变革和发展理论认为,组织要维持自身的均衡,改善组织的有效性从而实现组织的目标,必须与时俱进,根据形势的变化不断进行组织结构变革,以使组织的效能得到更好地发挥,组织的目标更容易实现。

中国工会具有完备的组织架构,由中华全国总工会和各级地方工会机构组成,机构清晰,运作有序,但在实际工作中却未必有效,更重要的原因在于基层工会组织在人力、物力及外部资源上的短缺。所以工会的机构改革重点应在"减上补下",切实改变"倒金字塔"结构,增强基层的资源和能力。应深入推进园区(开发区)、行业(产业)工会建设,健全完善街镇"小三级"工会组织架构,形成"纵向到底、横向到边、条块结合、纵横交错"的组织体系。围绕"四新"经济发展,聚焦创意园区、创客小镇、孵化基地、新型农业经营主体等新型企业、就业群体集聚区域及各类流动、分散、灵活就业群体,开展新领域新群体建会入会集中行动。探索创新楼宇工会、商圈工会、街面工会、项目工会、平台工会、网格工会等组建方式,做实职工企业外入会、网上入会工作,不断扩大工会组织的有效覆盖。加强基层工会规范化建设,不断提升基层工会工作水平。

2. 人员维度

组织变革和发展理论的第二个维度即人员变革,包含了组织成员的态度、观念、期望、行为和技能的转变。作为社会组织的工会,需要进一步加强对工会工作者的选拔、教育和培养力度,个体人员素质的提高才能切实提高组织的整体运行效率。一是深化工会机关挂职干部选派、专职干部遴选、志愿者招募等各项工作,不断优化各级工会干部队伍结构。二是加强社会化工会工作者队伍建设,着力培育一支以专职工会工作者为核心、以社会化工会工作者为中坚、以工会积极分子和志愿者为骨干的工作队伍。三是实施工会干部能力提升计划,以各级工会干部培训院校为教育培训主阵地,针对非公企业兼职工会主席等不同群体,举办好各类主体班、业务班、资格证书班,探索举办工会干部高级研修班,着力补齐素质短板,提升广大工会干部宣传动员、协商协调、服务职工等的能力和本领。

3. 技术维度

组织变革和发展理论的第三个维度是技术变革,主要包括对工作过程、方法、所用设备和技术的调整。当前,互联网技术正以前所未有的速度改变着社会,中国已经进入移动互联时代。所以工会组织要引入"互联网＋"工会的工作模式。"互联网＋"工会是利用信息通信技术和互联网平台,让工会工作与互联网深度融合,立足工会系统的总体谋划,创新工会工作的体制机制、方式方法,更便捷地服务于职工群众,把"互联网＋"工会打造成广大职工的网上家园,打造成工会组织联系职工群众的新窗口,更好地发挥工会组织的桥梁和纽带作用。努力实现中国工会十七大报告中提出构建智慧工会的要求。①

4. 环境维度

组织变革和发展理论的第四个维度是物理环境变革,包括对工作场所、所处环境、外部保障的改变。对于工会组织来说,主要面临三个方面的环境变化:经济结构和劳动关系的多样化,职工思想意识的多样化,劳动关系领域社会组织的多样化。

改革开放以来,我国国有经济和民营经济快速发展,市场上的经济主体日益多元化,近些年来,园区经济、楼宇经济的快速发展,"大众创业、万众创新"、小微企业的发展,我国劳动关系也越来越呈现出广泛性、多样性、差异

---

① 中国工会十七大明确提出:"积极建设智慧工会。加强互联网思维,利用大数据、云计算、物联网、人工智能等手段促进工会工作,促进互联网与工会工作的整合,构建在线工作平台,创建工会工作升级版。推进实施《全国工会网上工作纲要(2017—2020 年)》,建立大型实名、动态、全面覆盖和安全共享的数据库,加强互联网内容和舆论阵地的建设,充分利用移动客户端、微博、微信,结合'12351'职工服务热线,建立健全工会新媒体矩阵。加强'互联网＋'工会的顶层设计,加强共同平台建设,促进上下级工会组织互联,逐步形成以中华全国总工会为主的工会网上工作体系,实现地方跟进、行业参与、协同互动,以及线上线下的有机整合。"

性、动态性、复杂性等特点。特别是随着互联网等新兴产业快速发展,经营业态多样化,雇佣形式更加灵活,就业岗位更加多样,处于灵活就业状态的人员越来越多。这对于工会以往的以固定职工作为工作对象的工作模式提出了极大的挑战。社会主义进入新时代,物质生产极大丰富,经济形势复杂多变,广大职工的思想意识、利益诉求也越来越多元化。随着职工群体的工作稳定性降低、职业流动性增强,职工对企业的忠诚度不可避免地下降,而企业对职工的技能培训投入的动力也会下降。这样一方面会使企业和个人之间的劳动纠纷增加,另一方面也使职工个体更需要企业以外的社会化的有组织的培训。在这个大背景下,劳动关系领域社会组织呈逐年增长趋势,并在服务职工群众等方面发挥了积极作用,但同时也存在境外敌对势力通过劳动关系领域社会组织插手中国劳动关系事务等一些值得高度重视的问题。这就更需要工会组织能够提供切合职工需要、能令职工满意的维护和服务,否则就不能把职工群众紧紧地团结在工会组织周围,就会给"独立工会""民间工会"等以可乘之机。

这些组织外部环境的变化都需要引起工会组织足够的重视。工会组织要与时俱进,主动适应变化的环境,不断改进和提高自身的建设,才能永葆组织的地位和功能。

牛雪峰

（上海工会管理职业学院讲师）

新型就业形态下的劳动标准探析与建构[*]

基于"网络平台"的工作已成为近年来广受关注的劳动力市场发展趋势之一,形成了依托信息技术实现劳动力供给与需求实时匹配的新型就业形态。在新型就业中,劳动者实时工作实时获得报酬,劳动的雇用主体被虚化,网络平台以经济手段管理劳动者。由于网络平台依照民事合同提供格式化服务条款,在司法实践中平台与劳动者之间往往被认定不存在劳动关系,导致新型就业劳动者无法获得法律上的权益保障。在现有劳动法律制度中,构建适合新型就业形态的劳动标准体系,可以为破解这一难题提供解决方案,在平台用工成本与劳动者权益之间取得平衡,维护劳动力市场的正常秩序。

一、导言

技术创新给工作组织、就业方式和劳动关系带来了巨大的变化,基于"网络平台"的工作成为近年来广受关注的劳动力市场发展趋势之一。这种基于网络平台而创造的劳动力市场,通过技术按照工作任务或实际需求在劳动者与消费者之间建立直接联系,改变了传统的"企业 + 雇员"的就业形态,进而形成了"平台 + 个人"的新型就业形态。这一新型就业形态的优势

---

* 本文原载于《工会理论研究》(上海工会管理职业学院学报),2020 年第 3 期。

在于平台直接向个体提供市场信息,劳动者不必进入传统企业就可以从事经济活动,有利于自主创业、自由择业、兼职工作等灵活就业。据测算,2018年我国数字经济领域就业岗位达 1.91 亿个,占全年总就业人数的 24.6%。①

对于平台而言,完成任务、提供劳动的劳动者不是雇员,而是独立承包商。劳动者在平台工作的条件与要求通常在平台的"服务条款"中有规定,劳动者必须点击"同意"才能开始工作,而这些服务条款是由平台单方面制定的,内容主要涵盖劳动报酬的支付方式和支付时间、评估工作的方法、出现问题后的追索赔偿等,而对于劳动保护、社会保障等则较少提及。平台就业的兴起值得关注,对于忽略劳动保障使平台劳动者始终面临着工作条件不足的不安全感。尽管这一做法对于平台有利,降低了劳动力的使用和管理成本,但从长期来看,则可能对经济造成消极影响,如人力资本提升的投资不足、劳动生产率增长放缓、社会保障体系的覆盖面不足、劳动力市场波动性增加等问题。

在新型就业形态的发展过程中,法律规范也受到了极大的冲击,特别是法律相对于经济社会发展具有一定的滞后性。这种滞后性在我国劳动法领域表现为,现有的劳动法与劳动合同法只认定标准的"企业 + 雇员"就业方式中的劳动法律关系,而"平台 + 个人"的就业方式则多被认定为民事劳务关系。劳动法律制度覆盖的相对缺位,为新型就业的爆发式发展提供了良好土壤,同时也使劳动者面临着保障缺失的困境。劳动法学界基于司法实践中的法律适用问题提出,应当在现有法律规范的基础上,构建一种有别于劳动关系与劳务关系的新型法律关系。这一建议打破了现有法律体系的制度设计,但在立法层面具有较大的操作障碍。有鉴于此,本章试图在现有劳动法律制度中需求新的破解方法,构建适合新型就业形态的劳动标准体系,通过在现有劳动争议实践中探索实践路径,化解平台劳动者权益保护不足的问题。

---

① 参见中国通信研究院:《中国数字经济发展与就业白皮书(2019 年)》,2019 年 4 月。

二、核心概念的界定

(一)"劳动标准"的内涵

劳动标准(Labor Standard),又称劳动基准、劳工标准,劳动标准是对劳动者、劳动过程、劳动条件和劳动关系以及相关管理活动等方面做出的统一规定,是用人单位必须保证劳动者享有的最低劳动权利和劳动待遇。[①] 劳动标准是劳动关系得以确立和运行的基础性法定条件,对于市场化条件下劳动用工形态的发育和塑造有着根本性的制度影响。[②] 我国劳动法学界习惯将劳动标准称之为劳动基准或劳工标准,主要原因在于:一是日本与我国台湾地区将有关用人单位和劳动者权益的外在标准均规定于《劳动基准法》;二是国际劳工大会通过的公约和建议书,以及其他国际协议有关劳工保护的原则、规则被统称为国际劳工标准。

尽管我国学术界对劳动标准关注已久,实践中各方对于劳动标准也有了一定的感性认识,但与注重劳动法律关系认定的劳动合同法相比,我国在劳动标准领域的立法则落后得多。[③] 党的十八大报告首次提出"健全劳动标准体系",将劳动标准上升为提高就业质量、构建和谐劳动关系的全局性战略部署。目前,我国劳动标准仍是以《劳动法》中的相关规定为主,具体操作性规范则散见于各类行政法规规章之中。从内容上来看,我国有关劳动标准的规范性文件主要涉及工资、工时、休息休假、特殊劳动者保护、劳动用工管理、劳动安全卫生、社会保障等方面的内容。[④]

我国现有劳动标准主要适用基于全日制、无固定期限或有一定期限、劳资双方存在从属性雇佣关系的标准就业。尽管劳动合同法中对于"非全日制用工"劳动合同进行了规定,但内容极为简略,基本没有这一用工形式的

① 参见刘文科、郑雯:《网络平台用工责任之类型化探析——以共享经济为背景》,《研究生法学》,2018 年第 3 期。

② 参见王天玉:《工作时间基准的体系构造及立法完善》,《法律科学》(西北政法大学学报),2016 年第 1 期。

③ 参见涂永前:《我国劳动基准立法的现状与进路》,《社会科学》,2014 年第 3 期。

④ 参见王文珍、黄昆:《劳动基准立法面临的任务和对策》,《中国劳动》,2012 年第 5 期。

劳动标准。非正规就业劳动标准的制度缺失,使得这一领域就业的劳动者被排除在劳动法的适用范围之外,只能适用民法并辅之以部分行业性强制性标准。尽管这种法律实践倾向在一定程度上促进了网络平台的蓬勃发展、吸纳更多的剩余劳动力,但也损害了新型就业劳动者的劳动权益,禁锢了劳动法领域的理论发展。[①]

(二)"新型就业形态"的内涵

近年来,基于互联网技术的网络平台成为经济发展的新引擎,吸纳了大量由制造业转移出来的剩余劳动力。目前,学界将由网络平台引发的新经济模式称之为"共享经济""平台经济""数字经济"等。称谓差异主要表现为对于这一经济模式理解的面向不同。"共享经济"强调的是充分利用社会闲置资产和能力,实质上是将闲置资产和劳动力的再商品化或再资本化,对于平台而言,提供资产或劳动力的个人只是独立承包商而非雇员,双方之间存在的是服务关系。[②] "平台经济"突出提供交易信息的载体——网络平台,该平台的作用是消除信息壁垒,为供需双方提供信息,充当在线中介的角色,对于提供服务的劳动者来说,平台也不是其雇主。[③] "数字经济"则侧重于"数据"这一新的生产要素所带来的经济效应,生产要素的变革引发了劳动力资源配置方式的改变,从而影响劳动者的就业方式。[④] 无论从哪一个分析视角来看,在网络平台推动的新一轮经济发展中,劳动者的就业模式与就业观念正在发生改变。

在新的经济模式中,"数据"/"信息"取代资本成为核心生产要素,网络平台对于"劳动"的控制已经从人身的管理转变为经济的约束,劳动力的作用被进一步边缘化,主要表现为灵活就业/非正规就业的兴起。学界普遍认

---

① 参见王健:《APP 平台用工中的网约工身份认定与劳动关系重构》,《兰州学刊》,2019 年第 6 期。

② 参见崔學东、曹樱凡:《"共享经济"还是"零工经济"?——后工业与金融资本主义下的积累与雇佣劳动关系》,《政治经济学评论》,2019 年第 1 期。

③ 参见任洲鸿,王月霞:《共享经济下劳动关系的政治经济学分析——以滴滴司机与共享平台的劳动关系为例》,《当代经济研究》,2019 年第 3 期。

④ 参见王娟:《高质量发展背景下的新就业形态:内涵、影响及发展对策》,《学术交流》,2019 年第 3 期。

为,这种有别于传统线下实体型为主企业标准雇佣制的就业模式是一种新的就业形态,将其称之为"重塑就业"①。我国长期以来强调的是就业的相对稳定,网络平台的兴起打破了这一观念,线上就业成了关注焦点。② 需要指出的是,所谓"新型就业"不仅体现在其有别于传统就业的灵活性,也表现为其不同于线下就业的虚拟性。因此,本文将"新型就业形态"定义为:依托网络平台和信息技术,通过劳动供给与需求的实时匹配实现劳动力资源有效配置的就业模式。

（三）新型就业形态的主要特点

有关网络平台就业的研究对于这一新型就业形态的特点进行了全面的总结,大致上可以概括为用工主体的平台性和轻资产化、就业主体的原则性和重资产化、用工方式的高弹性和社会化、就业方式的网约性和非标准化、用工管理突出"重绩效轻责任"、就业契约去劳动关系化等六个方面。③ 尽管这一总结基本囊括了新型就业的主要特征,但其分析视角仍是基于与传统标准就业的差异,信息技术对于就业的影响则体现得较少。有鉴于此,需要从平台就业本身出发,将传统标准就业和线下灵活就业作为参照对象,来总结新型就业形态的主要特点。

一是在就业方式上,新型就业表现为"实时工作"。劳动者为网络平台工作的状态,通常表现为"上线即工作,下线即下班"。无论网约车司机、外卖送餐员,还是特定任务完成者、在线服务提供者,其在网络平台上的工作都是实时工作,即通过网络平台匹配到合适的工作提供劳务、获得报酬。相较于传统标准就业,平台就业更为灵活,劳动力资源的配置更为合理;对比线下灵活就业,实时工作节省了信息匹配所需的交易成本,劳动供给更为精准。从劳动本身来看,实时工作意味着工作的碎片化、工作时间的不确定性、报酬收入的不稳定。

---

① 孔微巍、胡耀华:《共享经济与新就业形态的逻辑关系》,《商业经济》,2019 年第 2 期。

② 参见朱婉芬:《新就业形态下灵活就业人员研究综述》,《工会理论研究》,2019 年第 4 期。

③ 参见汪雁、张丽华:《关于我国共享经济新就业形态的研究》,《中国劳动关系学院学报》,2019 年第 2 期。

二是在劳动关系上,新型就业表现为"雇佣主体虚化"。劳动者在网络平台工作时,通常无法意识到自己的雇主究竟是谁。对于劳动者而言,网络平台是工作信息的中介服务商,工作需求方则是劳务的消费者,二者看上去都不像雇主。雇主主体的虚化导致劳动者在进入网络平台工作时与网络平台签订的"服务条款"只能被认定为劳务关系,而其与工作需求方建立关系的契约也是普通服务合同。这一特征是新型就业有别于其他就业形式的主要特点。在发生劳动争议时,雇佣主体虚化会引发一系列法律问题,对劳动法的法律适用造成极大的挑战。

三是在劳动管理上,新型就业表现为"经济依赖性"。在雇主不明的情况下,基于人身依赖性所形成的传统劳动管理方式显然无法适用。通常来说,网络平台对于旗下从业人员的劳动管理主要采用的是经济手段,如采取基于用户评价而给予奖励或处罚措施、给予新加入人员优惠政策、强制要求从业人员的工作量等。劳动者对于网络平台的经济依赖性,削弱了平台在工作条件、劳动保护、社会保障方面的责任,进一步强化了平台与劳动者之间的劳务关系。网络平台的责任减轻,意味着劳动者必须承担更多的风险,加剧了劳动力市场的流动性。

鉴于新型就业形态不同于标准就业的特点,部分学者提出降低劳动关系认定标准,弱化劳动标准执行、社保缴纳与劳动关系的关联性。[1] 尽管这一建议有利于将新型就业劳动者纳入劳动法的保护范围内,但对于正规就业劳动者和新型就业劳动者提出同等的法律要求可能存在较大问题。更为可行的办法则是,根据新型就业的特点为劳动者构建合适的劳动标准体系,并以此为基础要求平台提供相应的劳动权益保障。

三、新型就业形态劳动标准建构

(一)新型就业的基准性劳动标准

劳动标准作为最低标准的劳动条件,体现劳动者的生存权益,与公共福

---

[1]　参见胡磊:《网络平台经济中"去劳动关系化"的动因及治理》,《理论月刊》,2019 年第 9 期。

祉和社会利益密切相关。构建适合新型就业形态的劳动标准体系,有助于提高我国劳动法律法规的覆盖面,明晰劳动标准执行与劳动关系认定的逻辑关系,完善新型就业的劳动风险分担和基本权益保障制度。参照我国劳动法对于标准就业下劳动标准体系的具体规定,考虑新型就业的特点和实现的可能性,我国应当要求网络平台为旗下新型就业劳动者提供最低程度的劳动保障,具体而言包括以下几个方面。

1. 在工资方面,建立适应劳动报酬支付即时化的工资保障制度

在传统就业中,劳动者的工资一般采取计时工资或计件工资的形式按照合同约定定期支付。在新型就业形态下,劳动者获得报酬的方式是实时给付,即需求方在获得服务后便向平台支付服务费,平台在扣除一定比例抽成后,将报酬支付给劳动者。[①] 与传统就业定期支付工资相比,新型就业的报酬实时给付缩短了支付周期,同时也对劳动法中的工资保障制度提出了挑战。

劳动法对于工资的保障主要有按时足额给付工资、最低工资、工资增长等方面。由于新型就业的工作方式属于实时工作,劳动者可以即时获得报酬,而在报酬获取方式上更接近于计件工资,可以多劳多得、少劳少得。因此,有关新型就业工资保障的争议主要集中于网络平台的抽成比例。在平台发展初期,为了扩大市场和吸引劳动者通常会给予工作奖励,随着市场地位的确立,平台会取消奖励甚至逐步提高抽成比例,导致劳动者与平台的纠纷日益增多。在抽成比例提高的同时,"最低工资标准"在新型就业中的适用问题也开始凸显。在英国的判例中,法院认为 Uber 司机应通过计算工作时间来测算最低工资。[②] 而这一计算方法遇到的新问题则是如何计算等待订单时间以及多平台工作时间的分配。因此,在建立劳动报酬支付即时化的工资保障制度时,不仅统合相关行业的劳动报酬抽成标准,同时也要明确

① 参见任洲鸿、王月霞:《共享经济下劳动关系的政治经济学分析——以滴滴司机与共享平台的劳动关系为例》,《当代经济研究》,2019 年第 3 期。

② 参见林欧:《英国网约工劳动权益保障的思路、困境及启示》,《中国人力资源开发》,2019 年第 4 期。

小时工资的计算方式,以便保障新型就业劳动者能够受到最低工资标准的保护。

2. 在工作时间方面,建立抑制在线时间过长的强制休息制度

新型就业相较于标准就业的最大差别就是工作的灵活性,线下就业的工作场所与工作方式的相对明确,使工作时间的计算较为清晰明确。网络平台的用工通常采用弹性工作时间,因而在工作时间的计算上存在着多种可能性。以外卖送餐员为例,最为狭隘的计算方式是送餐员拿到餐品后送至消费者指定地点的时间段,次为狭隘的计算方式是送餐员接受订单至将餐品送至指定地点的时间段,较为宽泛的计算方式是送餐员打开应用程序准备接单到关闭应用程序不再接单的时间。由于送餐订单具有较大的随机性,因此送餐员等待订单时间是否应当计入工作时间存在一定争议。

由于在线时间与劳动报酬的关联性不高,导致很多新型就业劳动者每天的在线时间很长。有关网约车司机的研究显示,超过七成的受访司机一天在线时间在 10 小时以上,逾四成受访司机在线时间超过 12 小时。[1] 当以成功接单为标准结算时,新型就业劳动者的实际工作时间并不长,但是一旦计算上等待订单、接受订单和准备订单的时间,可能使整个工作时间达到全日制工作的状态。为了防止新型就业劳动者的过度劳动,应建立抑制在线时间过长的强制休息制度,对于每天的在线等待时间和实际工作时间予以限制,如在线等待不应超过 12 小时、实际工作时间不应超过 8 小时。此外,对于每周在线时间和实际工作时间达到一定限制的劳动者,网络平台可强制要求下线 24 小时,以保障劳动者有充足的休息时间。通过平衡劳动者权益保护与网络平台生产方式,保障新型就业劳动者的休息权利,防止平台对于劳动者休息时间的过度侵蚀。

3. 在特殊劳动者保护方面,建立对弱势劳动者的倾斜性保护制度

从本质上来看,新型就业形态构建了一个就业门槛较低的次级劳动力

---

[1] 参见刘文科、郑雯:《网络平台用工责任之类型化探析——以共享经济为背景》,《研究生法学》,2018 年第 3 期。

市场,吸纳了大量无法在一级劳动力市场找到工作或被一级劳动力市场解雇的劳动者。从有关网约车司机、外卖送餐员、快递员等网约工群体相关调查可以看出,目前我国新型就业劳动者群体主要为学历较低、技术能力较低、外地农村户籍的青壮年男性。[①] 这些劳动者在劳动力市场中处于弱势地位,一般没有较高的职业技能,工资议价能力极低,只能接受网络平台的格式化服务条款而无法提出异议,处于随时可能被驱逐的状态。此外,部分网络平台中也吸纳了大量听力有障碍或身体有残疾的劳动者,为他们提供获得劳动报酬的机会。[②]

由于新型就业中吸纳了大量弱势劳动者,因此对于特殊劳动者群体的保护应当成为构建新型就业形态劳动标准的重要内容之一。目前,我国劳动法规定对女职工和未成年工实施特殊劳动保护,但保护的范围较为有限,也不适应新型就业的特殊情况。为了保障未成年工、女工、残疾劳动者等特殊群体,应当对这些群体在立法上给予特别考虑,对其劳动条件和劳动强度进行特别制度设计,如限制每日接单时长、强制要求凌晨不能接单、接单时标注劳动者身份、高频匹配适合特殊劳动者的订单等。通过建立对弱势劳动者的倾斜性保护制度,将劳动法中对于特殊群体的保护覆盖到新型就业劳动者,保障特殊劳动者群体的身体健康和生命安全。

4. 在劳动用工管理方面,建立人性化、强度适中的劳动管理制度

在用工管理上,网络平台倾向于采取技术手段和激励约束措施,以实现利益最大化。对于网络平台来说,效率即生命,为了能够快速抢占市场,平台都在最大限度地利用各种新技术手段和管理机制提高劳动效率、提升服务质量,增加消费者的黏性。在劳动用工管理上表现为:采用大数据手段对于劳动定额进行测算,优化劳动支付模式,实现劳动成本最小化;通过 AI 深度学习、迭代运算和智能化系统调度,优化订单调配和规划执行,实现劳动

① 参见孙岩、邹卫民、施思:《"独立工人"视角下共享经济就业特征及其影响机制》,《中国劳动关系学院学报》,2020 年第 3 期。

② 参见王娟:《高质量发展背景下的新就业形态:内涵、影响及发展对策》,《学术交流》,2019 年第 3 期。

效率最大化;同时采取信用评价、积分制、强制接单/强制退出、以罚代管等自动化监管手段,监管整个劳动过程,弥补线上监管的不足。①

网络平台实施的"弱契约、强控制"和智能化用工管理方式,在弱化劳动者与平台的人身依赖性的同时,强化了双方之间的实际从属性、依附性和冲突性。新型就业中因追求超额劳动效率而极其严苛的劳动管理方式,已将传统的泰罗制管理效用在网络信息时代发挥到了史无前例的极致水平,严重挑战了新型就业劳动者的体面劳动和职业发展可持续。② 有鉴于此,应当采用更为人性化、强度适中的劳动管理制度,对于工作时效、薪酬支付、服务考核形成合理的评价方式,对于劳动者的优异表现应当予以奖励或激励,对于强制接单、强制退出等措施建立豁免制度,针对劳动者的不当行为建立负面清单制度。

5. 在劳动安全保护方面,建立适合新型就业的劳动保护制度

人身意外事件频发且事后难以要求网络平台承担劳动保护责任,是新型就业劳动者合法权益难以维护的主要表现之一。以外卖送餐员为例,2017 年上半年,仅上海市送餐外卖行业发生伤亡交通事故就达 76 起,南京市 2017 年上半年共发生涉及外卖送餐电动自行车的各类交通事故 3242 起。③ 有关外卖平台的诉讼也反映出同样的问题,涉及外卖配送平台的劳动关系纠纷几乎都是有关交通事故赔偿责任问题的。④ 在新型就业中,劳动者比网络平台和消费者承担着更多的风险,特别是派送、上门等需要劳动者提供定点服务的领域,几乎是劳动者承担了所有基于移动而产生的事故风险。⑤

① 参见汪雁、张丽华:《关于我国共享经济新就业形态的研究》,《中国劳动关系学院学报》,2019 年第 2 期。

② 参见李梦琴、谭建伟、吴雄:《共享经济模式下的共享型用工关系研究进展与启示》,《中国人力资源开发》,2018 年第 8 期。

③ 参见宋海兰:《共享经济模式下"网约工"用工管理策略研究》,《经济纵横》,2018 年第 26 期。

④ 参见汪雁、张丽华:《关于我国共享经济新就业形态的研究》,《中国劳动关系学院学报》,2019 年第 2 期。

⑤ 参见邓雪:《共享经济背景下的新型用工关系定性研究——以"滴滴出行"为研究对象》,《山东工会论坛》,2019 年第 4 期。

针对"服务者移动"精准服务的特点,应当参照建筑、采矿等安全生产事故高发行业强制企业购买工伤保险的做法,将网络平台为新型就业劳动者购买意外伤害保险作为服务条款的法定要件。当在送餐、送货过程中发生意外事故,即使无法认定为工伤,劳动者也能够通过意外伤害保险获得一定的赔偿。此外,网络平台还负有劳动安全宣传教育和安全监管的责任,应当定期对劳动者开展交通安全、职业防护、卫生安全方面的教育培训,使劳动者了解有关劳动保护方面的基本知识;建立劳动安全监管制度,利用科技手段对劳动者行为进行检测,促进新型就业劳动全方位实现权益保障。

6. 在社会保障方面,建立全方位、广覆盖的新型就业社会保障制度

根据目前我国劳动法的规定,网络平台与新型就业劳动者之间不存在劳动法律关系,网络平台无须为此类劳动者提供相应的社会保障待遇,相应的养老、医疗、工伤、生育等社会保障义务被转嫁给了劳动者个人和整个社会。[①] 社保义务的转嫁极大地节约了网络平台的人力成本,也使网络平台在有关新型就业的劳动争议中处于更为有利的地位。一旦发生劳资纠纷,新型就业劳动者根本无法证明自己与网络平台之间存在劳动关系,法院也难以根据依赖性原则将平台提供的格式化服务条款认定为劳动合同。[②] 随着有关网络平台劳动争议的增多,新型就业劳动者的社会保障问题已经从劳资双方的问题上升成为广为关注的社会问题。

新型就业的特点在于自主性、灵活性、流动性。为了应对这一情况,我国社会保障体系中有适应于灵活就业的社会保险制度,即由劳动者个人缴纳养老和医疗保险。社会保障作为劳动者的初次分配权,不仅是劳动者个人的义务,也是企业的社会义务,网络平台同样应当履行这一义务。在新型就业社会保障制度设计上,应当向平台外加为全日制劳动者缴纳社会保险的义务,如为每日上线工作超过 8 小时、每周上线工作 10 小时的专职劳动者

---

① 参见李霞:《共享经济下我国新业态从业人员的劳工权益保护问题》,《天津中德应用技术大学学报》,2019 年第 2 期。

② 参见焦若水:《有力社会:共享经济时代就业的社会学解读》,《浙江工商大学学报》,2018 年第 6 期。

缴纳社保。由于劳动者对于网络平台的依赖性极强,劳动者面临着极大的失业和伤害风险,应当将失业保险和工伤保险纳入新型就业社会保障制度中,可根据职业的特殊性设计不同的缴纳标准,要求风险较大的平台必须强制缴纳。

（二）新型就业的替代性劳动标准

新型就业劳动者在网络平台从事工作、获得报酬、承担风险的方式都有别于传统标准就业,因此在构建适合新型就业形态劳动标准体系时,应当看到并非所有的劳动标准都适宜应用于新型就业,对于部分不适宜的劳动标准应当做出替代性的制度设计。

一是将劳动的额外给付作为有关"加班"的替代性劳动标准。新型就业劳动者取得收入的方式是按次获取劳动报酬,决定其收入的不是工作岗位、工作时间、劳动定额等传统的标准,而是服务资源的稀缺性。当有很多劳动者在同时竞争一个订单时,劳动的报酬就比较低,当某一订单无人问津时,消费者就不得不提高劳动报酬,以吸引适合的劳动者接单。衡量服务资源稀缺性的因素主要有工作的难易程度、工作的时间长度和具体时段、工作的紧迫性等。在这种情况下,根本无法对工作任务是否属于"加班"做出判断,也很难计算"加班工作"。网络平台应依据工作时段、工作难易程度等特殊条件,对于劳动报酬的给付制定额外标准。如网约车平台对于高峰时段/凌晨时段的约车服务要求加成,配送平台对于加急派送收取更高服务费等。

二是将可携式福利体系作为有关"请假"的替代性劳动标准。在传统标准的劳动关系中,劳动者享有病假、产假、带薪休假等与请假有关的权利,而在新型就业中,网络平台将劳动者视为服务提供者,规避了病假工资、带薪假期、缴纳生育保险等保障性内容。只要劳动者无法上线工作,其就与网络平台不存在法律关系,无论其因何种原因不能上线都不会作为网络平台支付补偿性报酬的理由。在这种情况下,新型就业劳动者既不能因家庭和医疗原因而休假,也不能因失业、退休、残疾、工伤、死亡或疾病而获得合理赔偿。更为有效的制度救济措施是,通过建立适宜新型就业的"可携式福利体系",由网络平台委托第三方机构向劳动者提供病假工资、带薪休假、退休金账户等相关福利措施,以使劳动者可持续获得福利与保护。[①]

四、结论

(一)现有司法实践的逻辑困境

近两年有关新型就业所产生的劳动纠纷出现井喷式增长,已经成为司法实践和法学研究关注的重点问题。梳理近几年有关平台就业的相关判决可以看出,法院在做出裁判时需要解决的核心问题就是认定劳动者与平台之间的法律关系性质。有研究梳理了2016年至2018年间外卖配送平台应用程序"达达"相关的案件,结果显示在司法实践中法院倾向于认定众包配送员与达达运营方达疆不存在劳动关系,绝大部分判决认为达达公司与众包配送员之间为居间关系。[②] 在"e代驾"与代价司机的多份判决中,法院同样做出了否定劳动者与平台存在劳动关系的判决。[③]

从裁判理由来看,法院普遍认为新型就业劳动者具有较大的灵活性与自主性、没有固定工作场所和工作时间,与平台没有人身依赖性,难以认定为劳动关系。司法实践对于新型就业劳动关系的否定,不仅损害了劳动者的利益,也暴露出我国现有劳动法在法律适用过程中的逻辑困境。在劳动争议中,法院只有在做出劳动者与平台之间具有劳动关系的判断后,才能就劳动者所享有的劳动权益进行裁判。一旦认定双方之间不存在劳动关系,劳动者则无法主张自己的劳动权益,这种"全有或全无"的判断方式限制了劳动法的适用范围。

与我国依据法律关系进行裁判的方式不同,国外有关新型就业的司法实践先对劳动者的身份做出判断,即新型就业人员属于哪种劳动者,再基于

---

① 参见[美]赛思·D.哈瑞斯、汪雨蕙:《美国"零工经济"中的从业者、保障和福利》,《环球法律评论》,2018年第4期。

② 参见谭书卿:《分享经济下用工关系法律界定与制度探索——以外卖配送行业为视角》,《中国劳动关系学院学报》,2019年第2期。

③ 参见焦娟:《共享经济用工法律规制研究》,《广西政法管理干部学院学报》,2019年第3期。

这一身份判断对劳动者主张权益的合法性进行裁判。因此,在有关平台就业的域外研究中对从业人员是否属于"工人"范畴的问题成为核心关注点,由此衍生出很多新的概念,如独立经营者、独立工人、自雇工人、类劳动者、依赖型承揽人等。域外司法实践能够采用这样的裁判逻辑过程的关键还在于,其已经建立了适合灵活就业的劳动法律制度,特别是非正规就业的劳动标准体系。在判断劳动者属于新型就业人员之后,法院即可按照非正规就业的规定来做出裁判,要求平台履行相应义务,承担相应责任。

（二）新型就业劳动标准的实现路径

新型就业形态的兴起源于互联网技术与网络平台对于"劳动"的重新定义,弱化了劳动对现实生产场所和生产资料的依赖性,极大降低了企业的用工成本。与此同时,新型就业也为劳动者特别是低技能和无技能的劳动者提供了就业机会,使其能够顺利进入劳动力市场,但工作碎片化、就业实时性、雇主不明也带来了劳动关系难以认定的问题。在新的就业方式中,网络平台与劳动者处于极为不平等的状态,资本的强势进一步凸显出劳动者的弱势,需要依靠法律制度的完善使劳动者在劳资关系中获得更多的话语权。

新型就业给劳动力市场带来的问题已经日益突出,由其引发的一系列劳动争议也无法在现有劳动法体系中得以解决。司法实践中,新型就业劳动者想要通过认定存在劳动关系而获得相关赔偿的主张,通常无法得到法院的确认。有鉴于此,学界已经提出应当在现有法律框架之下寻求破解方法。尽管有学者提出可参考域外法的法律实践,将新型就业劳动者作为中间主体予以适当保护,但这一路径在我国缺乏一定的适用性和可行性。

综上,本文提出的解决方案是,在现有劳动法律法规系统中,通过构建适合新型就业形态的劳动标准作为网络平台服务协议的法定条款。在司法实践中,法院可在认定双方存在劳动关系的基础上,以新型就业劳动标准作为裁判依据,确定双方当事人的权利与义务。在劳动法中引入新型就业劳动标准,既可以保持现有法律法规的完整性和权威性,也可以为劳动者争取合法权益提供法律保障,实现社会、网络平台与新型就业劳动者的三方共赢。

孙 岩

(上海工会管理职业学院研究部讲师)

邹卫民

(上海工会管理职业学院研究部部长、上海市工人运动研究会秘书长)

施 思

(上海工会管理职业学院培训部教师)

上海护工护理员群体状况调查研究[*]

护工护理员群体作为灵活就业群体之一，是上海医疗、养老服务体系的重要支撑保障。笔者通过去上海市各类医疗机构、养老院等单位进行现场访谈和问卷调研，从群体结构、劳动就业、收入保障、职业发展、对工会的认知等角度对 2019 年上海市护工护理员群体状况进行了调查，发现该群体存在招工难、留用难，供需矛盾突出；学历低，专业技能低；报酬与付出不对等，劳动权益缺保障；工会入会率低，组织化程度低等突出问题，建议通过完善立法和现有社会保障制度、加大执法监督力度、建立护工护理员数据库、加强工会作为等措施，来改善护工护理员群体状况，推动护工护理员群体队伍健康发展。

在我国，通常将在各级医疗机构、老年护理医院、养老院、社会福利院等单位中提供日常生活照料、生活护理及简单基础护理的人员列为护工护理员。根据工作职责和聘用主体的不同，护工护理员内涵会有所区别，其中护理员主要指由医疗机构等单位聘用，提供生活护理及简单的基础护理的社会人员，其工作范围除日常生活护理外，还可辅助护士从事清洗消毒、协助病人康复训练等简单的基础护理活动。而护工则是指主要由病家聘用，提供日常生活照料的社会人员，其工作范围主要是日常生活护理，包括协助病

---

* 本文原载于《科学发展》，2020 年第 6 期。

人用餐、排泄、沐浴、病床单位的清洁等。①

护工护理员群体作为灵活就业群体之一,是上海医疗护理、养老服务的主要提供者,是上海医疗、养老服务体系的重要支撑保障。上海是全国最早进入人口老龄化的城市之一,统计数据显示,2018 年底上海 60 岁以上户籍老年人口已达 503.28 万人,占户籍总人口的 34.4%。面对上海人口老龄化局势,未来养老、护老、医老的护理服务需求不断加大;加之我国家庭规模日益小型化直接导致家庭的医疗护理、养老照料功能弱化,许多患者家属无力独自承担理工作,对护工的需求急剧增长。因此,在这样的背景下进行上海市护工护理员群体的样本调研,对于促进上海市护工护理员的规范化管理,保障其劳动权利,降低职业风险,改善其群体状况,提升上海医疗护理、养老服务质量等都具有积极的现实意义。

从现有文献看,已有部分学者开展过相关调查研究,其中王燕等对上海市护工行业市场现状进行调查发现护工供需矛盾将长期存在。② 陈晓丽研究认为,面对上海市人口老龄化严峻形势,养老护理员人才问题是养老领域明显的短板所在。③ 储金妹等对浦东地区老年护理病区护工现状调查研究发现,护工主要为中小学及以下学历、50 岁及以上、外省市户籍为主,对自身工作满意度低,护工的管理制度及相关专业化知识培训也较为匮乏。④ 沈雁红等对上海市杨浦区医疗护理机构护工队伍现状进行调查发现,持有专业技术证书的护工比例相对较低,流动性较大,建议应完善护工管理体制,加强护工专业知识培训,提高护工持证和技术技能等级等。⑤

现有研究往往主要针对上海市医疗机构护工或者养老护理员中的一个

---

① 参见上海市卫生局:《关于加强上海市医疗机构护理员、护工管理的通知(修订)》(沪卫医政(2004)72 号),http://wsjkw.sh.gov.cn/yzgl1/20180815/0012-58805.html。

② 参见王燕、贾同英、袁蕙芸:《上海市护工行业市场现状的调查与分析》,《中国医院》,2016 年第 7 期。

③ 参见陈晓丽:《上海市养老护理员队伍建设现状分析》,《党政论坛》,2019 年第 1 期。

④ 参见储金妹、王晓丹:《浦东地区老年护理病区护工现状调查和对策建议》,《上海医药》,2017 年第 6 期。

⑤ 参见沈雁红、江欲红、崔明:《上海市杨浦区医疗护理机构护工队伍现状调查及对策建议》,《中国社区医师》,2018 年第 34 期。

群体,关注护工护理员权益保障方面的研究相对较少。基于此,笔者以上海市各类型的护工护理员作为研究对象,从群体结构、劳动就业、收入保障、职业发展、对工会的认知等角度聚焦护工护理员群体现状中存在的突出问题,并提出对策建议。

一、上海市护工护理员群体的现状

（一）调查数据

1. 调查数据来源

笔者所使用的数据源自上海工会管理职业学院课题组于 2019 年 7—10 月对上海市各区各类医疗机构、养老院等单位的护工护理员群体进行问卷调研而获得的数据库。调查最终共发放问卷 507 份,回收有效问卷 489 份,有效率 96.5% 。同时,在问卷调查过程中辅助用工单位（或用工者）访谈法收集资料,以对问卷涉及的具体问题展开深入分析。

2. 样本基本描述

从调查样本的数据结果（表 1）可以看出,受访护工护理员主要集中在医疗机构（占 66.67%）和养老服务机构（占 27.61%）,其中男性占 9.2%、女性占 90.8%,年龄主要集中在 41—50 岁（占 37.01%）、51—60 岁（占 54.60%）两个年龄段,有 94.48% 持有护工护理职业资格证书,92.64% 来自外省市,89.16% 学历在初中及以下。

表1　调查样本的基本分布描述

基本信息	指标	比例（%）
职业类型	医疗机构护工护理员	66.67
	养老服务机构护工护理员	27.61
	社会福利院的护工护理员	2.86
	月子中心的护工护理员	1.43
	钟点工	1.43

基本信息	指标	比例(%)
性别	男	9.2
	女	90.8
年龄	20 岁以下	0.2
	21－30 岁	0.61
	31－40 岁	6.13
	41－50 岁	37.01
	51－60 岁	54.6
	60 岁以上	1.43
户籍	本市非农业户口	4.29
	本市农业户口	3.07
	外省市非农业户口	13.29
	外省市农业户口	79.35
文化程度	初中及以下	89.16
	高中(含中专、职高)	10.22
	大专、高职	0.2
	本科	0.41
护工护理职业资格证书	有	94.48
	没有	5.52

(二)上海市护工护理员群体状况分析

1.结构状况

(1)性别和年龄比例失调,以女性为主、普遍年龄偏大。调查数据显示,受访护工护理员群体以女性为主,占比高达 90.8% ;普遍年龄偏大,其中51—60 岁高达54.60% ,41—50 岁的占37.01% 、30 岁及以下的仅占0.81% ,很少能够吸纳年轻就业群体。

(2)以外来务工人员为主,绝大部分已经已婚生育。调查数据显示,92.64% 的护工护理员来自外省市,主要是广大农村地区的剩余劳动力,其中非沪农业户口占 79.35%,本市做护工护理员的仅为 7.36%。同时护工护理员中已婚的高达 95.30%,生育一孩的占 38.45%,生育二孩的占 50.92%,生育三孩以上的占 10.22%,尚未生育的仅占 0.41%。访谈中发现大部分护工护理员之所以背井离乡来沪工作,主要是因为负有养育子女、支撑家庭的责任。

(3)教育程度很低,但基本实现持证上岗。调查数据显示,护工护理员群体文化程度很低,学历在初中及以下占 89.16%,高中(含中专、职高)占 10.22%,大专及以上学历的仅占 0.61%。根据上海市卫健委有关要求,护工护理员上岗必须持有三证(身份证、健康证,护工上岗证),数据显示这一政策得到有效执行,有 94.48% 持有护工护理职业资格证书(包括护理员职业资格证书或养老护理员初级、中级、高级等)。

2.劳动就业状况

(1)新招人员多数是通过老乡或熟人介绍,主要来自农村剩余劳动力。与用工单位访谈了解到,招聘护工护理员缺乏明确的、正式的渠道,多数是通过老乡或熟人介绍,春节等特殊时期护工办会主动到劳动力市场、中介机构寻找有相关证件、资质的护工。调查数据显示,经亲属介绍的占到 17.79%,朋友介绍的占到 69.73%,中介公司占到 10.22%,人才市场招聘的仅占 1.84%,还有 0.41% 是自己找上门应聘的。新招人员之前的职业有 65.44% 是在家务农,16.36% 是家政服务业,主要还是来自农村剩余劳动力。

(2)流动性比较大。访谈时用工单位均表达护工护理员流动性比较大,辞职的主要原因是老家家中有事,同时也包括季节性因素,例如某一段时间病人对护工的需求量少,派不上单的护理员收入减少就会辞职。但调查数据显示,受访护工护理员中从事护工护理员工作年限比较长的,有工作 5 年以上的占 59.30%,工作 2—5 年的占 19.43%。同时调查数据显示受访护工护理员中近 5 年工作单位没变换的高达 78.32%,工作相对比较稳定,而变动过 1 次的占 14.72%,变动过 2 次的占 4.09%,变动过 3 次或 3 次以上的占 2.87%,更换工作的原因主要集中在寻找更好发展机会(占 32.08%)、不满意原单位的报酬(占 30.19%)、个人家庭原因(占 27.36%)、不满意原单位工作环境(占 9.43%)这四个方面,这说明追求个人发展和较高薪酬仍是护工护理员离职的主要原因。之所以出现调查数据与访谈结果冲突,主要是在抽样调查中与受访单位偏向挑选老员工进行问卷作答有关。

(3)管理模式以劳务派遣公司管理＋用工单位监管、用工单位聘用管理这两种模式为主,主要签劳务合同。与用工单位访谈时了解到,目前部分医疗机构对护工护理员的管理模式主要是劳务派遣公司管理＋用工单位监管,日常人员管理责任在第三方公司。以上海市第五人民医院为例,若护工护理员的工作中出现问题,由所在科室护士长向护理部反映,护理部与护工办对接沟通,医院的护工护理员与劳务派遣公司之间主要签订《灵活就业协议》。而部分养老院则主要是用工单位聘用管理模式,签订劳动合同。调查数据显示,受访护工护理员中签订了劳务合同的占 64.81%,签订劳动合同的占 22.11%,仍然有 13.08% 没有签订任何合同或协议。

(4)工作时间长,基本休息休假缺保障。调查数据显示,受访护工护理员中每周工作时间在 70 小时以上的高达 73.42%,在 40 小时及以下的仅占 7.56%。同时有 60.33% 的受访护工护理员表示每月上班天数不固定,每月休息 1 天甚至没有的占比 64.21%,每周能休息 2 天的仅占 3.48%,每周休息 1 天的仅有 8.79%。凡遇国家法定节假日,与平时放假情况一样占到 78.94%,能按照法定放假的仅占 7.16%。在享受带薪年休假方面,单位未安排带薪年休假,也没给经济补偿的占到 66.87%,能根据单位的统筹时间安排,休带薪年休假的仅占 6.95%,能按个人意愿休带薪年假,如未休满单位按日工资的 300% 给予补偿仅占 3.27%。基本休息休假尚缺保障。

3. 收入保障状况

(1)收入情况尚可,但反映上交管理费用比例偏高。调查数据显示,受访护工护理员 2018 年度平均月收入在 4001～5000 元的占 35.99%,5001～6000 元的占 22.29%,6001～7000 元的占 16.97%,7000 元以上的占 5.31%,收入情况尚可。但数据显示,有 72.82% 的受访护工护理员需要向中介管理机构上交管理费用,部分受访人员反馈按收入的 25%～30% 来上交,上交比例偏高。

（2）社会保障覆盖率较低，福利配套偏低。调查数据显示，40.08%的护工护理员有缴纳城乡居民医保（含"新型农村合作医疗保险"），37.83%有缴纳城乡居民养老保险（含"新农保"），在上海社保的参保率仅占9.41%，购买商业保险的占16.97%，另有14.72%的护工护理员明确反馈没有任何社会保障。访谈时部分护工护理员反馈是在老家缴纳社保和医保，但是医疗保险在上海并不能通用，在沪期间患病仍需自费，缺乏基本保障。同时受访护工护理员中收到过生活用品这类福利的占58.90%，收到过礼券的占16.16%，参加过职工免费体检的仅有25.77%，参加过职工疗休养的仅占0.61%，还有10.63%的受访护工护理员反映什么福利都没享受过。整体福利配套偏低。

4. 职业发展状况

（1）职业社会认同度在逐步提升，但职业自我认知仍不乐观。与用工单位访谈了解到，虽然部分人（包括护工护理员自身）对这一职业的认识还比较传统，认为是"伺候人的活"、是不光彩的，只是因为没有别的技能、迫不得已才从事这个工作。但医护人员、病家整体上对护工是尊重的，只有少数人会有些态度、言语上的不尊重，且现在这种情况的出现也越来越少。有的护工护理员因态度好、勤快能干会被病家请到家里做长期保姆。调查数据显示，有63.39%的受访护工护理员在工作中是感受到人格平等的，有65.24%的受访护工护理员反映与被服务对象（如患者、养老人员等）的关系良好，职业社会认同度在逐步提升。

同时调查数据显示，受访护工护理员中认为"工作脏累苦，收入不高，社会地位低"的占58.4%，认为"只适合年龄大的女性，并不是年轻人职业规划的很好选择"的占64.63%，职业自我认知仍不乐观。不过有73.72%的不认同"工作内容就是照顾人，不需要专业技术，更不需要考护工从业资格证"，说明从事护工护理员的工作本身是需要有一定门槛的，设立相应硬性条件才更有利于这个群体发展。同时认为"为被护理人生活提供了很大的便利，也为被护理人的家庭减轻了照护负担"的占90.59%，认为"能实现个人专业价值"的占58.16%。绝大部分护工护理员在服务他人的同时也实现了个人价值。

(2)工作满意度较高。调查数据显示,受访护工护理员中当初之所以选择从事护工护理这一职业的原因排列前5位的是文化水平低不好找工作,年龄大了不好找工作,工资及福利待遇好,暂时无更好的工作和想在城市工作。当问及从事护工这一职业以来对家庭产生什么影响时,有56.03%认为"经济收入增加了,生活水平有所提升"、49.49%认为"学到了很多专业的护理知识";但同时有63.19%认为"照顾家庭的时间减少了"、46.01%认为"个人自由受到了很大限制"。

当问及目前工作满意度时,受访护工护理员认为很满意的占17.38%,比较满意的占45.6%,两项相加达到62.98%,不太满意、不满意的仅占2.25%。受访护工护理员中有58.08%的表示未来5年内会继续从事护工护理这一职业,仅有5.52%明确表示不会再继续从事护工护理这一职业,主要原因包括风险责任大(占38.46%)、劳动强度大(占30.77%)、社会地位低(占11.54%)、年龄身体问题(占11.54%)。

(3)岗位培训覆盖率高。调查数据显示,受访护工护理员中有97.14%表示参加过职业技能或相关业务知识的培训(含岗前培训),其中有44.79%表示平均每月至少参加一次,培训单位主要是医院等用工单位(占50.92%)、护理协会(占27.81%)、家政公司(占16.36%);有70.76%的想通过培训提高工作技能,87.93%的认为培训效果好,帮助很大,但也有12.07%的认为培训帮助有限,主要原因是培训中"时间较短,效果太低"(占40.68%)、"没有进行实践培训"(占33.90%)、"不能激发兴趣"(占18.64%)、"讲解枯燥,不够专业"(占6.78%)。

(4)工作压力大,最愁养老、医疗和房子问题。调查数据显示,受访护工护理员工作中的压力来源排列前4位的是工作繁琐,工作量大、工作强度大、护理要求太高,工作难度大,服务对象的投诉。生活中最大的忧虑是养老无保障,要苦度晚年(占47.03%)、房价太高,自己没能力改善住房(占18.2%)、体弱多病,今后医药费开支难以承受(占9.2%),说明养老、医疗、房子仍然是压在护工护理员群体的三座大山。当问及在哪些方面最期望获得政府支持时,社会保障(占65.24%)、养老(占62.78%)、权益维护(占39.67%)、住房(含租房)(占26.58%)排在前列。

5.对工会的认知状况

(1)对工会的认知度不高,入会的意愿尚可。调查数据显示,受访护工护理员中仅有29.45%表示已加入工会,未加入工会的受访护工护理员中表示听说过工会,但不太清楚的占48.88%,没听说过工会的占38.24%,知道并了解工会的仅占12.88%,对工会的认知度不高。当问及如有途径是否愿意加入工会时,愿意加入的占56.85%,不愿意加入的占43.15%。不愿意加入工会的主要原因包括对工会不了解,不知道工会有什么用的占36.49%、认为灵活就业无法加入工会的占33.18%、工作不稳定,会籍频繁迁移很麻烦的占9.48%、工会提供的福利保障不多的占7.11%、工会不提供感兴趣的活动的占7.11%等。愿意加入工会的受访护工护理员最希望加入用工单位的工会占比达70.21%或加入所在行业的工会的占比达20.74%,愿意缴纳工会会员费(每月10元)的占81.91%。

(2)对工会维权服务的认同度不高。调查数据显示,受访护工护理员中若发生劳动争议,首选解决方式排列靠前的分别是找单位调解委员会占到37.22%、"找上级主管部门占到21.27%、找工会法律援助占到17.59%、申请劳动争议仲裁占到16.16%,在发生劳动争议时绝大部分受访护工护理员在寻求帮助时并没有首选工会,说明对工会维权服务的认同度并不高。当问及最希望工会提供什么服务时,受访护工护理员中有48.67%的选择让我享受社会保险,其次有15.95%选择提供节日慰问等福利、有14.31%选择提供法律维权援助、有7.16%选择组织职业技能培训、有6.95%选择保障单位按合同付工资等。

二、上海市护工护理员群体面临的突出问题

(一)招工难、留用难,供需矛盾日益突出

目前护工护理员群体招聘入职标准较低,往往只要身体健康、肯吃苦、愿意从事护工护理员工作就可以,但与用工单位访谈时,所有单位都在反馈护工护理员招工难、留用难,这与护工护理员群体劳动强度大、工资与劳动不匹配、晋升空间有限等密切相关。上海市现有护工护理员群体主要来自农村剩余劳动力,以女性为主,很难招聘到男护工护理员;普遍年龄偏大、以"4050"人员为主,主要为同乡或亲友介绍,难以吸引年轻的劳动力,缺乏新生力量的补充。调查数据也显示,大专及以上学历的护工护理员仅占0.61%,鲜有专科院校毕业生加入。

与此同时,护工护理员群体辞职率居高不下。访谈时,有单位反馈员工辞职原因以"家中有事"居多,据分析:一部分的确是由于家庭需要,如农忙时节、照看第三代或照顾其他亲人等;但也有部分情况是他们找到了更合适的工作选择跳槽,因为部分护工护理员经过培训和一段时间工作后,具备了独立从事护理工作的能力,会选择跳槽到一些收入更高的家政服务工作,如保姆、钟点工、月嫂等。

据调查分析,未来护工护理员的供需矛盾日益凸显。以养老护理这块为例,民政部曾统计出,约有18.3%的60岁老年人为失能、半失能状态,如果以2018年底上海60岁以上户籍老年人口503.28万人来推算,预测大约有92万上海户籍老人处于失能、半失能状态,而按照国际标准以1∶3(即1名养老护理员照顾3名老人)的比例计算,上海专业养老护理人员实际需求就达到30.7万。目前我们无法准确获悉现有上海护工护理员群体具体从业数据,曾有学者估测上海包括养老机构护理人员、居家养老护理人员、老年护理机构护理员等在内养老护理人员队伍,约5万人[1],这远远不能满足实际需求。

(二)学历低,专业技能低,服务质量难提升,社会认同度难提高

受访护工护理员群体,学历在初中及以下占89.16%,高中(含中专、职高)占10.22%,文化程度偏低。根据上海市卫健委有关要求,护工护理员上岗必须持有三证(身份证、健康证、护工上岗证),受访护工护理员虽然基本实现持证上岗,但调查数据显示,其中仅有4.5%是养老护理员中级,1.64%

---

① 参见陈晓丽:《上海市养老护理员队伍建设现状分析》,《党政论坛》,2019年第1期。

是养老护理员高级。

2019年10月,人力资源社会保障部、民政部联合颁布的《养老护理员国家职业技能标准(2019年版)》放宽了养老护理员入职条件,将从业人员的"普通受教育程度"由"初中毕业"调整为"无学历要求"。虽然入职门槛条件的降低能够在一定程度上吸引更多的农村剩余劳动力的加入,但另一方面也会加大护工护理员群体管理、培训难度,阻碍服务质量的提升。护理本身需要一定的专业技能,尤其是面对重病患者、失能失智等半自理或不能自理的老人,更需要护理者掌握包括应急处置、情绪疏导、危机干预等相关方面综合知识和技能。访谈中了解到,由于部分护工相关知识、技能不足,使得患者在被看护期间发生摔伤、烫伤甚至死亡的事故偶有发生。具备较高专业护理水平的护工,成为医疗机构和患者的普遍需要。同时,如果护工护理员群体仅停留在简单的生活照护上,不仅薪酬难以提高,社会评价与认可度也难以提高。

(三)工作负荷重,报酬与付出不对等,劳动权益缺保障

调查数据显示,受访护工护理员看似收入情况还可以(平均月收入在4001~5000元的占35.99%,5001~6000元的占22.29%,6001~7000元的占16.97%,7000元以上的占5.31%),但他们每周工作时间在70小时以上的高达73.42%,在40小时及以下的仅占7.56%;每月休息1天甚至没有的占比64.21%,每周休息1天仅有8.79%,每周能休息2天仅占3.48%。曾有学者调查获悉,一般在三级医院,每个护工平均护理3~4个床位病人,二级医院平均护理6~7个床位病人,一级医院以及老年护理院甚至高达10个以上。[①] 由此可见,当前护工护理员群体是通过增加陪护数量、延长工作时间来提高个人收入,整体工作负荷重,报酬与付出不对等,基本休息权缺保障。

目前上海社保政策中,属于驻留医院或经护工中介机构介绍由患者聘

① 参见王燕、贾同英、袁蕙芸:《上海市护工行业市场现状的调查与分析》,《中国医院》,2016年第7期。

请的外来护工,可按照上海外来从业人员综合保险制度有关规定参加社会保险,享受住院医疗待遇、老年补贴待遇以及日常医药费补贴这三项待遇。但此政策参保人员限定范围为未退休年龄段,而目前本市从事护工护理员工作的主要是 50 岁以上的女性群体(受访护工护理群体中 50 岁以上的女性占 56.03%),他们已不符合上海社保政策中参保范围,无法享受社会保障权益。此外,部分护工护理员是在老家缴纳社保和医保,但目前医疗保险在上海并不通用,在沪期间患病仍需自费,缺乏基本保障。

(四)工会入会率低,组织化程度低

调查数据显示,受访护工护理员中只有 29.45% 的明确表示已经加入工会、50.92% 的表示没有加入工会、19.63% 的表示不知道自己是否已经加入工会。当问及如有途径是否愿意加入工会时,表示愿意加入的约六成,表示不愿意加入的为 43.20%。谈及对上海市总工会 2019 年初推出"灵活就业群体工会会员专享基本保障"政策的看法,她们反映,很多女性护工护理员 50 岁时已在老家办理退休手续,哪怕自己再有入会的意愿,也无法实现。

三、改善上海市护工护理员群体状况的对策建议

(一)加强政府主导作用,完善立法

目前包括护工护理员在内的灵活群体用工基本都没纳入现有劳动法律体系管理,对他们合法权益保障方面的法规还存在许多空白。2019 年 11 月浙江省人力资源和社会保障厅新出台《关于优化新业态劳动用工服务的指导意见》(浙人社发〔2019〕63 号),对新业态劳动用工人员的用工方式、工时制度、社会保险、管理模式、技能培训、劳动纠纷预防调处等做出相关规定,具有重要示范意义,建议上海市相关部门加快制定相关指导性政策文件,对灵活用工群体日工作时间、最低基本小时工资、工资支付方式、劳动安全保护、女职工特殊权益等具体内容作出明确规定,切实维护灵活就业群体的合法权益。

(二)完善现有社会保障制度

目前上海市大部分护工护理员并未纳入城镇的养老、失业、医疗、工伤等方面的社会保险范畴。同时针对当前众多50岁以上从业女性护工护理员暂不符合《关于对"医院外来护工"等六类来沪从业人员开展灵活就业登记的通知》(沪人社规〔2019〕3号)文件规定的现实问题,需要政府相关部门从宏观层面优化顶层设计,可考虑从医疗、工伤保险着手引入商业保险,包括商业医疗保险、人身意外险、第三者责任险等,形成相应政策,确保所有从业的护工护理员群体能享受到这些基本保障,以减轻他们护理过程中的风险责任。

(三)加大执法监督力度

政府相关职能部门应建立健全相应的监管机制,加大执法监督力度和对违规行为的查处惩戒力度。一要对护工管理公司加强监督,督促加强用工管理,包括对强制性购置商业险、成立工会情况等予以监管,保障护工护理员享有基本的劳动和社会保障,同时要严把护工护理从业人员准入资质关,严厉查处无证上岗,确保医疗护理安全,提高护理质量。二要加强对医疗机构、养老院等用工单位的监管,将护理人员配置数量达标率列为考核医疗机构、养老院等质量的指标之一,在测定护理人员配比的基础上,进行资质界定等。三要加强对专项补助资金申请和使用的监管。根据《关于对本市非营利性养老机构实施"以奖代补"扶持政策的通知》(沪民规〔2017〕6号)文件精神,目前上海对养老机构实行"以奖代补"扶持政策。各级民政部门、财政部门要加强政策执行的监督检查,严防养老机构在申领和执业过程中出现提供虚假材料套取奖励或违规使用奖励资金等情况的发生。

(四)建立护工护理员数据库,强化专业培育与职业晋升

一要建立健全上海市护工护理员信息和信用管理系统,建成涵盖个人社会保障信息、职业技能等级、培训、工会入会情况等的综合数据库,以动态掌握上海市护工护理员群体整体情况,为现有人员管理及后续人才培养、政策制定提供依据。

二要加强护工护理专业人才的培育。根据2019年4月颁布的《国务院办公厅关于推进养老服务发展的意见》(国办发〔2019〕5号),要以落实政策为契机,推动各级政府、社会团体建立起分层、系统化的护工护理员培训体

系。此外政府也要出台相应激励措施,鼓励现有护工护理员群体获取学历教育和职业教育,推进专业护工护理员队伍的培养,促进护工护理员群体职业声望的提升。

三要打通职业上升通道。相关职能部门要落实《养老护理员国家职业技能标准(2019年版)》文件精神,开展养老护理员职业技能等级认定,打通护工护理员职业晋升通道,指导建立护工护理员薪酬待遇与职业技能等级挂钩制度,加强服务质量评价与信用管理等,切实提升护工护理员职业技能,为生活照料和护理服务行业规范发展提供人才储备。

(五)加强工会作为

一是工会要加大对护工护理员群体的组织覆盖、工作覆盖和服务覆盖,健全完善工会维权服务制度。要深入推进护工护理员以灵活就业群体身份加入工会,通过组织化来维护自身的合法权益,同时要协调各区推进建立护工护理行业工会。此外,工会要指导实行员工制的养老院等开展工资协商,提高护工护理员福利待遇,做实面向护工护理员群体的实事项目、困难帮扶、维权服务和文化服务。

二是工会要培养树立一批有一定影响力的优秀医养照护职工,符合条件的可推荐为市级劳模、先进等,给护工护理员群体提供更为宽广的舞台。同时加强社会舆论宣传,通过宣传典型、示范、先进护工护理员的榜样作用,引导护工护理员树立自尊自强观念,提升护工护理员的职业声望。

三是要加强工会与政府职能部门的协调,在护工护理员群体的小孩入学、廉租住房租赁、人才落户等方面能有一定的政策倾斜,让护工护理员群体安心在上海工作,为上海的医疗、养老事业的发展做出最大的贡献。

袁雪飞

(上海工会管理职业学院副教授)

潘秋烨

(上海工会管理职业学院教师)

解构与重塑：共享经济下家政劳动
关系的案例研究*

　　家政作为一个产业化进程缓慢的传统行业，在互联网技术的作用下激发了前所未有的活力，基于共享经济理念的互联网家政平台如雨后春笋般不断涌现。劳动关系植根生产方式，传统家政劳动的服务对象仅为家庭、服务形式需进入家庭成员住所，从业人员归属劳动法意义上的非劳动者。家政 OTO（电子商务模式）模式对传统家政劳动关系带来了解构性冲击，本文采用案例研究方法，选取上海知名互联网家政企业"悦管家"作为研究对象，依据家政工人、用工家庭、家政机构和政府（行业协会）的四元分析框架，发现家政 OTO 模式下家政劳动突破服务对象为且仅为家庭的局限；不以劳动场所作为界定家政劳动的重要依据，家政工人队伍中的散兵游勇逐渐消亡；平台公司不再局限于"中介"身份而是承担类雇主的角色。为了促进劳动关系良性和谐运行，家政劳动关系可以通过伦理建构、法治建构和职业建构等途径重塑。

一、问题的提出

　　随着互联网、大数据、云计算等信息技术的广泛运用，新技术、新产业、新模式、新业态企业不断涌现。与此同时，一些传统行业与互联网技术融

---

　　* 本文原载于《工会理论研究》（上海工会管理职业学院学报），2020 年第 1 期。

合,产业实现了跨越式增长。2015 年 3 月 5 日上午十二届全国人大三次会议上,李克强总理在政府工作报告中首次提出"互联网 +"行动计划。"2016 年世界分享经济高峰论坛"的主题是:万亿美元的分享经济投资机会。2017 年共享经济迎来了"爆炸式"发展,共享经济融资规模约 2160 亿元,其中交通出行、生活服务和知识技能领域共享经济的融资规模位居前三①,其中不乏一些传统行业的新模式。

受人均消费能力提升、家庭结构变化、生活质量需求提升等因素影响,国内家政需求高频、刚性,蕴藏巨大的市场空间。根据国际劳工组织和全国妇联联合提供的《中国家政工体面劳动和促进就业——基本情况介绍》,中国约有 2000 万名家政工和 60 万所家政服务机构,家政从业人数居世界首位。根据国家发展改革委测算,中国家政服务业具有成为万亿级产业的潜力。互联网技术瞄准了蕴含巨大市场的家政服务业,家政 OTO 应运而生。早在 2013 年,庞大的家政市场需求就吸引了一系列创业者的关注,垂直于家政领域的初创公司接连冒出。在过去的两年中先后出现了云家政、家家在线、阿姨来了等家政 OTO 公司。无论是 BAT(中国三大互联网公司,B 指百度、A 指阿里巴巴、T 指腾讯)三巨头,还是 58 到家、大众点评、美团这样的生活平台,都在生活领域积极布局,通过自营或第三方合作的方式进入家政 OTO 市场。创业者的热情试水,BAT 等大小巨头的觊觎,再加上资本的关注,家政 OTO 已经变成一块创业热土。2018 年我国家政服务业的经营规模达到 5762 亿元,从业人员总量已超过 3000 万人。②

家政劳动历史悠久,与现代社会发展同步。18 世纪英国农村妇女因工业革命对乡村经济的破坏而涌入伦敦从事家政劳动;在近代中国,女佣的"奴性"消退和"佣性"突现是现代意义上家政劳动的开端。③ 但是无论中

---

① 参见国家信息中心:《中国共享经济发展年度报告(2018)》,http://39.137.36.61:6310/www.sic.gov.cn/archiver/SIC/UpFile/Files/Default/20180320144901006637.pdf。

② 参见《我国家政服务业发展前景向好》,http://www.gov.cn/zhengce/2019-07/06/content_5406699.htm。

③ 参见陆德阳、王乃宁:《社会的又一层面:中国近代女佣》,学林出版社,2004 年,第 259 页。

外,家政劳动的产业化进程非常缓慢,家政工人是一个处于历史时间与空间之外的职业,近300年时间其工作方式、劳动过程、劳动问题几乎没有大的改变。① "互联网＋"改造了传统家政业的生产方式和产业结构,家政OTO打破家政劳动几百年不变的状态,使之成为生活领域新的经济增长点。2019年11月国家发展和改革委员会发布的《产业结构调整指导目录(2019年本)》,将家政列入鼓励类产业目录。但是当前对家政OTO模式下劳动关系研究还很少。劳动关系植根于生产关系②,家政OTO是如何改变劳动关系的? 只有把包括劳动过程内在的因果关系厘清,我们才有可能提出针对性方案实现劳动关系良性运行。

二、家政劳动关系的基本理论概述

(一)家政劳动关系的概念辨析

通常认为,在私人住所提供清洁、照护、饮食服务等劳动归属家政劳动的范畴。家政劳动的私人从属性高、标准化程度低,劳动形式灵活多样,是劳动矛盾多发领域。依据劳动治理的需要,国家必须明确家政劳动相关主体之间关系调节的法律适用。

1. 家政工人概念的立法处理

迄今为止,世界各国的家政劳动并没有突破非正规就业形态,在劳动立法上处于模糊地带。劳动法作为一个独立的法律部门,与一般民法关系相比,立法宗旨上突出人本关怀即劳动者的保护。从立法角度对家政工人内涵与外延进行设定,旨在区分家政劳动中的法律意义上劳动关系和一般民事关系。然而家政劳动具有亲密接触性特点,加之各国文化传统和发展状况的差异,家政工人究竟包括哪些工种,与雇主之间是否存在亲友关系,各个国家存在很大差异。

(1)国外立法处理。简单来说,从事家政劳动的职业群体即家政工人,

---

① 参见马丹:《家政工的历史研究综述》,《科技信息》,2012年第4期。

② 参见常凯:《劳动关系学》,中国劳动社会保障出版社,2005年,第9页。

但国外立法对家政工人范围界定虽然相近却不统一,大致可以分为狭义和广义两种立法立场。

狭义立法定义的家政工人,仅限于雇主直接雇佣的住家型家政工人,排除非住家型,强调其劳动场所必须为雇主居所,为公司、机构等非私人雇佣从事清洁、照护或者烹饪工作,不属于家政劳动的范畴。例如,在加拿大卑诗省,1996 年《雇佣标准法》将家政工人定位为被雇佣在雇主私人住所提供做饭、清洁、孩子照护或其他类似的服务,并住在雇主私人住所的人。在狭义立法中,相对宽泛的界定认为家政工人不仅包括直接雇佣的住家型家政工人还包括由中介机构进行的家政劳动派遣,但是排除一些特定类别的家庭劳动群体例如园丁、私人司机等,例如 1978 年比利时《就业合同法》和2000 年加拿大安省的《雇佣标准法》。

广义立法定义的家政工人,是将所有从事有偿家政劳动的人员都纳入家政工人范畴,无论是否住家且不区分建立用工的方式。1997 年南非第 75号《家政工人就业条件法令》将家政工人界定为任何在私人家庭里工作,接受或者有权接受支付报酬的家政工人或者独立承包人,包括园丁、被家庭雇佣为机动车辆的驾驶员的人和照顾小孩、老人、病人、身体虚弱的或残疾人的人,受雇于就业服务机构或由就业服务机构提供的家政工人。[①] 法国立法对家政工人的界定更为宽泛,兼职从事家政劳动也归属劳动法范畴。国际劳工组织从对劳动者提供更充分的保护的角度,对家政工人采取广义的定义方式。依据 2011 年国际劳工大会通过的《家政工人体面劳动公约》,"家政工人"是指在一个家庭或为一个家庭或为几个家庭而工作,在雇佣关系范围内从事家务工作的任何人,只临时或偶尔而非职业地从事家务工作的人不是家政工人。

(2)国内立法处理。在中国,目前没有国家层面的家政行业专项立法。从对规范行业管理的角度,人社部和各省、市地方政府及行业协会对家政工人进行了限定,虽然各地出台的规范性文件对家政劳动的工种范围和劳动

---

① 参见胡大武:《家政工人内涵与外延的比较法解析》,《经济法论坛》,2012 年第 1 期。

形式仍存在细微差别,但大多数都用了广义家政工人的概念,没有将住家作为限定家政工人的条件,强调家政工人应具备法定劳动资格且以从事家庭服务而取得有偿报酬。依据2000年中华人民共和国劳动和社会保障部出台的《家政服务员国家职业标准》,家政工人是"根据要求为所服务的家庭操持家务,照顾儿童、老人、病人,管理家庭有关事务的人员。为了规范家政服务活动,上海积极推进家政服务立法。2019年12月由上海市人大常委会审议通过的《上海市家政服务条例》,界定家政服务是以家庭为服务对象,进入家庭成员住所,提供保洁、烹饪、生活照护等各类满足家庭日常生活需求的有偿服务活动。由此可见,中国语境下家政工人取用的是相对广义的概念,但强调服务对象即雇主为家庭,排除劳动法规定的具备用工单位主体资格的机构或组织。

2. 家政劳动的概念界定

世界各国在立法方面对家政工人的定义存在差别,但其主要目的是主观缩小劳动法对家政劳动的适用,防范雇主责任的泛化。本文研究重点是家政OTO模式在中国的发展所引发的劳动关系的变迁,因此依据国内立法处理、结合行业管理实践,讨论家政劳动所具备的特性:

(1)家政劳动的服务对象为且仅为家庭。家政劳动的目的是用于满足家庭日常生活的需求,专业性较强的家庭服务不属于家政劳动范畴。例如,老人、产妇、幼婴的日常照护属于家政范畴,而较为专业的医护类服务例如居家养老护理员、哺乳指导师等不属于家政劳动。

(2)家政劳动的服务形式是进入家庭成员住所服务。以日常照护为例,在养老机构、托幼机构和月子会所等固定场所从事服务工作,或者集体服务模式非家庭个体服务模式从事照护服务的人员,不属于家政工人。

(3)家政劳动的服务内容是为满足日常生活需求,例如家庭保洁、家常膳食烹饪、生活照护等。随着人们生活水平的日益提高,在生活服务方面亦存在消费升级,从事高端或具有特殊功能家庭服务的群体不属于家政工人,例如宴会厨师、私人造型设计师、家庭旅行规划师、宠物美容师等。

(4)家政劳动的服务性质为有偿服务。马克思在《资本论》中提出,作为资本的产物的商品,其价值包含着物化了的有偿劳动和无偿劳动两部分。[①]
只有社会必要补偿性生活资料使用价值大于一定值,劳动者的劳动能力将
得到增强而逐渐发展。家政劳动也不例外,但是由于家庭劳动发生在私人
空间,除在商品生产体系中的劳动还掺有社会伦理体系的劳动。而社会伦
理体系下提供义务性、无偿性、公益性服务的人员不属于家政工人。

(5)家政工人归属劳动法意义上的非劳动者。国内劳动法根据缔结劳
动合同关系与否,将劳动者区分为两类,即法律意义上的劳动者与非劳动
者。在中国,早期家政劳动作为女性就业的重要门类,是现代劳动的重要组
成,归属于劳动法调整。[②] 新中国成立后,以提供家政服务为谋生手段的家
政劳动逐步消减乃至消失。改革开放以后,允许私有经济和个体经济的存
在,家政劳动才逐渐回归。但现行劳动法排除自然人直接雇佣家政工人而
产生的法律关系之适用[③]:现行的《劳动法》和《劳动合同法》对用人单位资
格有限定,不调整家庭和家政工人之间形成的法律关系;1994 年 9 月,劳动
部制定的《关于〈劳动法〉若干条文的说明》第 2 条明确规定家庭保姆不适用
《劳动法》;2007 年 7 月,最高人民法院发布的《关于审理劳动争议案件适用
法律若干问题的解释(二)》,同样将家庭或者个人与家政工之间的纠纷排出
劳动争议案件之外。这种立法设计主要考虑到用工的个人或者家庭不具备
组织资源优势,难以承担劳动法规定的雇主责任,加之家政劳动中掺杂非商
品生产体系劳动,完全接受劳动法调整存在困难。

(二)家政劳动关系的四元分析框架

劳动关系的运行状态受参与劳动关系的三方主体影响,即劳方(劳动者
和工会组织)、资方(雇主和雇主组织)、政府。[④] 家政劳动关系系统的特殊性

---

① 参见[德]卡尔·马克思:《资本论》(第一册),人民出版社,2004 年,第 544 页。
② 参见《中华苏维埃共和国劳动法》(中华苏维埃工农兵第一次代表大会通过),第四条"雇
农,森林工人,季候工人,交通工人,苦力,家庭的女工,厨役及其他有特殊劳动条件的工人,除享受本
劳动法的一般规定之外,并得享受中央执行委员会,人民委员会及中央劳动部对于这些工人所颁布
的个别劳动条件的规定"。
③ 参见胡大武:《理念与选择:劳动法如何照耀家政工人》,《法律科学》(西北政法大学学报),
2011 年第 5 期。
④ 参见常凯:《劳动关系学》,中国劳动社会保障出版社,2005 年,第 6 页。

在于家政机构的存在,介于家政工人与用工家庭之间,故家政劳动关系不能采用三元主体分析框架,将家政机构作为劳动关系主体纳入分析框架更符合家政劳动现实。

1. 家政劳动中的劳方与资方

当前家政劳动存在员工制、中介制、自雇制三种样态,每种样态的劳动关系参与者存在差别。自雇制是指用工家庭根据市场与社会口碑、亲朋好友口耳相传等途径,直接联系家政工人,双方形成雇佣关系。因此,自雇制家政劳动关系非常清晰,劳方是家政工人,资方是用工家庭。

除自雇制以外,其他两种样态都涉及家政劳动关系,另外一个重要参与者——家政机构。家政机构分为两类,一类是家政从业机构,执行员工制,与家政工人之间是标准劳动关系,用工家庭不再是家政劳动中的雇主而是家政商品的消费者;另一类是家政中介机构,执行中介制,资方依旧是用工家庭,中介机构在家政工人与用工家庭之间构成民事合同的居间关系。

对家政机构而言,员工制与中介制的差别在于雇主责任的承担。往往为了规避雇主责任,家政机构采用员工制管理但以中介制为挡板拒绝承担雇主责任。2010 年 9 月 1 日国务院家政服务业专题会议提出"规范家政服务机构、家庭和家政服务员之间的权利义务关系,维护家政服务员劳动报酬和休息权益",其目的是为了解决员工制、中介制的乱象。《郑州市家庭服务业管理办法(2009 年)》《北京市家政服务行业公约(2012 年)》等地方行政规章都对从业人员要求经营者与其签订书面劳动合同的权利进行了规定,但家政工人在伸张缔结劳动合同诉求时存在失去劳动机会的巨大风险,员工制成为难以落实的美好愿望。

2. 家政劳动中的政府角色

作为劳动关系的协调者,政府主要担任规制者(Regular)、监督者(Inspector)、损害控制者(Damage Control)、调解和仲裁者(Mediator And arbitrator)。① 在家政劳动中,政府通过接受自身指导的行业协会实现协调职能,但是对于家政劳动的不同样态,政府角色落实存在差别,自雇制样态中存在主动缺位,未将自雇制家政工人纳入行政规章管理。

2012 年中华人民共和国商务部公布的《家庭服务业管理暂行办法》,将家庭服务业定义为"以家庭为服务对象,由家庭服务机构指派或介绍家庭服务员进入家庭成员住所提供烹饪、保洁、搬家、家庭教育、儿童看护以及孕产妇、婴幼儿、老人和病人的护理等有偿服务,满足家庭生活需求的服务行业。"与劳动和社会保障部对家政工人的职业认定相比,该办法将家政工人的劳动形式限定为机构劳务派遣或准派遣(介绍),排除了私人直接雇佣人员。《郑州市家庭服务业管理办法(2009 年)》《宁波市家政服务行业消费争议处理暂行办法(2015 年)》同样强调机构派遣的劳动形式,是由家庭服务经营者提供的营利性服务活动。由此可见,私人直接雇佣的家政工人符合国家的职业认定但不在行业规范管理之列。

上海市劳动和社会保障局 2002 年施行的《上海市家庭劳务介绍机构管理办法》对劳动形式进行了限制,规定家政工人需指定家庭劳务介绍机构介绍。作为全国最早的家政地方立法,2019 年 12 月审议通过的《上海市家政服务条例》没有对劳动形式进行限定,拓宽了《条例》适用范围,更为符合家政工人队伍状况。

---

① See Bill Taylor, Chang Kai, Li Qi, Industrial relation in China, Cheltenham, *Edward Elgar Publishing*, 2003, pp. 32 – 38.

自雇制	中介制	员工制

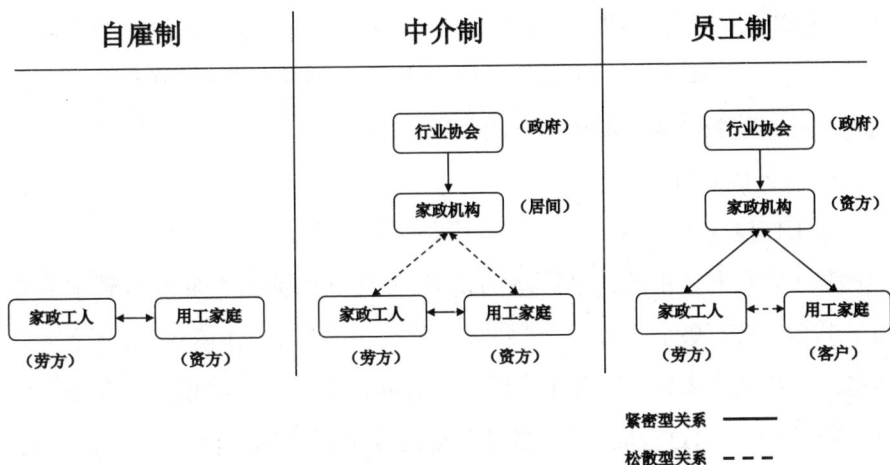

图1　家政传统劳动关系系统

三、OTO 模式下家政劳动关系的案例分析

(一)案例介绍

家政行业在上海历史悠久,自上海开埠之初就已形成现代家政业。目前上海家政工人队伍庞大,上海 800 多万家庭中,正在使用或者有家政服务需求的家庭超过三分之一,上海家政人员多达 50 万人,其中在行业协会登记注册的家政人员为 219070 人。① 上海家政市场被喻为我国家政服务行业的风向标。

本章选取上海家政知名企业、钟点制共享服务平台“悦管家”作为调查对象。悦管家是中国家庭服务业行业协会理事单位,“上海市家庭服务业行业标准”起草与审定单位,荣获“上海商业转型升级示范企业”“上海市十佳示范性家政服务企业”等荣誉称号,公司成立于 2012 年 12 月,品牌名同公司名为“悦管家”。2015 年 6 月 2 日,悦管家手机应用程序上线,正式开启“互联网 +”的服务预定业务,并已覆盖上海、北京、天津、杭州、苏州等多个城市。

该公司从传统家政产业起步,后重新改组注册开展互联网业务,在家政

---

① 依据上海市家政行业协会访谈资料。

OTO 模式探索中颇具典型性,以"互联网＋家政"为特色先后被评为上海高新技术企业、上海市"专精特新"企业、上海科技小巨人企业,2019 年 3 月入选人社部家政服务业发展典型案例。

(二)案例分析

1. 工作模式由"一对一""一对多"向"多对多"转变

基于互联网技术的共享经济的发展,使线下的劳动力资源得到重新整合。共享经济打破了家政劳动"一对一""一对多"的工作模式,即一个工人服务一个或几个家庭。家政工人的劳动时间以小时为单位划分为若干个单元,悦管家平台通过智能算法,多维度自动分析,并完成"网络打车式"系统匹配派单,用工家庭通过应用程序或微信在线预约,平台 0.1s 自动处理订单,根据供需状况提供最优的匹配方案,通过地图及服务人员技能标签、时间标签、距离,优化路径、智能派单,优化了"钟点工"劳动流程。从预约到服务全智能化处理,无须依赖人工进行派单管理,提升了匹配精确性,并极大地提升了管理效率,避免了人工派单过程中对时间、区域,以及派单人员对服务者了解程度的依赖。家政工人通过服务端应用程序实时接收服务订单,从出发—服务—签单—用户评价—复购,高效快捷、一目了然,用工更为灵活。

政府鼓励互联网技术在家政领域的应用和用工灵活化发展。2017 年北京市商务委员会等 12 个部门为促进家政服务新业态发展,联合出台《关于进一步促进和规范家政服务业发展的实施意见》,意见"鼓励家政服务企业开发、开放自有服务平台,允许相关企业共用平台技术,整合各企业资源;鼓励各类平台引入家政服务版块,以 OTO 等多种方式进行家政服务交易,使家政服务的供给渠道更直接、更广泛、更透明;鼓励各类市场主体发展共享家政服务平台,充分利用计时型家政服务从业人员的闲时资源,匹配从业人员与消费者的供需要求,实现单一从业人员为多个消费者提供家政服务的功能"。

2. 劳动场所不再局限于家庭

家政劳动是基于满足家庭日常生活需求而产生的劳动经济行为。从家政业的发展历史来看,从现代家政业的出现,到家政劳动的范围都没有超出家庭范畴。各国对家政工人的立法处理也十分强调劳动场所在私人住所。共享经济技术化解决了传统经济信息不对称问题,在不改变产权归属的情况下,扩大了使用权范围。

基于共享经济的理念,悦管家平台的用户分为家庭和企业两类,家庭类服务包括:清洁、做饭、月嫂等生活服务;企业类服务包括:保洁、食堂、绿植、除虫害等后勤服务。OTO 模式促进了平台快速发展,自 2015 年应用程序上线以来,截至目前业绩增长 100 倍,其中 2018 年发展最为迅速,已经服务超过 60 万个家庭客户和超过 500 个企业客户。家庭客户是平台流量的来源,企业客户是平台利润增长点。悦管家平台后台派单并不区分服务对象,根据劳务共享的原则,依据订单要求、按需分配到家庭或者企业提供劳动。与传统家政不同,除月嫂这种特殊家政服务外,鲜有提供住家型家政工人。

2019 年悦管家启动了家政＋物业、家政＋养老、家政＋社区服务三项业务。一是与上海物业龙头企业合作,为物业居民提供统一家政服务,推进家政进物业的行业融合发展;二是与快递公司合作,实现劳务跨行业共享;三是与大型居家照护机构合作,探索"家政服务＋养老"的产业融合。

3. 家政工人与平台从居间关系向管理关系过渡

(1)人员管理。2019 年 12 月颁布的《上海市家政服务条例》同样强调家政行业员工制的推行,招聘并派遣家政服务员到家庭提供服务的家政服务机构,应当与员工制家政服务员签订劳动合同或简易劳动合同,执行家政服务劳动标准,家政服务机构应当与家庭签订家政服务协议。悦管家作为立法参与单位,在人员管理上施行政府提倡的"员工制"管理。平台注册的家政工人归属公司自有的人力资源公司管理。人力资源公司承担家政工人的招聘、培训和等级鉴定等工作,不乏一些优秀的家政工人从具体劳务的提供者成长为平台区域业务管理者。人力资源公司提供社保缴纳服务,家政工人可根据工作方式,选择参加相应的社会保险,例如农村户籍可以自主选择"城镇职工社会保险"或"城乡居民社会保险"。

(2)工时管理。平台在工时管理中参照劳动法对雇主责任的要求,通过

"互联网+"智能调度,灵活确定家政工人的工时、保障工人休息权益。家政工人的应用程序端可自行查看当周所剩工时,合理安排时间,自主选择接单时间。

(3)质量管理。"多对多"的工作模式要求由平台输出的家政服务质量相同。其一,悦管家采取类似"京东"模式即自营垂直服务+互联网,依据平台流量逻辑以高频低价的"吃"和"清洁"两项作为家政服务的引流产品,以数十种品质高端服务作为利润产品。平台注重产品生态和产业链的打造,从服务供应链和商品供应链的源头对服务人员标准化、服务物料专业化管理,基于自建IT系统,已经完成整个供应链体系的可视化管理和服务供应链全程可追溯。共享劳务是基于算法的效率组合,组合频次的增多无疑提升了家政用工风险。其二,为了降低服务风险,平台与中国平安合作创新,首开全国商业保险之先河,通过互联网技术,为平台每次服务做保障,防范家政工人意外风险以及用工家庭财产损失风险。

4.家政劳动关系中自雇制空间被挤压

(1)政策挤压。家政劳动具有亲密接触性,存在一定服务风险,2019年仅上海黄浦区就发生3起自雇制家政人员盗窃事件①。作为劳动关系的规制者,政府不提倡用工家庭直接联系家政工人无家政机构背书的劳动模式。北京市商务委员会等12个部门出台《关于进一步促进和规范家政服务业发展的实施意见》,对北京家政服务网进行升级改造,建立以大数据、云平台、移动终端为基础的全市家政服务业监管服务平台,为全市家政服务业数据汇集和信息共享、从业人员追溯、家政服务企业信用、统计分析等提供技术支撑。上海市商务委作为家政行业主管部门,现已把家政服务业上升到"扩消费、增就业、惠民生"的高度推进建设。近几年,制定了《关于本市加强家政服务业管理体系建设的实施意见》健全工作机制,连续4年推进家政持证上门服务建设。上海家政持证上门服务自2016年开始试点,2017—2019年连续三年列入市政府实事项目推进,经过三年探索建设,现已有8.5万名持

---

① 依据上海市家政行业协会访谈资料。

"上门服务证"家政员,并已建立了上海家政服务上门证查询系统,实现手机查询。2019年将培训4万名,累计完成培训及持证人员总数为12万余名,计划"十三五"末实现持证上门服务的广覆盖。

(2)市场挤压。悦管家作为线上家政服务平台,能够保障劳动者收入的稳定性,挤压了自雇制市场。平台目前注册家政工人共6557名,受益于自主开发的智能调度系统,悦管家平台注册的家政工人平均收入较传统模式提高了30%以上,吸引了大批传统家政工人上线接单和西部地区年轻人加入。与新增家政服务板块的平台不同,作为传统家政向互联网转型企业,悦管家没有放开平台家政工人注册端,而是通过网上提交申请、线下严格审核的模式。注册人员均为日活服务人员。与政府政策导向吻合,平台要求上门服务"亮证"全覆盖。公司积极参与上海市政府实事项目,家政持证上门服务证培训、建立初级信用建设体系,目前已有1500名到家服务人员完成上门服务证培训,2020年实现全员持证上岗。

四、进一步探讨:家政传统劳动关系的解构

根据上述案例分析,家政OTO模式下家政劳动突破传统服务对象为且仅为家庭的局限,不以劳动场所作为界定家政劳动的重要依据。家政工人的时间被划分为若干个劳动单元,传统钟点制的供需市场信息不对称,对劳动单元存在技术性损耗,进入家庭成员住所提供一揽子服务,是一种退而求其次的理性选择。互联网技术提高了供需匹配精确性,高效的资源配置促进家政劳动再次社会分工,回归劳动过程的具体内容,细化为保洁、食堂、绿植、日常照护等具体门类。

家政平台的经济学本质是劳务共享,案例中悦管家兼有2C(家庭)和2B(企业)两方面业务,无法简单地以劳动场所定义家政劳动。同时,由于劳务没有行业界限,可以在低技能劳动密集行业实现跨行业共享。劳务共享削弱了家政工人与用工家庭之间的从属性,相对地家政工人对平台的资源依赖有所提升,家政工人队伍中的散兵游勇逐渐消亡。这改变了传统家政劳动关系中用工家庭的雇主身份,在家政OTO劳动关系中更贴合服务的消费

者,而平台在人员管理、工时管理和质量管理等方面的制度安排和运营需要,显示平台公司不再局限于"中介"身份而是承担类雇主的角色。

基于算法的家政OTO钟点制大大提高劳动者的收入,虽然家政劳动的低技能特征没有改变,但是职业化程度得到提升,吸引很多年轻人从事家政劳动,改变了家政工人队伍年龄结构,悦管家平台注册的家政工人平均年龄不超过35岁。再者,网络技术对年长者的淘汰。家政OTO的出现,使得家政服务市场从线下转到了线上,便捷了订单管理过程,未来会有越来越多的人选择"网约"。在传统中介机构"等单"的"阿姨"的文化程度不高,还有不少年纪较大,通过智能手机"接单"继续这个行业存在困难。

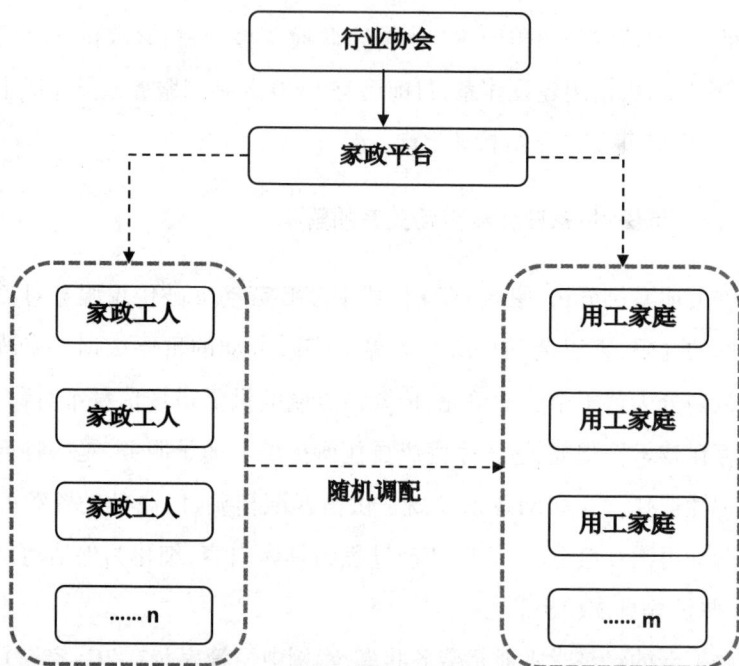

图2 共享经济家政劳动关系系统

五、家政劳动关系的重塑路径

根据本研究的结论,我们可以得出以下判断:共享经济下家政劳动突破为且仅为家庭服务的限定,家政工人与用工家庭之间从属性降低,引发传统家政劳动关系的解构。家政 OTO 劳动关系虽不稳固但初具雏形，可以通过伦理建构、法治建构和职业建构，促进劳动关系良性和谐运行。

（一）伦理建构：家政劳动的社会尊重和职业认同

家政劳动从社会生产方式的演化来看，与封建社会的"女仆"、近代社会的"女佣"有着十分密切的亲缘关系，其劳动内容有很大的相近性。二者核心区别在于现代劳动中的家政工人与雇主之间是基于经济关系而产生的社会关系而无思想依赖。对家政劳动而言，虽然作为现代生产劳动被认可，但从未摆脱伦理上的有色眼镜。据 2017 年上海家政协会提供数据，近半数家政工人认为社会或雇主对她们仍有偏见歧视，希望雇主不要把自己看得低人一等。在传统家政劳动关系中，雇主待人是否和善是家政工人择业的一项重要标准。

职业歧视仍是制约家政劳动关系良性和谐运行的重要因素。《上海市家政服务条例》第十二条，在权利保障方面特别强调"家政服务人员的人格权益受法律保护，禁止歧视、侮辱家政服务人员"。家政 OTO 模式削弱了家政工人与用工家庭之间的从属性和改变了长期与用工家庭一起生活的劳动条件，使得家政劳动在职业化方面有很大的提升。但是用工家庭对这种职业化的感知是被动、滞后的，需要政府及家政行业协会积极倡导，营造对家政劳动的社会尊重和职业认同。同时，鼓励家政企业利用品牌优势和管理模式，加强家政劳动职业感的塑造，推动伦理风尚的转化。

（二）法治建构：家政工人的劳动者身份赋予

随着我国家政服务业的不断发展，家政工人数量逐渐增多，家政工人遇到劳务纠纷时维权难的矛盾也日益凸显。最高人民法院和人社部将非员工制的家政工人排除在劳动法保护之外的规范性文件不仅有悖于现行的《劳动合同法》，而且已经不适应家政劳动关系的现实。

2006 年全球家政工人组织（International Domestic Workers Network，ID-WN）成立，包括超过 40 个来自世界各地的家政工人网络。在成立之初，ID-WN 的目标就是将家政工人的斗争提上世界人权运动的议程，并为家政工作建立第一套全球通用的劳动保障标准。2011 年 6 月，国际劳工组织第 100

届年会高票通过了《关于家政工人体面劳动的公约》和《关于家政工人体面劳动的建议书》。《公约》和《建议书》的通过,标志着国际社会开启了对非正规经济劳动者保护的劳动法律之门,意味着国际劳动法对劳动者权利保护的范围扩展至被视为典型的非正规经济活动的家政服务领域。

2010 年国务院办公厅印发的《关于发展家庭服务业的指导意见》提出,以灵活方式鼓励从业人员参加社会保险。非员工制城镇户籍家政工人可以灵活就业人员身份,自愿参加城镇企业职工基本养老保险和城镇职工基本医疗保险或城镇居民基本医疗保险。非员工制农业户籍家政工人可以自愿参加新型农村社会养老保险、新型农村合作医疗,或以灵活就业人员身份自愿参加城镇职工基本医疗保险或城镇居民基本医疗保险。工伤保险及其他有条件的社会保险险种要针对家政服务员特点,实现灵活便捷的参保缴费方式,并做好转移接续工作。家庭服务机构及其从业人员应当按规定参加社会保险、缴纳社会保险费。国家通过税收政策引导,加快家政行业员工制发展进程。《财政部、国家税务总局关于员工制家政服务免征营业税的通知》(财税〔2011〕51 号)规定了员工制家政服务营业税免税政策。《上海市家政服务条例》参照劳动法对家政工人工时与休息休假权进行了创新性规定,"家政服务人员在约定的工作时间以外,有休息的权利。具体休息时间或者补偿办法可以协商确定,并在劳动合同、服务协议或者家政服务合同中予以明确"。

家庭 OTO 模式下家政劳动展现出从非正规就业向标准或准标准劳动关系转化的趋势,政府相关政策积极倡导这一趋势。顺应该趋势,构建适应 OTO 模式劳动关系的规制网络。人大等立法部门应及时更新家政劳动的概念界定,制度化、分类别将家政工人纳入法律意义上劳动者范畴,法院、劳动仲裁等司法部门则需制定契合家政行业实际的劳动关系认定标准。再者,行业工会借助劳动关系三方协商会议,与人保部门、商委研讨"员工制"家政服务人员工时问题,在不违背法律原则的基础上灵活确定家政行业工时,特别是休息休假及节假日收入补偿办法,保障家政服务人员休息权利。

（三）职业建构：系统化搭建职业体系

互联网技术对钟点制的优化深化了家政劳动的社会分工，加速了家政劳动职业化进程。随着家政劳动职业发展路径不断成熟，越来越多新增劳动力进入家政行业。

一是由于家政行业入行门槛低，长期以来是农村劳动力向城市转移的重要手段。党的十九大报告明确提出要动员全党全国全社会力量，坚持精准扶贫、精准脱贫。2019 年国务院办公厅《关于促进家政服务业提质扩容的意见》指出，家政服务业作为新兴产业，对促进就业、精准脱贫、保障民生具有重要作用，要求各地要把推动家政服务业提质扩容列入重要工作议程，确保各项政策措施落实到位。由于国家扶贫、对口援建项目的开展，大批贫困地区人员被引入城市就业，并且从门槛很低的行业开始扎根。

二是许多职业院校开设家政专业，大批职业院校学生进入家政领域。国家支持院校增设一批家政服务相关专业，要求"原则上每个省份至少有 1 所本科高校和若干职业院校（含技工院校）开设家政服务相关专业"，"市场导向培育一批产教融合型家政企业"，"将家政服务列为职业教育校企合作优先领域，打造一批校企合作示范项目"①。

家政行业作为民生领域经济增长的热土，引起人社部门、工会、妇联、家政协会等多部门的关注。然而目前在家政劳动职业体系构建方面缺乏部门联动。为了防范"九龙治水"的情况出现，家政职业体系需做好顶层设计，参照国际先进课程设计和教学管理体系，研究制定切合行业发展实际的家政工人技能体系，构建从业资格、岗前培训、等级认定、技能提升的人才培养链。

金世育

（华东政法大学公共管理博士研究生、上海工会管理职业学院讲师）

---

① 国务院：《关于促进家政服务业提质扩容的意见》（国办发〔2019〕30 号），http://www.gov.cn/zhengce/content/2019－06/26/content_5403340.htm？trs＝1。